ようこそ、こうはい！
小学校って楽しいよ。
今日は一緒に遊ぼうね

こうやって折るんだよ。

"ひのっ子"の育ちと豊かな交流

「ようこそ、平山小学校へ。」
校長先生がマスコットのカピバラくんと出迎えてくれます

「いらっしゃいませ、いかがですか？」

5歳児クラス 春から夏へ

「お花屋さん、これください!」

「ジャガイモ、大きくなっているかな?」

わたしたち、きれいでしょ?

「ピーマン、いっぱいなるといいね!」

「この本、ここがおもしろかったよ!」

「タンポポって不思議。」

「その本、楽しそう!!」

「お茶をいただきにきました。」

ねぇ、どう思う?

「足はこっちを向くね。」

5歳児クラス 秋から冬へ

「みんなで踊ると楽しいね！」

「どんな髪の毛にしようかな？」

「発車しまーす。」

どれがいいですか？
お店屋さんごっこ

ねらって投げてね。

「この本のここがすてきなの。」

お皿、きれいにふけたね。

「先生！お手紙5枚ください！」

「外野まで、とどけ！」

「雪だ！雪合戦しよう！」

保育園と幼稚園の交流

幼児園交流会「遠足一緒に行こうね。」

あさひがおか幼児園（あさひがおか保育園と第七幼稚園）の5歳児の交流

お寿司のピクニックでなかよしになろう！

自分たちで作ったカレーで会食「お味は最高！」

5歳児と1年生の交流　5・1交流

教科書、一緒に見せて。

ジャンケンポン

ランドセル、重い？

保育園と小学校の交流

「小学校へようこそ！今日はみんなで遊ぼうね！」

「一緒に準備体操！」　「先生のおはなし、なつかしい。」

好きなこと書いていいよ。

「教科書見せてあげるね。」

先生のおはなし、聞こえますか？

「折り紙、教えてあげるね。」

あ、そうかー。

こうやって折るんだよ。

5歳児と5年生との交流 5・5交流

名前教えて！
何して遊ぶ？

ボーリング「うまく倒れるかな？」

第二幼稚園と平山小学校
第三幼稚園と日野第一小学校
第四幼稚園と日野第四小学校
あさひがおか幼児園と旭が丘小学校

折り紙
じょうずだね。

「次はどこで遊ぼうか？」

「腕相撲しよう！」

「わたしの好きな食べ物ばっかり！」

「そうそう、それでいいよ。」

「一緒に作ろう。」

職員が相互に園・学校へ

小学校の先生の出前授業

先生！楽しみにしていました！

「学校の授業みたいで、ドキドキ。」

第一小学校の大プールで泳いだよ。

園長先生のエプロンシアター

幼稚園の先生が、1年生のクラスで絵本・紙芝居を読む

今日はどんなおはなしかな？

入学後のスタートカリキュラムの中で

すぺしゃるたいむ「夢中で聞いてます。おはなしの世界に没頭！」

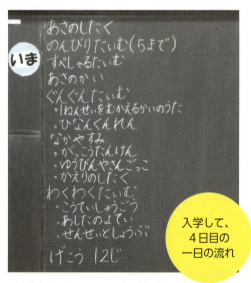
入学して、4日目の一日の流れ

すぺしゃるたいむ「幼稚園の先生と遊ぼう！」

すぺしゃるたいむ「園長先生と砂場で遊ぼう！」

のんびりたいむ「先生、今日は何して遊ぶの？」

はじめに

　近年、全国の多くの地域で、幼保小連携の実践が進められています。その方法は大きく3つあるでしょう。1つ目は、幼児期から小学校入門期への「なめらかな接続」を目指す取り組みで、「アプローチカリキュラムからスタートカリキュラムへ」（文部科学省　国立教育政策研究所）のつながりを充実させようとするものです。学習指導要領改定に向けた「論点整理」（文部科学省）の中でも「学校段階ごとの特徴を踏まえつつ、前の学校段階での教育が次の段階で生かされるよう、学びの連続性が確保されることが重要」と、幼小、小中、中高の学びの接続に注目しています。2つ目は、就学前の5歳児と1年生との交流だけではなく、5歳児と5年生、4歳児と4年生というように、園と学校全体で異年齢交流を進めていこうとする取り組みです。これは「暮らしや文化を共有し、その地域に住む子どもたちをどう育てていくかを考える地域連携教育」の一環でもあると考えられます。そして、3つ目には、目の前の幼児や児童を理解するために保育者や教師が相互に現場に入って理解し合う「おとな」と「組織」の「連携」です。これは、直接子どもとかかわって、子どもと人間に対する「理解力」や「調整力」「協働力」を保育者・教師自身が学ぶ取り組みでもあります。幼保小連携とは、このように、保育者と教師が、互いに保育と教育を学び合いながら、同じ地域の子どもたちを育てていこうという「人をつないで地域をつくる」教育の一環としても位置付けられるでしょう。

　本書は、首都圏の一都市である日野市で取り組まれた12年間の幼保小連携教育実践の積み重ねを下敷きにしています。東京都日野市は1963（昭和38）年に市制施行によって発足し、市街地整備や宅地造成などにより新たな地域社会が形成される中で、公立・私立の保育施設が必要に迫られて設置されてきた自治体です。保育園だけでなく幼稚園への設立要望も多く、1960年代後半から1970年代前半には20数か所の公立・私立の保育所・幼稚園が次々と開設されました。その中で各施設は、学校種別、幼保、公立・私立の垣根を越えてこれまで様々な教育実践経験を協同で積み上げてきました。1つの自治体で、公立・私立の園が小学校とつながって実践を積み上げている事例は極めて少なく貴重であり、本書の特徴はまずここにあるといっていいでしょう。さらに、本書は、具体的な実践事例がイラスト入りで豊富に提供されています。アプローチカリキュラムからスタートカリキュラムへの考え方や取り組み方が分かり、日々の実践のヒントになる情報が満載されています。また、冒頭で述べた3つの連携教育がすべて網羅されており、その中で、幼児・児童の育ちと保育者・教師の変容は、織物を織る経糸と横糸のように複雑に絡み合いながら、1つの自治体の教育実践プロジェクトとして織り上げられています。

　表紙に描かれているイラストのように、乳幼児・児童が、保育者・教師に温かく見守られながら楽しい園生活・学校生活を送ってほしい、その中で「主体的で対話的で深い学び」を進めていってほしい、そんな思いを汲み取っていただけたら、これに勝る喜びはありません。

明星大学　教育学部 教育学科 教授　齋藤 政子

■目次

第1章 「幼保小連携」とは何か

第1節 「幼保小連携」の発端と課題 ... 6
[1] 接続期の「主体性」「協同性」を大事に ... 6
[2] 「幼保小連携」はいつごろ始まったか ... 7
[3] 「小1プロブレム」と学級崩壊──遊びが要因? ... 8

第2節 幼稚園教育要領・保育所保育指針の改定(案)を踏まえて ──どのように遊び学ぶか ... 11

第3節 幼児教育と小学校教育の違い ... 14

第4節 乳幼児期から児童期前期までの発達のプロセス ... 18

第5節 アクティブ・ラーニングと幼小交流 ... 22

第6節 幼保小連携教育の役割 ── つなぐ、広がる、育ち合う ... 27
▶コラム 幼稚園と保育園の交流 ... 28

第2章 日野市の幼保小連携の始まりと発展

第1節 出発点はここから ... 30
[1] 日野市の幼保小連携の歩み ... 30
[2] 幼保小連携についての発想の転換 ... 36

第2節 幼・保・小、公・私の垣根を越えた交流 ... 40
[1] 幼保小連携におけるそれぞれの思い ... 40
[2] 市立・私立、幼稚園・保育園を越えた交わりの中で見つけたもの ... 52
▶コラム 「あさひがおか幼児園」に求められること ... 54

第3章 小学校のスタートカリキュラム

第1節 小学校から見た幼保小連携 ... 56
[1] 幼保小連携のスタート ... 56
[2] 幼児期から小学校入門期へのなめらかな接続を目指して ... 56
[3] 「ひのっ子幼小連携カリキュラム」の編成 ... 57
[4] 幼・保・小の連携を通して ... 57

第2節 小学校生活へなめらかにつなぐ ... 62
[1] 学校生活や集団への適応 ... 62
[2] 入学後に伝えたいこと ... 64

第3節 小学校入門期の学習活動と生活科 ... 69
▶コラム 糊って中指でつけるの??? ... 75
▶コラム 第二幼稚園と平山小学校、近隣保育園との交流 ... 78

第4章 「つなごう のびよう ひのっ子のわ」カリキュラムと実践

第1節 遊びっ子 学びっ子 接続ブック ... 80
資料1 ひのっ子カリキュラム「遊びっ子 学びっ子 接続ブック」版
資料2 「ひのっ子カリキュラム」の誕生──2つのカリキュラムを一本化

▶コラム　公立保育園の子どもたちが小学校へ移行するにあたって……………………………81
　　　[1]　人とのかかわり　コミュニケーション編①──自分の思いを自分で伝える力を身に付けよう…82
　　　[2]　人とのかかわり　コミュニケーション編②──上手に話し合うためには………………84
　　　[3]　人とのかかわり　コミュニケーション編③──相手の話や思いを受け止める…………86
　　　[4]　人とのかかわり　共同から協同へ編──当番活動に取り組んでいくために……………88
　　　[5]　生活　基本的生活習慣編──生活の仕方が分かりスムーズに過ごすには………………90
　　　[6]　生活　規範意識編①──生活に必要なきまりやルールを身に付けるには（片付け編）………92
　　　[7]　生活　規範意識編②──生活に必要なきまりやルールを身に付けるには（時間編）…………94
　　　[8]　学び　興味・関心編①──興味・関心を引き出すには……………………………………96
　　　[9]　学び　興味・関心編②──楽しく運動するために～どんなルールもどんとこい！～……98
　　　[10]　学び　興味・関心編③──身近な自然への興味・関心を高めるために…………………100
　　　[11]　学び　興味・関心編④──身近な物の中から数を見つける力を付けるために…………102
　　　[12]　学び　興味・関心編⑤──数についての感覚を豊かにするために………………………104
　　　[13]　学び　興味・関心編⑥──聞き方名人を育てるために……………………………………106
　　　[14]　学び　興味・関心編⑦──話す力・聞く力を身に付けるには……………………………108
　　　[15]　学び　表現編①──自信をもって、のびやかに表現しよう……………………………110
　　　[16]　学び　表現編②──楽しく音を表現するために…………………………………………112
　　▶コラム　公立保育園の「子ども同士の交流」について…………………………………………114
　第2節　接続期の実践事例………………………………………………………………………………115
　　　[1]　人とのかかわり　コミュニケーション編………………………………………………116
　　　[2]　人とのかかわり　共同⇒協同編……………………………………………………………120
　　　[3]　生活　基本的生活習慣編……………………………………………………………………124
　　　[4]　生活　規範意識編……………………………………………………………………………128
　　　[5]　学び　興味・関心編①………………………………………………………………………132
　　　[6]　学び　興味・関心編②………………………………………………………………………136
　　　[7]　学び　興味・関心編③………………………………………………………………………140
　　　[8]　学び　興味・関心編④………………………………………………………………………144
　　　[9]　学び　表現編①………………………………………………………………………………148
　　　[10]　学び　表現編②………………………………………………………………………………154
　　▶コラム　「こんな時どうしよう」──幼稚園児に経験させたい防災教育の研究………………158

第5章　幼児・児童の交流と子どもの育ち

　第1節　あさひがおか幼児園と旭が丘小学校の交流
　　　　　──2010（平成22）年度の交流から………………………………………………………160
　　　[1]　互恵性のある交流活動へ……………………………………………………………………160
　　　[2]　あさひがおか幼児園と旭が丘小学校との幼（保）・小連携に関する年間計画……………161
　　　[3]　旭が丘小学校とあさひがおか幼児園　5年生と5歳児の交流実施内容……………………161
　　　[4]　それぞれの連携──幼児、児童、保育者、教師、園、小学校……………………………167
　第2節　あさひがおか幼児園と旭が丘小学校の交流
　　　　　──2014（平成26）年度の交流の中での子どもの姿……………………………………170
　　▶コラム　幼保小連携──公立保育園の保育者の視点…………………………………………172

編著・執筆・編集者紹介……………………………………………………………………………………174
ひのっ子カリキュラム関係報告書一覧……………………………………………………………………175
　　資料3　「ひのっ子カリキュラム」

本書を読むにあたって

・本書では、幼稚園教諭および保育園保育士を「保育者」、小学校教員を「教師」の名称で統一しています。また、児童福祉法では「保育所」となっていますが、現場での慣用表現を踏まえ、本書では、「保育園」と表記しています。
・本書に記載されている日野市立第一幼稚園は、2005（平成17）年3月31日に閉園し、同年4月1日に日野市立第七幼稚園に統合されました。

第1章

「幼保小連携」とは何か

第1節 「幼保小連携」の発端と課題

[1] 接続期の「主体性」「協同性」を大事に

　日本の幼稚園・保育園の5歳児たちは、それまでの園生活の中で培った様々な力を土台にして、保育者や友だちと協同的で創造的な活動を展開しています。例えば、どの園でも行われている運動会や発表会などの行事では、まさに園の中の最高学年＝「年長さん」として、生き生きと活躍する誇らしい姿を見せてくれます。4歳児クラスでも、仲間と一緒に知恵を出し合って問題を解決しようとする取り組みが見られます[1]が、見通せる範囲は家や園内外の身近な環境に限定されることが多いでしょう。しかし、5歳児クラスになると、より視野が広がり、見通しも育っていきます。園生活の中で単に活動に「参加」するのではなく、自覚と誇りをもって「保育」に「参画」しはじめます。「年長さん」としての誇りをもち、まさに「参画する主体」として、保育者や友だちと一緒に「保育」をつくりだしていくのです[2]。

　しかし、一方で、小学校就学を控えた5歳児クラス3学期には、小学校への憧れや期待をもちながらも、「遊び・活動」から「授業」へという学びの形態の変化や、持ち物管理・時間管理など、新しい課題が増えることに不安をもっているのも事実です。また、小学校入学後しばらくは、急激な環境変化から緊張や不安が強くなる子どももいます。こうした**幼稚園・保育園から小学校へ生活と学びの場を移行していく接続期（5歳児後半から小学校1年次前半）に、子どもの発達や学びを支えていこうとする取り組みが、「幼保小連携」の中心的な取り組み**[3]です。「幼保小連携」は、幼児教育と小学校教育とを「なめらか（円滑）」につなぐ取り組みですが、それは、多くの実践者や研究者が指摘するように「段差」を取り除けばよいというものではありません。むしろ、その「段差」を乗り越える**「主体性」**をどのように育てていくのかが問われるのです。**園と小学校が、主体としての幼児・児童の能動的な活動と学びをどのようにつなぐのかについて、園・学校の垣根を越えて、子ども同士、教職員同士が連携し合い協働して取り組むことも、「幼保小連携」**であるといえます。近年、幼小接続期のカリキュラムは、就学前の「アプローチカリキュラム」と就学後1学期の「スタートカリキュラム」をつなぐものとして位置付けられはじめています。国立教育政策研究所幼児教育研究センターによれば、「アプローチカリキュラム」とは、「就学前の幼児が円滑に小学校の生活や学習へ適応できるようにするとともに、幼児期の学びが小学校の生活や学習で生かされてつながるように工夫された5歳児のカリキュラム」[4]であり、「スタートカリキュラム」とは、「幼児期の育ちや学びを踏まえて、小学校の授業を中心とした学習へうまくつなげるため、小学校入学後に実施される合科的・関連的カリキュラム」[5]のことです。就学前のカリキュラムについては、東京都教

育委員会も2016（平成28）年3月に『就学前教育カリキュラム 改訂版』[6]を発行しました。乳幼児期の教育には、発達や学びの連続性の中で「生きる力の基礎」を培う役割があることが明記されています。

　幼小接続期では、子どもの「安心・成長・自立」を支え「自覚的な学び」を促すことで主体的な自己の育成が目指されていますが、これは全国の「幼保小連携」の研究成果が反映されたものでもあるといえるでしょう。

　ところで、幼児期から児童期前期の**アクティブ・ラーニング**を特徴付けるものとして、本書では「能動性」を前提としつつ、「主体性」と「協同性」を加えました。それは、幼児や児童にとって、まさに友だちと共通の目的に向けて活動し、それを実現していくために、「思考し参画する主体」として協力して活動していくことが、この時期において重要な課題となってくるからです。「協同性の育ちは、……個がコマとしてその共同性のなかに埋没していくことではない。協同する共同性とは、そのなかで一人一人の子どもが自分らしさや個性を発揮し、それぞれの自己（個）が育っていく場、互恵的に育ち合う場」[7]だと、岩田純一は述べています。協同的活動とは、共同性を基盤としながらも、一人一人の興味・関心や感じ方、考え方を生かしながら必然性や達成感を感じ取れるやり方で進められるものであり、そうした特徴をもった能動的な学びが、この時期の**アクティブ・ラーニング**であるといえます。

1　加藤繁美［監修］／齋藤政子［編著］（2016年）『子どもとつくる4歳児保育』ひとなる書房
2　加藤繁美［監修］／山本理絵［編著］（2016年）『子どもとつくる5歳児保育』ひとなる書房
3　「幼小連携」は「保幼小連携」ともいわれるが、本書では前者で統一した。
4　国立教育政策研究所幼児教育研究センター「幼小接続期カリキュラム全国自治体調査」
　　http://www.nier.go.jp/youji_kyouiku_kenkyuu_center/youshou_curr.html（情報取得2016年11月1日）
5　国立教育政策研究所（2015年1月）「スタートカリキュラム スタートブック」
　　https://www.nier.go.jp/kaihatsu/pdf/startcurriculum_mini.pdf（情報取得2016年4月1日）
6　東京都教育委員会（2016年3月）『就学前教育カリキュラム 改訂版』
7　岩田純一［著］（2011年）『子どもの発達の理解から保育へ』ミネルヴァ書房　p.31

［2］「幼保小連携」はいつごろ始まったか

　「幼保小連携」は、1990年代ころから各地で取り組まれはじめた「幼小連携」を発端としています。それは、同じ学校教育の基盤をもった幼稚園と小学校が、教育方法や内容を見直し、教育課程の開発を図ろうとするものでした。例えば、秋田喜代美と有馬幼稚園・有馬小学校は、1999（平成11）年度から3年間、「幼稚園と小学校の連携を視野に入れた教育課程の研究」をテーマとした研究開発校として研究を積み重ね、地域も巻き込んだ実践研究をまとめています[8]。また、お茶の水女子大学附属幼稚園と小学校による「なめらかな接続」と「適度な段差」を念頭に置いた実践研究[9]や、幼小連携から見えてきた幼稚園の学びをまとめた滋賀大学教育学部附属幼稚園の報告[10]、「小1プロブレム」が幼・小の保育者と教師の連携不足や互いの教育活動への関心のなさから来ているの

ではないか、と指摘した佐々木宏子らの報告[11]、さらに、大阪で先駆的に「小1プロブレム」について研究してきた新保真紀子らの連携実践など[12]、多くの実践が報告されています[13]。

　幼・保・小の幼児・児童が、自治会のおとなたちと一緒に地域の祭りなどの行事に取り組むなどの姿が昔から地方で特に見られましたが、そもそも、幼小の連携に注目が集まる発端となったのは、小学校に入ったばかりの子どもたちが落ち着かずに立ち歩き、周りの子どもも、そのことが気になって授業が成立しにくくなる「小1プロブレム」と呼ばれる状態が見られはじめたことでした。「小1プロブレム」は、東京学芸大学「小1プロブレム研究推進プロジェクト」[14]によれば、「小学校1年生の教室において、集団行動がとれない、授業中に座っていられない、先生の話を聞かないなど、学級での授業が成り立ちにくい状態が数か月にわたって継続する問題」を指しており、そのころ小中学校で問題となっていた「学級崩壊」との関連も指摘されました。

　それでは「小1プロブレム」は、「学級崩壊」と同義なのでしょうか。また、幼児期の遊びは、「小1プロブレム」を引き起こす要因なのでしょうか。

8　秋田喜代美［監修］／秋田喜代美・東京都中央区立有馬幼稚園・小学校［著］（2002年）『幼小連携のカリキュラムづくりと実践事例』小学館
9　お茶の水女子大学附属幼稚園・小学校・中学校・子ども発達教育研究センター［著］（2008年）『「接続期」をつくる──幼・小・中をつなぐ教師と子どもの協働』東洋館出版社
10　滋賀大学教育学部附属幼稚園［著］（2004年）『学びをつなぐ──幼小連携からみえてきた幼稚園の学び』明治図書出版
11　佐々木宏子・鳴門教育大学学校教育学部附属幼稚園［著］（2004年）『なめらかな幼小の連携教育──その実践とモデルカリキュラム』チャイルド本社
12　新保真紀子［著］（2010年）『小1プロブレムの予防とスタートカリキュラム──就学前教育と学校教育の学びをつなぐ』明治図書出版
13　文部科学省「就学前教育と小学校の連携に関する総合的調査研究」
　　http://www.mext.go.jp/a_menu/shotou/youchien/1218188.htm（情報取得2016年5月21日）
14　東京学芸大学「小1プロブレム研究推進プロジェクト」［編］（2010年）『平成19年度～平成21年度 小1プロブレム研究推進プロジェクト 報告書』

［3］「小1プロブレム」と学級崩壊──遊びが要因？

　1年生の授業が成立しにくい状態は、確かに「学級崩壊」の状態の1つといえますが、その要因を幼児期の遊びに求めるのは、近年ではすでに、「前提においても根拠においても乱暴な意見」[15]であり、そもそも幼児期の遊びは、「まずは楽しい活動をする。熱中する。そうして没頭する中で結果的に何かを得ていく」[16]ものであることが自明の理となっています。幼稚園教育は「環境を通して行う教育」であることは、2016（平成28）年7月の「幼稚園教育要領改訂に関する幼児教育部会の取りまとめ」[17]でも冒頭に明記され、そこには、「幼稚園教育と小学校教育の円滑な接続」について充実を図ることの必要性が現場で「おおむね理解されている」ことも記されています。

　つまり幼児期には、自由に遊びながら、自分の関心に基づいて考えを深め主体的に探究する時間が必要なのです。保育では、そうした自分の関心に基づいて思い思いに遊ぶだけでなく、保育者や友だちと一緒に決めて何か価値のあるものをつくりだしていく活動や、意図的・系統的に文化遺産

を伝達していく活動なども行われています。自由に遊ぶということは、何の計画性ももたない保育とイコールではありません。「自由」という名のもとに何の理念も方針ももたない保育は、むしろ「放任」です。「自由」であればなおのこと「責任」や「自覚」が必要であり、また「自由」の中でこそ「思考力」や「問題解決能力」を育てなければならないのではないでしょうか。こうした哲学的な意味合いをもつ「自由」という言葉を「保育」の修飾語として使う際には、放任主義的保育になっていないかどうかの吟味が必要かもしれません。

　ただ、「遊び」に対する理解は、乳幼児とかかわる人々の努力や関心の深まりの中で広がってきていることは確かです。例えば、次に挙げる1998（平成10）年ころの調査でも、「学級崩壊」の原因として挙げられていたのは、「幼児期の遊び」ではありませんでした。

　1998・1999（平成10・11）年度に文部省が「学級経営研究会」に委嘱して行われた「学級経営の充実に関する調査研究」[18]によれば、「学級がうまく機能しない状況の原因」について150学級を対象に類型別に分類したところ、最も多いケースが、「教師の学級経営が柔軟性を欠いている事例」（104学級）、その次が「授業の内容と方法に不満をもつ子どもがいる事例」（96学級）、さらに「いじめなどの問題行動への適切な対応が遅れた事例」（51学級）、「校長のリーダーシップや校内の連携・協力が確立していない事例」（51学級）と続きました。その次に多い類型が「家庭との信頼関係が築けていない事例」（47学級）や「特別な配慮や支援の必要な子どもがいる事例」（37学級）、そして最も少ないケースが、「就学前教育との連携・協力が不足している事例」（20学級）だったのです。この結果は、幼児期の発達的特性を理解した接続期のカリキュラム編成の必要性を示すものであり、「幼児教育と小学校教育の接続」や「家庭との連携」や「特別な配慮の必要な子どもへの対応」に多くの教師が苦慮していたことが伺えました。

　さらに、「小1プロブレム」については、東京学芸大学が2006（平成18）年度より「小1プロブレム研究推進プロジェクト」を立ち上げ、全国規模の実態調査を行っています。全国の市区町村教育委員会を対象にアンケート調査を実施し1,156件の回答を得て分析した研究[19]です。「小1プロブレム」にあたる状況として最も回答件数の多かった項目（複数回答）は、「授業中に立ち歩く児童がいる」（930件）でした。次いで「学級全体での活動で各自が勝手に行動する」（881件）、「良い姿勢を保つことができない児童が多い」（593件）、「少数の児童の影響で全体が授業に集中できない」（589件）、「教員の指示が学級全体に行き届かない」（520件）、「自分の持ち物を整理できない児童が多い」（194件）と続きます。そして、「小1プロブレム」が発生する理由についての設問（複数回答）では、最も多い項目が「家庭におけるしつけが十分でない」（868件）、次いで「自己をコントロールする力が身に付いていない」（779件）、「発達障害をもつ児童への対応が困難である」（680件）、「自己中心的傾向が強いこと」（603件）と続きました。選択肢の中の「幼稚園・保育所が幼児を自由にさせすぎる」という項目は、少ないほうから2番目の154件でした。

　この調査では「自由な遊び」という言葉は使わず、「子どもを自由にさせすぎる」という文言によって就学前教育の保育形態に疑問をもつ意見を拾いやすくしてありますが、それでもこの項目の選

択数が低かったことを見ると、全国の自治体の幼児教育関係者のあいだでは、「幼児期の遊び」や「自由な保育」を「小1プロブレム」の要因として挙げる者の割合は低かったことが分かります。

　ところで、学級崩壊の実態と発生要因について、教育社会学的に分析した須藤康介は、「小1プロブレム」と学級崩壊とはイコールではなかったと説明しています。埼玉県教育委員会が県内の公立小学校を対象に行った「『学級がうまく機能しない状況』に関する調査」のうち、2005～2009（平成17～21）年度のデータを累積して学年内訳を算出すると、小学校6年生が26％で最も多く、5年生、4年生が18％と同率で続き、1年生は最も低く11％でした[20]。つまりこのことから、小学校1年生だから学級崩壊になるということはいえず、様々な要因が関連して問題が起こっていることが分かります。就学前教育から小学校教育へと移行する子どもたちの中には、何らかの困難を抱えている子どももいます。学級内のクラス運営や家庭環境、生活体験の不足など複合的な要因によって、学年が進む中で問題が浮かび上がってくることもあるでしょう。

　園と学校にはそれぞれ教育の目的や方法があり、蓄積してきた文化が違います。それを理解し合うことが、「連携」や「接続」には必要であるという認識が広がっています。幼稚園や保育園の「保育」とかかわった関係者に見えてきたのは、幼児が遊びを中心とした活動の中で、他者と考え合い、工夫して何かをつくりだしたり、問題を解決したりしていこうとする姿であり、「遊びは幼児期の子どもにとって学びである」という現実だったのです。

15　佐藤学（2006年）「幼小の学びの連続性から幼児教育の将来像を探る」、全国幼児教育研究協会［編］『学びと発達の連続性——幼小接続の課題と展望』チャイルド本社　p.34
16　無藤隆（2006年）「学びと発達の連続性から見た幼小の連携の在り方」、全国幼児教育研究協会［編］『学びと発達の連続性——幼小接続の課題と展望』チャイルド本社　p.45
17　中央教育審議会教育課程部会「幼稚園教育要領の改定（案）」資料1「幼児教育部会における取りまとめ（案）」
18　「学級経営研究会」が行った文部省委嘱研究は、2001年3月に、調査研究最終報告書として発表されました。このころから「学級崩壊」の実態把握も進み、また、十分とは言えなかった学級経営に関する研修も行われるようになりました。
19　東京学芸大学「小1プロブレム研究推進プロジェクト」［編］（2010年）『平成19年度～平成21年度小1プロブレム研究推進プロジェクト　報告書』
20　須藤康介（2016年）「学級崩壊の実態と発生要因」慶應義塾大学出版会『教育と医学』第64巻第5号
　　※学級崩壊との因果関係を分析しています。
　　※ここでは、学級崩壊が、ベテラン教師よりも経験年数が少ない場合に起こっていること、多すぎる学級規模や子どもの個人的要因によっても起こること、また小1よりも高学年のほうに学級崩壊の発生率が高いことを説明しています。

第2節 幼稚園教育要領・保育所保育指針の改定（案）を踏まえて──どのように遊び学ぶか

　2005（平成17）年の中央教育審議会答申「子どもを取り巻く環境の変化を踏まえた今後の幼児教育の在り方について」[21]では、「連携の強化改善」が必要であると述べられ、特に5歳児の「協同的学び」の導入や教育内容上の接続の重要性が指摘されました。そして、「学習指導要領」の改訂に向けた中央教育審議会教育課程企画特別部会の「論点整理」（2016年）の中でも、「学校段階ごとの特徴を踏まえつつ、前の学校段階での教育が次の段階で生かされるよう、学びの連続性が確保されることが重要」とし、幼小、小中、中高の学びの連携・接続についての記述も加えられています。ここで重要となるのは、「何を知っているか」だけでなく、「知っていることを使ってどのように社会・世界と関わり、よりよい人生を送るか」ということであり、「知識・技能、思考力・判断力・表現力等、学びに向かう力や人間性など情意・態度等に関わるものの全てを、いかに総合的に育んでいくか」ということに注目している点です。つまり、「何を学ぶか」だけでなく、「どのように学ぶか」が重要であり、それは、実は、幼児期の保育の側から言えば、就学前に「どのように遊んできたか」に関連しているということでしょう。

　「論点整理」において示された「資質・能力」の3つの柱は、「18歳の段階で身に付けておくべきことは何か」という視点で作成されたものなので、幼児期の特性を踏まえ具体化したものは、改めて以下のように整理されました。

> **幼児教育において育みたい資質・能力**
> ① 知識・技能の基礎（遊びや生活の中で、豊かな体験を通じて、何を感じたり、何に気付いたり、何が分かったり、何ができるようになるのか）
> ② 思考力・判断力・表現力などの基礎（遊びや生活の中で、気付いたこと、できるようになったことなども使いながら、どう考えたり、試したり、工夫したり、表現したりするか）
> ③ 学びに向かう力、人間性など（心情、意欲、態度が育つ中で、いかにより良い生活を営むか）

　また、幼稚園教育要領の改訂に向けた中央教育審議会教育課程企画特別部会の取りまとめでは、幼稚園において、子どもの姿や地域の実情などを踏まえつつ、どのような教育課程を編成し、実施・評価し改善していくのかという「カリキュラム・マネジメント」を確立することが重要であり、それは、以下の3つの側面から捉える必要があると述べられています[22]。

> **カリキュラム・マネジメントの3つの側面**
> ① 各領域のねらいを相互に関連させ、「幼児期の終わりまでに育ってほしい姿」や小学校での学びを念頭に置きながら、幼児の調和の取れた発達を目指し、幼稚園等の教育目標等を踏まえた総合的な視点で、その目標の達成のために必要な具体的なねらいや内容を組織すること。
> ② 教育内容の質の向上に向けて、幼児の姿や就学後の状況、家庭や地域の現状等に基づき、教育課程を編成し、実施し、評価して改善を図る一連のPDCAサイクルを確立すること。
> ③ 教育内容と、教育活動に必要な人的・物的資源等を、家庭や地域の外部の資源も含めて活用しながら効果的に組み合わせること。

そして、5領域の内容などを踏まえ、5歳児修了時までに育ってほしい具体的な姿を10項目にまとめています。これについては、「保育所保育指針の改定に関する中間とりまとめ」の中でも、以下のように触れられています[23]。

> 特に、小学校との接続に関しては、平成22年に取りまとめられた「幼児期の教育と小学校教育の円滑な接続の在り方について」等を踏まえた、**「幼児期の終わりまでに育ってほしい姿」（健康な心と体、自立心、協同性、道徳性・規範意識の芽生え、社会生活との関わり、思考力の芽生え、自然との関わり・生命尊重、数量・図形、文字等への関心・感覚、言葉による伝え合い、豊かな感性と表現）**（以下、「育ってほしい姿10項目」と省略／筆者）を念頭におき、卒園後の学びへの接続を意識しながら、5歳児後半の幼児の主体的で協同的な活動の充実を、より意識的に図っていくことが重要である。

前述の「資質・能力」の3つの柱に沿った、「幼児教育において育みたい資質・能力」についてはイメージ図も公表されていますが、ここでの指摘で重要なのは、あくまでも**「遊びを通しての総合的指導」**が、幼児期の教育の中心に位置するということです。幼児期は、環境を通して、子ども自身が、試行錯誤したり、創意工夫をしたりしながら、豊かな資質・能力を育む時期です。小学校教育との違いは後述しますが、**「育ってほしい姿10項目」**に一対一対応させるような短絡的な計画づくりをすることではないということでしょう。「保育所保育指針の改定に関する中間とりまとめ」でも、「**それぞれの子どもの発達過程に応じた『学び』の支援が、生活や遊びの場面で、適時・適切に行われることが重要である**」と強調されています。10項目が分かりやすく提示されたからといって、画一的かつ短絡的で、発達段階や幼児の自発性を軽視した計画づくりが起こらないようにしたいものです。

「遊びを通しての総合的な指導」が子どもの様々な育ちを促す一事例として、例えば、幼稚園4歳児クラスの担任だった小川房子は、以下のような実践をしています。

「家庭からいただいたカボチャでランタンを作ろう」と誘う保育者の周りに集まって見ているうちに、カボチャを割って出てきた種のほうに興味がわき、子どもたちが種を数えはじめるというものです。「わー、それ種？」「ぜんぶ種？」「そんなにあるの？」という子どもの声を丁寧に聴き取って、保育者は戸惑いながらも子どもたちに付き合い続けます。子ども自身の中からわいてきた疑問ですから、根気強く、何週間もかけて協力しながら数えます。そして、最後にはおとなの手助けを得ながらですが、「10ずつに分ける」という方法にたどり着き、数えきることができるのです[24]。もちろん、数を数えきることをねらった活動ではありません。分からないことを目の前にして、とことん知恵を働かせて友だちと協力して取り組むことがおもしろかったのです。この活動は最初から計画されたものではありませんし、事前に意図的に組織されたものでもありません。しかし、保育者は、疑問をもって取り組むクラス全体の雰囲気や家庭や園全体の状況も含め、この活動が、「探究する子ども・考える子どもを育てる」という大きな保育目標に合致する可能性を瞬時に見い出しています。

　これは、先述した「育ってほしい姿10項目」と照らし合わせれば、各項目にあてはまります。「ビニール袋に入れるといくつあるか分からなくなる。」「大きな紙にマスを書いて、10個ずつ入れてみよう。」と、保育者や友だちと言葉で伝え合ったり、数や形を発見したり、相手の発見を理解したりしながら、自分の考えを確かめる思考力の芽生えも見られます。幼児教育の場が他の教育現場に比べて特徴的なのは、予想される子どもの言葉や行動が、指導案どおりにならない場合に、計画に則(のっと)ることだけが正解ではないということでしょう。この実践のように、子どもの声に耳を傾けて子どもの主体性を引き出しながら活動を進めていく視点が、幼児教育では必要であり、それは、小学校教育の場でも必要な視点なのではないでしょうか。

　幼児期における遊びは、単なるその場限りの活動ではありません。人とかかわりながら、「もの」や「こと」に真正面から向き合って格闘したり、考え合ったりするものです。もちろん、短期的・長期的指導計画に基づいて行う遊びもありますが、クラスのねらいや年間目標と照らし合わせて、子どもたちの声を聴き取りながら時間をかけて続けていく活動もあります。このように、学びの芽生えの豊かな土壌としての幼児期の生活体験を理解しておくことが、小学校の場でさらに豊かな生活を送るための条件でもあるのです。

21　中央教育審議会「子どもを取り巻く環境の変化を踏まえた今後の幼児教育の在り方について（答申）」2005（平成17）年
22　中央教育審議会教育課程部会「幼稚園教育要領の改定案－幼児教育部会における取りまとめ（案）」2016（平成28）年7月
23　社会保障審議会児童部会保育専門委員会「保育所保育指針の改定に関する中間とりまとめ」2016（平成28）年8月
　　※ここでは、小学校との接続を重視した記述だけでなく、3歳以上児とは別に3歳未満児の節を設け、記載内容を充実させようという意図が見られます。
24　加藤繁美［監修］／齋藤政子［編著］（2016年）『子どもとつくる4歳児保育』ひとなる書房
　　※小川房子の実践はpp.78～82にまとめられている。

第3節 幼児教育と小学校教育の違い

　2009（平成21）年施行の「幼稚園教育要領解説」には、幼児期の教育は、「その教育が小学校以降の生活や学習の基盤」となるとはいっても、「小学校教育の先取りをすることではなく、就学前までの幼児期にふさわしい教育を行うことが最も肝心なことである」と明記されています。つまり、就学前教育と小学校教育とは違うので、幼稚園・保育園の保育者の専門性と小学校教師の専門性とは違うはずなのです。

　それをおおまかに分類すると、以下の3つになります。

① 教育目標とねらいに関する専門性
② 教育方法に関する専門性
③ 発達理解と発達課題に関する専門性

　第1の「教育目標とねらい」については、幼児期の教育は、2009（平成21）年施行「幼稚園教育要領」（以下、現行要領）でも、2009（平成21）年施行「保育所保育指針」（以下、現行指針）でも、それぞれの第2章で「生きる力の基礎」を培うことが明記されています。それは、「生涯にわたる人格形成の基礎」（現行要領）でもあり、「望ましい未来をつくり出す力の基礎」（現行指針）でもあるといえます。一方、小学校教育では、1歩進んで「生きる力をはぐくむ」（現行「小学校学習指導要領」）ことや、「基礎的・基本的な知識及び技能を確実に習得させ、これらを活用して課題を解決するために必要な思考力、判断力、表現力その他の能力をはぐくむ」（現行「小学校学習指導要領」第1章）ことが重要であることが記されています。生きるための基礎的な力がさらに具体化されています。

　また、目標の立て方に関しても違いがあります。保育者は、「方向目標」に照らして直接的・間接的に子どもの個と集団に対して働きかけます。小学校では、それだけではなく、子どもたちに求めたい資質・能力を「到達目標」として設定し、授業が展開されます。授業以外の時間で直接的・間接的な指導をすることもありますが、概して子どもの変革を促す教育の大舞台は授業です。保育者も、年間指導計画の中に「方向目標」を位置付けつつ、一日の指導案や週案、月案、期案という短期的・中期的指導計画の中で、「到達目標」を明確にして指導を行っているとはいえますが、小学校の授業における各単元の目標ほど学習指導要領に則って組み立てられているわけではありません。

　第2の「教育方法」については、「環境」概念の捉え方や位置付けの違いがあります。酒井朗は、幼児教育では、「環境」は教育方法上の中心的概念であるが、「小学校教育には、環境のような教育方法を端的に表現する言葉はみられない」と述べています[25]。小学校では、教師は、教科ごとに単元を1つの学習のまとまりとして捉えて学習指導案を作成し、「系統的・発展的な指導」を目指しま

す。しかし、幼稚園や保育園では、「子どもは、子どもを取り巻く環境に主体的に関わることにより、心身の発達が促される」(現行指針第2章1（2））ので、「環境を通して、養護及び教育を一体的に行う」（現行指針総則）ことや、「幼児期の特性を踏まえ、環境を通して行う」（現行要領第1章第1）ことが求められるのです。

　それは、さらに具体的に言えば、幼児自身が、生活の中で、自ら興味をもったことに関心を寄せ、「どうなっているのだろう？」「ふしぎだな。」「もっとこうしたらどうなるかな？」と知的好奇心を高めて積極的に様々な活動を展開し、充実感を得ることが大事で、そのための環境をどのように用意するのかが、保育者の指導の中心になるということです。

　例えば、幼稚園に、ある時、カブトムシの幼虫が大量にコンテナで届けられたので、隣の小学校の先生たちにもおすそ分けし、子どもたちと一緒に幼虫の世話を始めました。腐葉土の中で弱っていく幼虫を見て、「元気になってほしい。」と思う子どもたち。保育者は、「世話をしたいけれど触ってはいけない。」と分かっている子どもたちに、1人1匹ずつ観察できるよう、ペットボトルの中で1匹ずつ飼うことを提案します。子どもたちは、カブトムシの幼虫が苦しくないように、ふたは開けたままにしておき、腐葉土が乾いていないか、汚れていないか、と毎日ペットボトルの中をのぞき込んでいます[26]。

　また、ある保育園では、園庭に、思わず足を掛けて登ってみたくなるような岩の壁や高台や大きな木を用意しています。登る実力のない幼児をわざわざ登らせるようなことはしません。幼児が自分から「登りたい。」と思って登ろうとした時にはコツを教えます。登る力があれば、しばらく試行錯誤を繰り返した後、子どもは登りきってしまうそうです[27]。

　また、ある保育園（4歳児クラス）では、お月見の際に「ススキを飾る」という話題になった時、「ススキって何？」という疑問が出たそうです。「ぼく、食べたことある。」と言った子どもに、「そうなんだ、わたし食べたことない。」と返す保育者。この話し合いを発端として、「ススキ」について調べることになります。「ススキって何だろう？」「食べられるのかな？」「どこに売っているのかな？」と次々とわき起こる疑問を、子どもたちが自らスーパーに行ってみたり、家族に聞いてみたりしながら解決していく実践です[28]。

　このように、幼児は、目の前の「見えるもの」だけでなく、「見えないもの」に対しても積極的に関心を寄せ、取り組もうとします。時には、うっかりあり得ないことを口にしてしまうこともありますが、幼児期には「見えないもの」を共有して知的好奇心を高め合う友だちや保育者という「ひと」とのかかわりをもつだけでなく、「対象」をどのように共有するのか、「もの」や「空間」をどのように用意するのかが、重要だといえるのです。

　小学校教育においても、教師という「ひと」の指導上の役割は重要ですが、小学校ならではの「環境」をつくる配慮が必要です。小学校教育には、「『環境』という概念に値する言葉は見られない」かもしれませんが、小学校以上の教育方法にも、「学習環境」や「教材」のあり方など、「物的・空間的環境」の工夫は求められます。

例えば、教室内の机の配置については、子どもたちにしてほしい活動内容によって、以下のようにレイアウトが変わります。

① **すべて前向き**：板書をノートにとりやすく教師の指示もしやすい
② **外側斜め**：教師を囲むように座るためクラス全体で教師の話を聞きやすい
③ **コの字型**：子ども同士で意見交換しやすい
④ **グループごと**：少人数の話し合いや作業がしやすい

教室内の掲示の仕方についても工夫されています。時計を掲示して一日の流れの見通しを立てることは、就学前の幼児教育の中でも行われていますが、授業中にどのくらいの大きさの声で発言したり、話し合ったりしたらよいのかを「声のものさし」[29]にしたり、「いすの座り方ー"ぐー、ぴた、ぴん"」のポスター[30]を貼り出したりして、掲示を工夫しています。聴覚からの言葉の情報より視覚情報のほうが優位な場合があるので、室内環境のあり方は検討しなければなりません。

特別支援の必要な子どもたちにとっては、掲示の多すぎる教室は刺激が多すぎて落ち着かない場合があります。生活の流れを分かりやすくしたり、成果物を貼って自信や誇りを高めたりすることは必要ですが、例えば、教室の前方はすっきりとシンプルにして、集中して学べる前方に席を設けるなどの支援も必要です。

自閉症スペクトラム障害の子どものためのアプローチの1つであるSCERTS（サーツ）モデルでは、3つの領域の中の1つ「交流型支援」の中に、「学習支援」という項目があります[31]。ここでは、「活動の明確な始まりと終わりを定める」というように活動を構造化することのほかに、「視覚的援助」などの環境そのもののアレンジが必要だと説明しています。つまり、子どもの注意を高めるために、席替えなど「学習環境の配列」を修正したり、要求の「始発を促す」ために見えないところに材料を用意したりするなど、「視覚的援助」を含めた学習環境の修正が必要だというわけです[32]。

小学校1年生のスタートカリキュラムにおいても、このような「視覚的援助」や「活動の構造化」が支援の方法として有効な場合があります。1年生の集中力を高めたり理解を促したりするためだけでなく、より主体的な学校生活への関与を促すことができます。

安次嶺隆幸（あじみねたかゆき）は、ロッカーの中の整理について、黒板にロッカーの絵をまず書いて、どこに何を置いたらよいかをみんなで話し合う1年次の実践を紹介しています[33]。「教師側からの一方的な指示ではなく、必ず『理由をつけてみんなで決める』ことが肝心」だと述べています。そうすると、「月曜日に図工があるから、取り出しやすいように図工鞄は右側に立てておこう。」など、子どもから意見がたくさん出ると言います。

どのような活動をイメージしているのかによって、授業教材の用意の仕方も変わります。小さいものは、手に取ってじっくり見たくなるでしょうし、2人分の机いっぱいに広げられているものであれば、顔を突き合わせて見ようとするかもしれません。大きくコピーした紙を黒板に貼って、黒板の前に座らせて話し合うこともできるかもしれません。そうした場合には、他の友だちの意見を聞きながら自分の考えを修正するという姿も見られるかもしれません。

幼児期のクラス活動が、机といすありきで行われていないように、実は、机のレイアウトは、先ほど挙げた４つのパターンだけではないのです。小学校１年生の接続期の授業形態は、教材に対する考え方だけでなく、物的・空間的環境においても、もっと柔軟な発想が必要なのではないかと思われます。

　第３に、発達理解と発達課題に関する専門性ですが、目の前の子どもがどの発達段階にあるのか、どのような発達のプロセスをたどっていくのかについて理解しておくことは、幼児教育の専門家にとっても小学校教育の専門家にとっても重要なことです。特に、小学校１年生は、幼児期後期の真っただ中にいる子どもから、すでに児童期に入っている子どもまでおり、教師はこの時期の発達的特徴を理解しつつ適切なかかわりをすることが常に求められるでしょう。したがって、第４節では、乳幼児期から児童期前期までの発達のプロセスについて概観します。

25　酒井朗（2014年）「教育方法からみた幼児教育と小学校教育の連携の課題──発達段階論の批判的検討に基づく考察」『教育学研究』第81巻第４号　日本教育学会　p.387
26　日野市立第五幼稚園2016年５月の実践
27　社会福祉法人共に生きる会　川和保育園に2009年夏に伺った際にお聞きした実践
28　加藤繁美［監修］／齋藤政子［編著］（2016年）『子どもとつくる４歳児保育』ひとなる書房
29　東京都日野市公立小中学校全教師・教育委員会・小貫悟［著］（2010年）『通常学級での特別支援教育のスタンダード』東京書籍　p.198
30　同上　p.206
　　※本書107ページ「１年生入門期」の活動例では、「『ピン・ピタ・グー』の合言葉」として紹介されている。各学校やクラスで使いやすい合言葉・ルールをつくり、分かりやすく明示することが重要である。
31　ハリー・M・プリザント、エミー・M・ウェザビー、エミリー・ルービン、エミー・C・ローレント、パトリック・J・ライデル［著］／長崎勤・吉田仰希・仲野真史［訳］（2010年）『SCERTSモデル──自閉症スペクトラム障害の子どもたちのための包括的教育アプローチ　１巻アセスメント』日本文化科学社　p. 6
　　※SCERTSモデルでは、以下のように定義している。「視覚的援助」とは「子どもの能動的な参加と理解を高めるために、個々あるいは一連のもの、写真、ロゴ、絵画、シンボル、文字言語などの視覚的な手掛かりを用いて情報を提示する方法」である。また、「体制化援助」は、「子どもの体制化を高めるために、道具または物理的なスペースを整える方法、あるいは、時間の概念を目立たせる方法」である。
32　同上　pp.261〜265
33　安次嶺隆幸［著］（2015年）『１年生のクラスをまとめる51のコツ』東洋館出版社

第4節 乳幼児期から児童期前期までの発達のプロセス

　本節では、自我と自制心の形成について概説します。

　幼児期のコミュニケーションの育ちは、乳児期における、自己と他者との充実した共同的世界を土台にしています。乳児期前期では、大好きな人（特定のおとな）との直接的情動交流を重ね、安心感・安全感を感じられるような心地よい生活が重要です。物とのかかわりは、握って振ったり口に入れたりという感覚的な活動が主流です。乳児期後期になると、その大好きな人を拠点にして探索活動を始めます。ハイハイや伝い歩きで物とかかわりながら、物を介して人とかかわりコミュニケーション能力を高めていきます。

　1歳半ころには、乳児期から幼児期に移行します。物を入れたり出したり積み上げたりと、対象操作的活動も始まります。また、言葉でのやりとりや相手の意図を読むことも試みはじめます。それまで、すべり台を頭から降りていくような直線的な行動をとっていた1歳児が、1歳半を過ぎると、一度座って足からすべり降りようとするなど、支点を軸に方向転換をする姿が見られるようになります。

　21ページに示した表1-1は、乳幼児期から児童期前期までの、自我・認識・コミュニケーション・運動の発達過程について、児童心理学の研究者のエリコニン[34]とエリコニンから学んで人間の発達全体のプロセスの表を作った金田利子[35]、さらに発達に階層概念を導入した田中昌人[36]と、田中昌人に師事した田中真介[37]の研究を参考にしてまとめたものです。

　エリコニンは、「対象的活動」には、「欲求・動機の系」と「技術・操作の系」という2つの方向がある[38]としました。また、ある発達段階でその時期の発達を主導的に推し進める役割を果たす活動を「主導的活動」と呼び、「欲求・動機の系」と「技術・操作の系」は、主導的活動を交互に交替しながら相互に関連し合い発達を推し進めていくのではないかと説明しました。金田利子は、このエリコニンの理論に家政学・生活科学の視点を加え、「欲求・動機の系」を「関係活動の系」、「技術・操作の系」を「対象活動の系」と呼び変え、労働概念と対応させながら、乳児期から老年期までの人間発達の表をまとめています。

　一方、田中昌人は、認知発達の諸理論に学びながら、発達を主導するための基本様式の1つとして「可逆操作」という概念を導入し、「可逆操作」を高次化させていくことで自己の本性を変化させていくプロセスを示しました。また、この基本様式は、自我や認知、コミュニケーションや運動といった諸機能の発達に影響を及ぼしていると説明しました。例えば、先程の1歳半を過ぎた幼児が、一方向的に行動していたのに、すべり台で一旦座ってから足を前に出してすべろうとするのは、1次元の可逆操作「○○ではなく△△だ。」という心の働きを獲得しはじめたからだと説明したわけで

す。このころ、発達検査の１つである新版Ｋ式発達検査で使用されているはめ板を目の前で左右逆にすると、逆になったことを理解して、円孔に円板をはめる行為が見られます。全身運動のレベルだけでなく手の活動のレベルでも、その時期に獲得した基本様式が影響を及ぼしているというわけです。

ところで、自我の発達と自制心とは密接な関係があります。

１歳半ころに芽生えた「自我」は、２歳過ぎには、「イヤ！」「ジブンデ！」と自己主張する「自我の拡大」期へと移行していきます。困った姿として受け止められることも多い時期ですが、"わがまま"として押しつぶしたり放任したりするのではなく、その子の思いに寄り添い、そうしたかった気持ちを認めていくことがまず重要です。こうした働きかけから、やがて自己の意図を保留したり、相手の意図を理解しつつ行動を調整したりする「自制心」を獲得していくからです。田中昌人の理論でいえば、「〇〇」と「△△」という２次元の認識ができて、その２つを理解しながら「〇〇だけれども、△△しよう。」という心の働きが育っている姿だといえます。例えば、４歳ころになると、「片足を上げている」ということと「前に進む」ということが分かって両方を統合させ、「ケンケン」という全身運動ができます。さらに、４歳後半に入ると、「お客さんの前では恥ずかしい」ということと「あいさつをする」ということを統合し、「恥ずかしいけれども、お客さんにあいさつをする」というように、「〇〇だけれども、△△する」という積極的な自制心を発揮しはじめます。

「自制心」とは、強制的に我慢させれば修得できる力ではありません。「自制心」とは、「自己の衝動的行為を抑えることができる心が育っている状態」[39]です。または、「大脳前頭葉の興奮と抑制の機能の成熟などをその神経生理学的基礎とし、教育的人間関係が保障されることによって、通常の場合、３歳後半から４歳後半ころに獲得されてくる自我・社会性の力」であり、「自らの感情や欲求、欲望をまわりの状況に合わせてうまく調節していく力」[40]です。つまり、自己抑制、自己調整が重要だと一般的には言われている心の働きですが、浜谷直人が説明するように、「自ら豊かな要求を周囲の状況と調整しながら、粘り強く実現しようとする心の働き」[41]だとするならば、子どもの中に豊かな要求が育っていて、それを粘り強く実現しようとすることこそが重要なのだと思われます。豊かな要求が育っているということは、豊かな体験が子どもたちの生活の中に蓄積されているということです。「あー、楽しかった。またやりたいな。」とか「あのお兄さん、お姉さんのようにかっこよくなりたいな。」というような魅力的な体験や憧れの対象との協同の活動が存在するからこそ、それに向けて自らを調整して目標を実現しようとするのです。自分の要求をないがしろにされず、待ってもらえるという体験があり、「自己信頼感」や「自己肯定感」が育っていることも、「自制心」の土台となるでしょう。

さらに、幼児期から児童期前期にかけて、系列化の思考が育ちます。これは、１つの基準で物事を系統だった順序関係に整理する力で、これによって子どもたちは、いよいよ時間・空間を越えて、過去・現在・未来の長い見通しの中で自分を捉えられるようになります。自己を系列的・多面的に捉える力は、空間関係の把握や構成能力、音韻分解と音韻抽出を行う力などとして、算数や国語な

どの教科学習の中でも発揮されていきます。しかし、こうした時間の流れの中で、自己の変化を客観的に捉える力——自己形成視の力——が十分育たないと、新しい世界に挑戦していく意欲が乏しくなり、課題を前にして極度の不安を抱いたり、新しい仲間との出会いを拒否したり、授業中に落ち着いて座っていることができない、などの姿を見せることがあります。

　児童期前期の子どもたちは、それまでに他者とのかかわりの中でつくられた「自己信頼感」を拠り所としながら、新しい世界に飛び出していく時期ですが、「他者視点」をどのように獲得させていくかが鍵となります。「他者視点の取得」によって、子どもは他者の行為や言葉から想像力を働かせて理解しようとし、他者の痛みや喜びに共感し、また、自分の中に良さを見つけることもできるのです。

　幼児期から児童期前期の子どもたちは、「他者が自分とは異質な存在であるという意識」は、多くの場合、トラブルを通して認識します。他者と自分とでは、そもそも価値観も考え方も違います。その違いを受け入れつつトラブルを乗り越える経験を積み重ねること、また、そうした経験の重要性を保育者や教師がきちんと理解してかかわることこそが、重要なのではないでしょうか。他者との関係性に対する肯定的感覚を身に付ける機会を、幼保小連携教育は提供してくれるはずです。

34　デ・ベ・エリコニン（Elkonin,D.B.）（1972年）「精神発達段階論の新しい仮説」　柴田義松［訳］『現代教育科学　No.171』明治図書
35　金田利子（1979年）「発達過程と生活構造Ⅰ」『静岡大学教育学部研究報告　人文・社会科学篇　第30号』
36　田中昌人（1977年）「発達における〈階層〉の概念の導入について」『京都大学教育学部紀要　23号』pp.1～13
37　田中真介［監修］／乳幼児保育研究会［編著］（2009年）『発達がわかれば子どもが見える——0歳から就学までの目からウロコの保育実践』ぎょうせい
38　金田利子（1995年）「第1章　生活主体発達論」　金田利子・岡野雅子・室田洋子［編著］『生活者としての人間発達』家政教育社　p.17
　　※金田利子は、「欲求・動機の系」は、「自らの欲求・動機が表面に出る活動」で、自己及び人との関わりに向かう」ものであり、「技術・操作の系」は、「自分の外にある対象に向かって操作する活動」で、「物に向かう」ものと説明している。
39　清水民子（2006年）「自制心」　宍戸健夫・金田利子・茂木俊彦［監修］保育小辞典編集委員会［編］『保育小辞典』大月書店
40　楠凡之［著］（2005年）『気になる子ども　気になる保護者——理解と援助のために』かもがわ出版
41　浜谷直人［著］（2004年）『困難をかかえた子どもを育てる——子どもの発達の支援と保育のあり方』新読書社

表1-1 乳幼児期から児童期前期までの自我・認識・コミュニケーション・運動の発達過程

時期	欲求・動機の系（デ・ベ・エリコン）関係活動の系（金田利子）	技術・操作の系（デ・ベ・エリコン）対象活動の系（金田利子）	可逆操作（田中昌人）	全身運動	対人関係と情動	調整	自己表現（粘土）	自己表現（描画）	モデルを見ての構成	道具の使用	話し言葉・書き言葉	数量概念
乳児期 0歳後半	直接的・情動的交流	（前操作的・感覚運動的活動）		ハイハイ／伝い歩き							初語（有意味語）の発生	
乳児期 1歳前半			1次元形成期	中腰から立ち上がる／片手支え歩きから直立二足歩行	自我の芽生え／自己復元力		持つ、握る	引っ掻き画錯画	持つ／円孔に円板を入れる	積木などを器に入れる	指さしで相手と交流	
幼児期前期 1歳半ごろ	（ひとり遊び／見立て・つもり遊び）	対象操作的活動	1次元の認識（1次元の可逆操作）	支点を軸に方向転換をする	自我の拡大	1次元の方向転換が分かって入れ替える	持つ、つまむ（3個くらい）↔放す、渡す	左右・上下の1次可逆・円錯画	積む・並べる円孔の移動を認めて円板を入れる	器に入れ分ける	1語文	
幼児期前期 2歳ごろ			2次元形成期	片手をあげる／爪先立ち・かかと歩きをする	自我の充実	Vサインをする	のばす、回す・玉を作る	閉じた丸足人・丸のアンファーレ	トラックなど2次元の構成	はさみの1回切り・折り込み	2語文	2歳が分かる／たくさんと少しが分かる
幼児期前期 4歳前後	役割遊び／ごっこ遊び	（前学習的課題活動）	2次元の認識（2次元の可逆操作）	ケンケンをして前進する	自制心の形成	左右の手の交互開閉をする	2次元の構成	2次元の構成	2次元の構成の発展	はさみの切り抜き、折り込み	理由を言う	4つまで数えられる
幼児期後期 5歳半ごろ			3次元形成期	なわとびをする	自己形成視の芽生え	3次元の調整をする	3次元の構成のはじまり	大中小など3次元の表現／系列化のはじまり	3次元の構成	系列的製作のはじまり	文脈の発展／書き言葉のはじまり／音韻分解・音韻抽出	数える／数や量の系列が分かる／n+1・n-1が分かる
児童期前期 6・7歳ごろ	集団的・協同的交流／ギャングエイジ	学習活動	3次元の認識／系列化の思考（3次元の可逆操作）	支点を軸に空中で重心を移す／なわとびをしつつ前進する	見通しと段取り	時間の上昇系列・下降系列の調整	場面の構成／形の構成相手と物と自分などを3つ以上に同時に働きかけて構成する	3次元の切り／3次元の構成の発展と展開	3次元の構成の発展と展開	立体製作	3次元世界を説明する／話す、読む、書く	繰り上がり・繰り下がりのない加法・減法が分かる
児童期前期 8・9・10歳ごろ			長さ、量、さ、体積、速さなどの可逆保存	可逆対運動	自己客観視と現実吟味	可逆対表現	可逆対表現		1次変形可逆・1次変換可逆	可逆対製作	保存の説明	分数・小数、繰り上がり・繰り下がりのある加減乗除とその可逆算法

※田中昌人・田中杉恵［監修］『子どもの発達と診断』全5巻（1981〜1988年）大月書店／金田利子（1979年）『発達過程と生活構造I』静岡大学教育学部［編］『静岡大学教育学部研究報告 人文・社会科学篇 第30号』／田中昌人［監修］・乳幼児保育研究会［編著］（2009年）『発達がわかれば子どももサロンコロの目から就学までの保育実践』きょういくしんこう参考に一部修正して作成

第1章 「幼保小連携」とは何か

第4節 乳幼児期から児童期前期までの発達のプロセス　021

第5節 アクティブ・ラーニングと幼小交流

　北米で1990年代初頭に提唱されたアクティブ・ラーニング[42]は、そもそも大学教育を深化・発展させるための1つの学習理論です。溝上慎一は、彼らに学びながら、以下のように定義しています。「一方向的な知識伝達型講義を聴くという（受動的）学習を乗り越える意味での、あらゆる能動的な学習のこと。能動的な学習には、書く・話す・発表するなどの活動への関与と、そこで生じる認知プロセスの外化を伴う。」[43]。つまり、教師の話を聴くだけではなく、子どもたちが問題解決のために話し合ったり、あるテーマで討論をしたり、グループで調査したりするなどの能動的な学習を積極的に行おうとするものです。しかし、そもそも小学校教育では、子どもが教師の話を聴くというパッシブ（受動的）な授業形態だけでなく、アクティブ（能動的）な授業形態をふんだんに取り入れてきたはずです。それでは、なぜ、今、アクティブ・ラーニングが初等教育においても注目されているのでしょうか。このアクティブ・ラーニングを行う意義について第2節で述べた「論点整理」[44]では、次のように説明していました。

　「次期改訂の視点は、子どもたちが『何を知っているか』だけではなく、『知っていることを使ってどのように社会・世界と関わり、よりよい人生を送るか』ということであり、知識・技能・思考力・判断力・表現力等、学びに向かう力や人間性など情意・態度等に関わるものの全てを、いかに総合的に育んでいくか」である。だからこそ「子どもたちの学びへの興味と努力し続ける意志を喚起する必要がある」。（傍線筆者）

　単に、能動的な形態を授業の中に取り入れればよいということではなく、幼児・児童の「主体性」を引き出していくことが重要であり、だからこそ、アクティブ・ラーニングを「**主体的・対話的で深い学び**」としているのでしょう。そして、そのためには、教師自身が、学びの方法にもっと目を向け、授業方法を改善していく必要があるということでしょう。

　ここで重要なのは、単に、授業に、パッシブ（受動的）ではなくアクティブ（能動的）に体を動かして学ぶ方法を取り入れるだけではないということです。ボンウェルとエイソンや溝上慎一もキーワードとして挙げている、「認知プロセスの外化」が重要ではないかと思われます。つまり、何らかの疑問や課題を解決しようとする際に、頭の中で思考するだけでなく、その推理や試行錯誤を外化し、友だちと言葉で伝え合い、考え合って、理解し合うこと、その結末もクラスの中で発表し合い、共有することです。これこそが重要であり、その中で、思考力や実践力や「協同問題解決能力」[45]などが育てられるのだと思われます。

　それでは、5歳児クラスから1年生までの接続期の子どもたちの学びは、どうあるべきなのでしょうか。子どもたちの「主体性」は、どのように引き出していけばよいのでしょうか。この方略のヒ

ントになるのが幼保小連携教育だと、筆者は考えます。例えば、幼保小連携の一環として行われている幼児と児童の交流では、極めて能動的で協同的な学び方を両者が行っています。

次の事例は、日野市で行われた幼小交流の記録[46]です。

(～～～：幼児、＿＿＿：児童 ※以下同)

> **事例１　新聞紙島ゲームをする年長５歳児と５年生との交流活動から**
>
> 　前に立っている先生とグループの１人がジャンケンをして、勝ったらそのまま、負けたらそのグループの新聞紙島を半分に折らなければならないというゲーム。誰がジャンケンをするのかは事前に５年生が決めてあって相談はしていないグループもあれば、全員でジャンケンをして代表を決めようとしているグループもある。
>
> 　あるグループの子どもたちが相談しはじめた。
>
> ５年生Ａ　　　　　：「ジャンケンしたい？」
> ５歳児Ｂ　　　　　：「うん。」とうなずく。
> ５歳児Ｃ　　　　　：「はい。」と手を挙げる。
> ５歳児Ｄ　　　　　：「はい。」と、Ｃとほぼ同時に手を挙げる。
> ５年生Ａ・Ｅ・Ｆ　：「じゃあ、３人でジャンケンしよう。」
> ３人でジャンケンをしてＢが勝つ。
> ５年生Ａ　　　　　：「じゃあ、最初はＢくんね。」
> 先生とジャンケンをして、Ｂが負ける。
> ５年生　　　　　　：「あ～、負けちゃったかー。」「半分に折ろう。」
> 　　　　　　　　　　「ダイジョウブ、ダイジョウブ。」
> ５年生Ａ　　　　　：「次、ジャンケンしたいひと～。」と聞く。
> ５歳児たちが、「はい！」「はい！」と手を挙げる。
> ５年生　　　　　　：「ジャンケンするよ～。」と声をかけ、ジャンケンをしてＣが勝つ。
> Ｃがうれしそうに飛び跳ねる。

　ジャンケンの担当も考えておくなど、トラブルのないよう事前に準備を整えておくという場合もあるかもしれませんが、幼児との活動は、何が起こるか分からないところにおもしろさがあるともいえます。その点で、事例１のように、ジャンケンをしたがっている５歳児の様子を瞬時に理解し、「ジャンケンしたい？」と問いかけ、臨機応変に５歳児と対話しながらゲームを一緒に楽しんでいる５年生の姿は、まさに「主体的・対話的」な学びの姿であり、５歳児の学びを引き出しているといえるでしょう。また、５歳児も、５年生とのかかわりに安心感をもって受け止め、認められる喜びに満ち溢れています。巧みにリードしながら、５歳児の思いを受けとめ一緒に楽しもうとする５年生の姿は、５歳児にとってまさに憧れです。

次の事例2〜4は、以前、杉並区で行われた幼小交流活動の記録[47]です。

（～～～：幼児、＿＿＿：児童 ※以下同）

事例2　5歳児と1年生との交流活動

1年生C：「さっきのたぬきの糸車はこれだよ。おもしろいでしょう。」
　　　　「いちばんおもしろいのはこれだよ。数学のノートに書いたアンパンマン。」
　　　　5歳児Aに自分のランドセルを背負わせ、帽子をかぶせる。
　　　　「ほら、ピカピカの1年生。」
5歳児Aは、背負わせてもらいうれしそうな顔をする。
教師　　：「いいなあ、かっこいいなあ。」
1年生D：「ねえ、ランドセルしょってみたい？」と5歳児Bに聞く。
5歳児B：うなずく。Dが持ってきたものを見て、「わあ、赤いの？」
1年生E：「おれのかしてやる。」と、自分の青いランドセルを持ってくる。

事例3　3年生が4歳児にフキゴマの作り方を教える場面

3年生A：「まず最初に作るには、三角に折って、そうしたら次に広げて、そうしたら縦に折
　　　　って、そうしたら反対側にも。」「そうしたら今度、B先生。」
3年生B：「今度はこうやって。」「こうやったらこういうふうに中に折る。」「分かった？」
3年生A：「じゃあ、おれがこっち教えるから、おまえがこっち教えたら？」

事例4　4歳児と3年生の交流活動の「おわりの会」での3年生の様子

　発表の時間になると、自分のペアの子に「前に出ていいよ。」「がんばって。」と声をかける。ペアの4歳児がうまく発表できるとうれしそうな顔をする。
　感想を求められ、「1回教えたら、すぐできるようになってすごいと思いました。」「幼稚園の子が自分よりうまかったので『えっ!?』と思いました。」と答える。

事例2では、気持ちに寄り添って、相手の感情を共有しようとしたり、「おれのかしてやる。」と相手の喜ぶことをしてあげようとしたりする姿が見られます。また、事例3では、情報の伝達や、相手の理解を助ける適切な言葉かけが行われ、事例4では、相手の良さを認めようとする言葉が表現されています。これらの事例1〜4から、幼児や児童が発した言葉を分類すると、以下のように、様々な性質の言葉を使用していることが分かります。

① 相手の気持ちに寄り添う言葉
② 相手の理解を助ける言葉

③ 相手に情報を伝える言葉
④ 相手の気持ちを引き出し励ます言葉
⑤ 相手を認める言葉
⑥ 相手の感情を共有しようとする言葉（共感）
⑦ 自分の感情を素直に表現する言葉
⑧ 相手の喜ぶことをしてあげようとして発する言葉

　このように幼児と児童の交流活動の中では、育てていきたいコミュニケーション能力のありようが見事なまでに観察できるのです。交流活動の中で育っていると思われるコミュニケーション力には、①　他者を理解する力、②　他者とのかかわりや生活・遊び・文化に価値を見い出す力、③　人間関係をつくり調整する力、④　自己を見つめる力、⑤　客観的に物事を見つめる力、⑥　表現する力などがあるでしょう。

　もちろん、北俊夫が言うように、「子どもにアクティブな活動を促すだけでなく、子ども一人一人の頭や心のなかをアクティブにする必要がある」[48]でしょう。しかし、幼小交流活動が、自分とは異質な他者との出会いや伝え合いを通して、図1-1のように、コミュニケーションを学ぶプロセスそのものであり、まさに幼児や児童の主体的・能動的活動としてのアクティブ・ラーニングであることは間違いないと思われます。

　幼保小連携教育においては、図1-2のように、「かかわる」「気付く」「感じる」「向き合う」「調整する」「伝える」「楽しむ」という活動の連鎖の中で、それぞれの行為が別の行為を誘発して前述のような学びを深めていくのであり、こうした互いの育ちを高め合うような互恵性のある活動を展開していくことが求められます。異年齢交流は、図1-3のような単なる「教える―教えてもらう」、「いたわる―憧れる」という関係だけではなく、図1-4のように、幼児・児童の暮らしや文化の中で、対象と向き合い、直接的・間接的にかかわりながら行われています。その中で、子どもたちは様々な協同的・協働的活動を通して学び合っているのだと思われます。

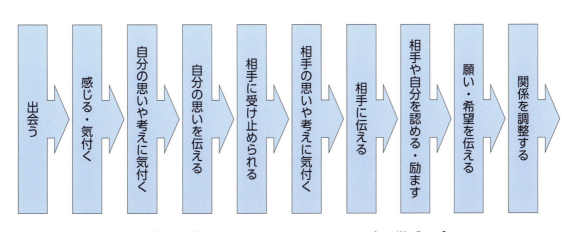

図1-1　交流活動におけるコミュニケーション力の学びのプロセス

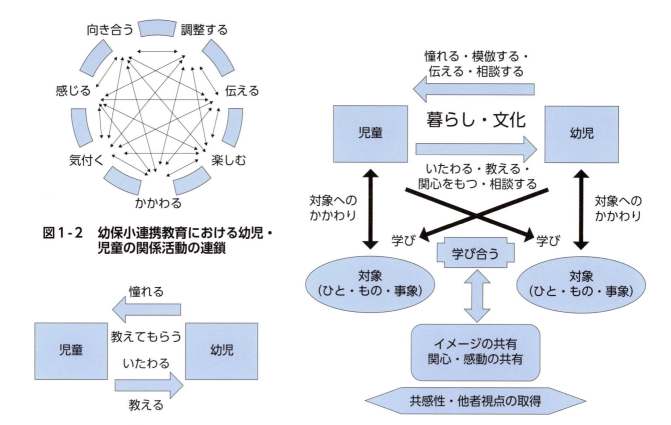

図1-2 幼保小連携教育における幼児・児童の関係活動の連鎖

図1-3 従来の異年齢児の交流関係

図1-4 幼保小連携に見る異年齢交流

42 Bonwell, Charles; Eison, James (1991). Active Learning: Creating Excitement in the Classroom (PDF). Information Analyses - ERIC Clearinghouse Products (071)　p.3
43 溝上慎一（2015年）「大学教育から初等中等教育へと降りてきたアクティブ・ラーニング」梶田叡一［責任編集］人間教育研究協議会［編］『アクティブ・ラーニングとは何か』金子書房
44 文部科学省中央教育審議会初等中等教育分科会　教育課程企画特別部会「論点整理」http://www.mext.go.jp/component/b_menu/shingi/toushin/__icsFiles/afieldfile/2015/12/11/1361110.pdf（情報取得2016年4月1日）

※ちなみに、大学教育については以下のように説明されている。「教員による一方向的な講義形式の教育とは異なり、学修者の能動的な学修への参加を取り入れた教授・学習法の総称。学修者が能動的に学修することによって、認知的、倫理的、社会的能力、教養、知識、経験を含めた汎用的能力の育成を図る。発見学習、問題解決学習、体験学習、調査学習等が含まれるが、教室内でのグループ・ディスカッション、ディベート、グループ・ワーク等も有効なアクティブ・ラーニングの方法である」（出典：『新たな未来を築くための大学教育の質的転換に向けて――生涯学び続け、主体的に考える力を育成する大学へ（答申）用語集』2012年8月28日 中央教育審議会）

45 経済協力開発機構（OECD）による国際的な生徒の学習到達度調査であるPISAでは、2015年実施調査から、科学的リテラシー（science）、数学的リテラシー（mathematics）、読解力（reading）の3分野に加え、協同問題解決能力（collaborative problem solving）も調査内容に加えられた。（出典：OECD － Programme for International Student Assessment http://www.oecd.org/pisa/aboutpisa/　情報取得2016年12月30日）※ちなみにOECDでは、「キーコンピテンシー」の重要なカテゴリーとして、次の3つを挙げている。①社会・文化的、技術的ツールを相互作用的に活用する能力、②多様な社会グループにおける人間関係形成能力、③自律的に行動する能力。（出典：文部科学省OECDにおける「キーコンピテンシー」について　http://www.mext.go.jp/b_menu/shingi/chukyo/chukyo3/016/siryo/06092005/002/001.htm　情報取得2017年2月2日）

46 日野市立旭が丘小学校5年生と日野市立第七幼稚園・日野市立あさひがおか保育園の5歳児クラスとの交流実践〈日時：2016（平成28）年7月13日　場所：日野市立旭が丘小学校体育館〉

47 杉並区立高井戸第三小学校の小学生と下高井戸幼稚園（現・杉並区立下高井戸子供園）の幼児の幼小交流活動〈事例2は日時：2007（平成19）年1月31日、場所：高井戸第三小学校1年生の教室／事例3・4は日時：2007（平成19）年10月29日、場所：高井戸第三小学校体育館〉

※齋藤政子は、これを事例として抽出し、以下の論文の中で考察を加えている。齋藤政子「保幼小連携において異年齢児が交流する意義――幼小連携教育の実践を通してみたコミュニケーション力の育ち」（2008年）『明星大学教育学研究紀要　第23号』pp.55～66

48 北俊夫（2016年）「今日的な教育課題と小学校社会科の役割」『今日的な教育課題と小学校社会科』東京書籍　p.2

第6節 幼保小連携教育の役割
――つなぐ、広がる、育ち合う

　幼保小連携教育では、幼児や児童のコミュニケーションの育ちが見られることが分かりました。ただ、残念ながら、幼保小連携の位置付けが小学校生活のルール未修得や授業不成立を防ぐために幼保が事前に行う準備活動というレベルにとどまっているという場合がないとはいえません。改めて確認しておきたいのは、幼児期は、児童期のためにあるのではないということです。それは、児童期や青年期が壮年期のためにあるわけではなく、壮年期が老年期のためにあるわけではないのと同様です。子どもは一個の独立した人格をもった人間であると主張し、「子どもを子どもとして成熟させよ。」と提唱したのはルソー（1762年）でした。ルソーは、子どもは「体を動かせば動かすほど、彼の精神はいよいよめざめてくる。彼の力と理性とはあいともなって発達し、たがいに助けあってのびていく。」[48]と述べ、「自然による教育」を重視しました。子ども自らが真理を発見することが重要であるし、それは可能だというわけです。わたしたちは、幼児や児童が「有能な学び手」としての自己像がもてるように、幼保小連携の中で育てていく必要があります。

　そこで、本節では、幼保小連携教育の役割として以下の4つを挙げておきたいと思います。

---

① 幼児・児童の主体的・能動的・協同的学びを高め、つなげていく役割

② 地域教育としての役割――保育・教育機関や地域のおとなが連携し合い、子育て・子育ちについて考える役割

③ 社会と出合い、社会を形成する力を育てる役割――子どもたちの生活の中に「文化」や「暮らし」を育てる役割

④ 差違を理解しつつ体験や感動を共有し、相手の立場に立って物事を考え、協同的に問題解決しようとする「有能な学び手」としての自己像を育てる役割

　1つ目は、**幼児・児童がまず、主体的・能動的なアクティブ・ラーニングを通して協同的な学びを行い、一人一人の学びの連続性を本当の意味で大事にしていくことができるようにする役割**です。幼保小の交流活動において「いま・ここ」に存在する幼児と児童のための活動を展開していくだけでなく、幼児期から児童期への見通しをもった息の長い取り組みも必要でしょう。

　2つ目には、**園と学校が、公立・私立、異種校間の垣根を越えて、地域のおとなとして連携し合い、子どもたちを育てていくことを考え合うという役割**です。日野市では、まさに、こうした役割が積極的に発揮されてきました。

　3つ目には、**家庭とは違う質をもった学校という場に移行してきた児童が、新たな出会いの中で、**

生活の中に「文化」や「暮らし」への視点を育てていくという役割があります。

　そして、4つ目には、そうした差異を理解しつつ体験や感動を共有し、相手の立場に立って物事を考え、協同的に問題解決しようとする主体性を育てていく役割、「有能な学び手」としての自己像を育てる役割があるのです。

　幼保小連携教育が、東京都日野市においてどのように展開され、以上の役割をどのように具体化してきたのかについて、次章以降で見ていきましょう。

48 桑原武夫［編］（1962年）『ルソー』岩波書店　p.54
※桑原は、Rousseau,Jean-Jacques ジャン・ジャック・ルソー『エミール』（1762年）を引用しつつ、自然の教育の中での「自由」と「経験」の重要性を力説している。

コラム

幼稚園と保育園の交流

日野市立第5幼稚園

園長　比留間　千草

　今から30年近く前、日野市が幼保一元化を目指して幼児教育センターを立ち上げ、隣接している第一幼稚園とたまだいら保育園とで交流を行っていた時のことです。

　5歳児が近くの公園に出かけて一緒に遊ぶ交流活動を計画しました。その公園は、草木が青々と茂り、湧水が公園の中を流れる自然豊かな場所です。「暑くなってきたから、川の中に入って遊びませんか。」「そろそろザリガニもいるかもしれませんね。捕まえるのを楽しみにしていくかも。」など、担任が顔を合わせて日時や目的、内容を打ち合わせしました。

　いよいよ当日。園庭に集まった園児たちを見ると、保育園児はいつもの散歩と同じ身支度で、幼稚園児は長ぐつや着替えを入れたリュックサックを背負って…。幼稚園と保育園では、園外に出かけるということの考え方が異なることを実感した出来事でした。

　約30年前に幼・保の違いを実感した担任2人が、今は園長となって出会い、幼・保の交流を行っています。

第2章

日野市の
幼保小連携の
始まりと発展

第1節 出発点はここから

[1] 日野市の幼保小連携の歩み

　日野市に幼保小連携教育が発展した要因は、大きく2つあると思われます。

　1つ目の要因は、1968（昭和43）年度に日野市教育研究会（幼稚園3園、小学校8校、中学校3校が参加）が発足し、公立の幼・小・中の保育者と教師が部会ごとに研究会を行っていたことです。就学前になると、小学校の教育相談部の研究の一環として公立幼稚園の保育者との情報交換の場を設け、「小学校に入学してから問題となる子どもの姿」「入学までに育ててほしい小学校が望む子どもの姿」「幼稚園の生活」などについて話し合っていました。また、就学先の小学校が幼稚園に聞き取り調査を行い、就学時健康診断で気になった子どもの情報を集めていました。この当時の連携は、どちらかといえば小学校から幼稚園への要望が多く、幼稚園での育ちを小学校へどうつなげるかという発想の話し合いはほとんどできませんでした。

　1989（平成元）年に学習指導要領が改訂されて生活科が始まることになり、小学校教師による「幼稚園での指導」の視察が始まりました。しかし、「遊びを通して学ぶ」という幼児期の指導への無理解から「幼稚園は遊ばせているだけのようだが…？」「教科書がないが、どのように指導しているのか？」「生活科は、ただ遊ばせればいいのか？」というクエスチョンマークで終わる発言が多く、小学校教師が幼児期の育ちを理解するせっかくの機会を教育研究会として十分に活用しきれませんでした。

　そうした課題を抱えながらも、1986（昭和61）年度に、日野市立第一幼稚園の一角に日野市立幼児教育センターが開設されたことが、日野市の幼保小連携を大きく発展させる第2の要因となり、変化をもたらしました。幼児教育センター開設以降、隣接するたまだいら保育園と第一幼稚園の交流や日野第八小学校と第五幼稚園の交流、日野市公立幼稚園の園長と小学校の校長による話し合いなどが、幼児教育センターの主導で進められていきました。この交流事業に現場の担任としてかかわってきた保育者が、センターが閉設された後も、日野市の幼保小連携で中心的な役割を果たすことになりました。

　こうして、日野市の幼保小連携は、幼保・幼小連携の発展を車の両輪とし、保小連携を合わせて、さらに進展していくことになりました。

日野市における幼保小連携活動の流れ

幼＝幼稚園、保＝保育園、小＝小学校、中＝中学校

年度	活動	参加者 市立（公立） 幼	保	小	中	私立 幼	保
1968（昭和43）	「日野市教育研究会」発足			○	○		
1986（昭和61）	「日野市立幼児教育センター」開設						
1989（平成元） 1992（平成4）	文部省「学習指導要領」改訂、「生活科」の新設決定 小学校第1・2学年において「生活科」開始						
2004（平成16） 2005（平成17）	文部科学省より「新しい幼児教育の在り方に関する調査研究」に指定 「ひのっ子子育て推進会議」	○					
2005（平成17）～ 2007（平成19）	「ひのっ子就学前コアカリキュラム作成委員会」 ⇒「ひのっ子就学前コアカリキュラム」作成（公立・私立の保育者と小学校教師が月に1回程度の話し合いを行う） ※日野市内の主な幼稚園、保育園にアンケート調査を実施し、「絵本と歌のベスト50」をまとめる	○	○	○		○	○
2006（平成18） 2007（平成19）	文部科学省より「幼児教育支援センター事業」に指定 ⇒「ひのっ子就学前コアカリキュラム」の見直し（委員がそれぞれの保育や授業を見合い話し合う）	○	○	○			○
2006（平成18）	小学校1年生の担任に「絵本と歌のベスト50」の活用についてアンケート調査を実施⇒「絵本と歌のベスト50」の曲を委員が演奏して伴奏をCDに収録 「ひのっ子就学前コアカリキュラム」の事例追加	○	○	○			○
2007（平成19）	「絵本と歌のベスト50」CDを全小学校に配布 （小学校教師の意識に変化） 「小学校入門期ひのっ子タイム」作成	○		○			
2007（平成19）～	公立保育園の在り方を考えるプロジェクト開始 「幼児園分科会」発足（月に1回程度の話し合いを行う）	○	○				
2008（平成20）	「幼小連携教育推進委員会」発足	○		○			
2008（平成20）～	「幼児園分科会」主催で、年1回の「5歳児担任会」を実施	○	○				
2009（平成21）	文部科学省より「幼稚園教育理解推進事業」に指定 ⇒「ひのっ子カリキュラム」作成（「ひのっ子就学前コアカリキュラム」と「幼児園カリキュラム」を統合）	○	○	○			
2009（平成21）～	「幼児園分科会」主催で、年1回の「5歳児担任会」に小学校1年生担任を加えて情報交換会を実施	○	○	○			
2010（平成22）	「幼小連携教育推進委員会」から「幼保小連携教育推進委員会」に変更						
2010（平成22）	「公立保育園の在り方を考えるプロジェクト」終了 「幼児園分科会」が「幼保交流分科会」となり、市立保育園と市立幼稚園の情報交換などの交流を続ける	○	○				
2011（平成23）～	「幼保交流分科会」主催の「5歳児担任会」に私立保育園、私立幼稚園が参加（5歳児担任・1年生担任）	○	○	○		○	○
2013（平成25）	「幼保交流分科会」主催の「5歳児担任会」を「幼保小連携教育推進委員会」の事業に統合	○	○	○			
2013（平成25）～	「幼保小連携教育推進委員会」 「遊びっ子 学びっ子 接続ブック」検証のため、市立幼稚園と市立小学校が保育や授業を公開	○	○	○			
2015（平成27）～	私立幼稚園と私立保育園にも市立幼稚園と市立小学校の授業（保育）を公開	○	○	○		○	○

●2004・2005（平成16・17）年度の研究

　2004・2005（平成16・17）年度に、文部科学省から「新しい幼児教育の在り方に関する調査研究」の指定を受け、日野市の就学前教育についての研究が始まりました。

　当時、日野市でも「小1プロブレム」が問題となっており、「日野市の就学前教育として共通に押さえておくこと（＝幼児教育の核）を明確にし、日野市の公立および私立の幼稚園、保育園のいずれにおいても実践すべきことをコアカリキュラムとしてまとめ、日野市の子どもたちに質の高い一定の教育が保障できることを目指す」ことを目的に、研究を推進する組織として「ひのっ子子育て推進会議」を発足し、実践チームとして「ひのっ子就学前コアカリキュラム作成委員会」を組織して研究に取り組みました。

　この時の実践チームの委員は、市立保育園から2名、私立保育園（至誠第二保育園、つくしんぼ保育園）から2名、市立幼稚園から3名、私立幼稚園（日野多摩平幼稚園、欣浄寺みのり幼稚園）から2名、小学校から3名、学識経験者1名、担当園長2名、指導主事1名、事務担当1名の計17名でした。下記に挙げる3つの成果を期待し、幼稚園・保育園、公立・私立の垣根を越えて「**ひのっ子就学前コアカリキュラム**」の作成に取り組みはじめました。

○これまで各幼稚園や保育園が特色をもって取り組んできたことや保育計画をもとに協議し、就学前の子どもの育ちや教育を保障するために、必要不可欠なことや大切にして保育すべきことを明確にできる。

○**コアカリキュラム**を作成することにより、これまでの保育を見直す視点や指導すべきことが明確になる。同時に、各幼稚園や保育園が行っている保育の独自性を損なうことなく、自園の特色を生かして独自のカリキュラムをつくることができる。

○小学校からの義務教育へのなめらかな接続や、子どもの個性や能力を段差なく伸ばすうえでの共通資料になる。

　月に1回程度の話し合いではありましたが、今までまったくかかわることのなかった公立・私立の保育者が一緒に話し合うということは、画期的なことでした。また、事例を持ち寄り検討することで自分の保育を振り返ったり互いに刺激を受けたりして、仲間意識も芽生えました。そして、ちょうどこの時期に行われた、市内の公立小学校と幼稚園の合同研修でも、幼稚園での学びが小学校へと接続するための工夫を考える1つの要素として、「歌や絵本、遊具や道具などが小学校で用いているものと同じようなものであるかを見直す必要がある」という話もありました。

　委員の中でも、小学校に就学した当初に、幼稚園や保育園で親しんできた歌や絵本などに触れることにより緊張した心を解きほぐすきっかけとなったり、遊具や道具など、幼児期に経験を積み重ねてきていたものに触れることで、安心して小学校生活を送る姿へとつながるのではないかと話し合われました。そこで、カリキュラムとは別に、市内にある公立・私立の幼稚園・保育園33園にア

ンケートを実施し、「日野市の5歳児（園児）が親しむ**童話・絵本と歌のベスト50**」（以下、「絵本と歌のベスト50」）をまとめました。また、「身体的運動面」「手先を使った作業などの技能面」からも小学校につながるものとして、「幼児期から就学期へ向けての身体的発達と活動例」を示し、研究を終了しました。

今まで、それぞれが築いてきた理想とする保育の形を理解し合い、さらに共有することは簡単なことではありませんでした。そのため、この取り組みは、それぞれの園の実践を持ち寄って就学につなげるという道筋を形にするという成果にとどまりました。とはいえ、この時期に市内の公立・私立の幼・保・小が足並みをそろえて研究を行ったというのは画期的であったと思われます。

しかし、私立幼稚園には独自の建学の精神や保育形態の違いがあるため、すべて同じカリキュラムで保育することが難しいという申し出があり、次年度からは、公立の幼・保・小の担当者が中心になり、私立保育園の協力を得て就学期の接続について考えることになりました。

図2-1　研究の構想図

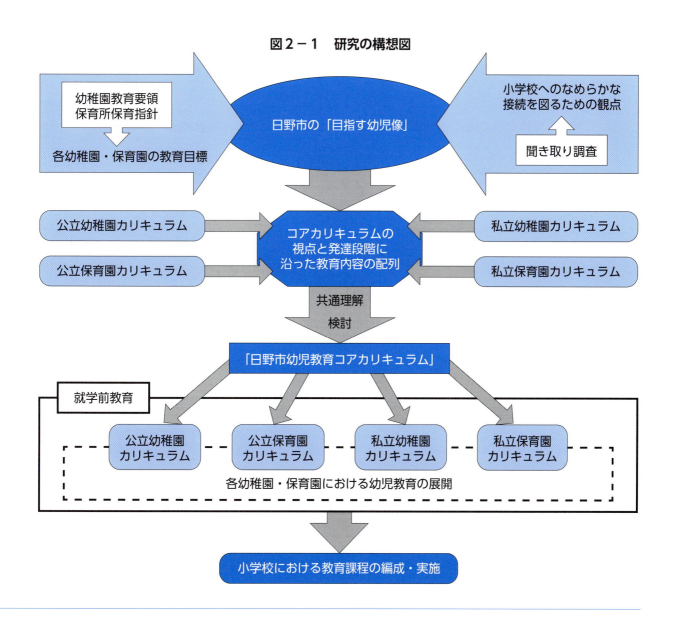

●2006・2007（平成18・19）年度の研究

　2006・2007（平成18・19）年度は、文部科学省の「幼児教育支援センター事業」の指定を受け、「遊びの中での"興味や関心に沿った活動"から"興味や関心を生かした学び"へ、さらに教科などを中心とした学習へのつながりを踏まえ、幼児期から小学校入門期へ向かう幼児の経験をどのようにつないでいけば学びが積み重なり、入学時の段差が適当なものとなるか」を検討することになりました。

　そのために、以下の内容に取り組みました。

○2005（平成17）年度に作成した**「ひのっ子就学前コアカリキュラム」**を見直し、ねらいを達成した具体的な姿の事例を充実させ、小学校入門期の指導に活用しやすいカリキュラムにすること。また、入学してくる子どもたちのために、カリキュラムを活用して小学校での生活や教科学習との出合いを工夫すること。

○小学校１年生の担任の意識を把握するためアンケート調査を実施し、幼児期の体験を小学校入門期に役立てられるような方法や、アンケート内容を活用しやすくするための手だてを探り、提案すること。

○小学校入門期の学習のねらいや指導内容を理解して見通しをもった実践ができるように、また、幼児期の育ちや学びを踏まえて小学校での生活や教科学習との出合いを工夫できるように、互いの指導や子どもの様子を参観し合う機会をつくること。

　中でも、2005（平成17）年度に作成した「ひのっ子就学前コアカリキュラム」および「絵本と歌のベスト50」「幼児期から就学期に向けての身体的発達と活動例」を小学校１年生の担任がどの

図2−2　研究の構想図

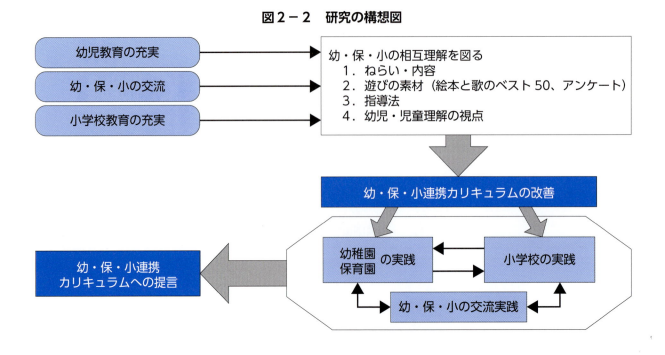

ように捉えているかのアンケート調査をもとに、委員が協力して、「絵本と歌のベスト50」に選ばれた50曲の歌に伴奏を付け、それを小学校の委員が編集してCDにまとめ、市内の全小学校に配布するという作業は、日野市の幼・保・小が垣根を越えて、日野市の子どもたちの就学期について一緒に考える仲間という意識をつくったといえるでしょう。

さらに、研究の過程で小学校の教師たちに大きな影響力をもっていた1人の委員の「接続期の児童の先行経験を情報としてもっていることにより、授業を進めるうえで、どの段階から入っていったらよいかを適切に判断する目安となる」という意識の変化が、幼児期の育ちを小学校につなげるという委員全員の共通理解を生むことになりました。

この2年間の取り組みは、「小学校に入学した後、1年生の担任が困らないようにしてほしい」という発想から、「幼児期の経験を生かした小学校のスタートのあり方を考える」という発想への転換となり、その後の日野市の幼保小連携の推進に大きな影響を及ぼしました。

2006（平成18）年度 小学校1年生担任へのアンケート結果（一部抜粋）

【問3】「日野市の5歳児（園児）が親しむ童話・絵本と歌のベスト50」（以下、「絵本と歌のベスト50」）の活用について、次のアからオまでの中から当てはまるものをお答えください。（複数選択可）

ア　接続期以降においても、音楽や読書（読み聞かせ）、道徳の時間等における指導の参考にしている。
イ　幼児期における子どもたちの学習の実態を把握するために活用している。
ウ　活用していないが、資料の内容は知っている。
エ　今後、資料の内容を確認して活用したい。
オ　活用するには、取り上げられている童話や絵本、歌の内容が不十分だと思う。

その他 2%　ア 2%　ウ 13%
オ 4%　イ 17%
エ 62%

【問5】あなたが接続期に活用した教材の中で、「絵本と歌のベスト50」に掲載されている童話や絵本、歌がありますか。それは、どのような教科指導や活動場面で活用していますか。または、どのような教科指導や活動場面で活用できるとお考えですか。（「本」「歌」の種類別にまとめてお書きください）

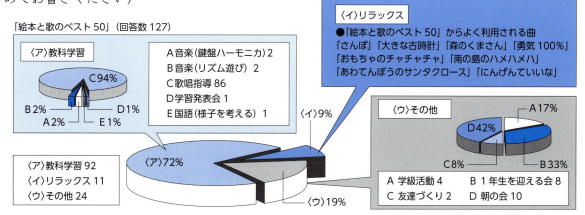

第1節　出発点はここから　035

●2009（平成21）年度以降の研究

　2009（平成21）年度は、文部科学省から「幼稚園教育理解推進事業」の指定を受け、学びの連続性と育ちの連続性を目指して、今まで取り組んできた5歳児から就学までのカリキュラムを0歳児から考え、「ひのっ子カリキュラム」として作成しました。

　その後、幼保小連携教育推進委員会の活動は、カリキュラムの具体的な事例を持ち寄って話し合う共通理解の場となり、幼保小連携のシンクタンクとしての役割から、小学校の新人教師が幼保小連携を学ぶ場となりました。毎年、市内の公立幼稚園・保育園・小学校の全施設から1名ずつ出席して事例検討を行い、2年間かけて「遊びっ子 学びっ子 接続ブック」を完成させました。さらに、公立幼稚園の保育を公開して委員が参観し、作成したカリキュラムや「遊びっ子 学びっ子 接続ブック」の検証を行っています。そのほか、年に2回、日野市内の小学校1年生と公立・私立の幼保5歳児の担任が一堂に会して情報交換を行っています（夏は1年生1学期の子どもの様子、冬は就学前の子どもの様子など）。

　2015（平成27）年度からは、公立幼稚園の保育公開の輪を私立の幼稚園と保育園にも広げて、情報交換の場としました。日野市内を4つのブロックに分けて、同じ地域にある機関が公立幼稚園の保育を参観するので、同じ場面を共有したうえで話し合いの場をもち、それぞれの視点から意見交換をすることが可能になっています。この試みはまだ始まったばかりで、市内にあるすべての私立幼稚園・保育園が参加するには至っていませんが、日野市内の幼保小連携が、新たな1歩を踏み出したといえます。

［2］幼保小連携についての発想の転換

　1985（昭和60）年以前の教育相談部との話し合いでは、「小学校入学後、1年生の担任が困らないようにしてほしい」という内容が中心でした。2005（平成17）年度の取り組みの際も、幼児期と小学校入学時のつながりの道筋は見えてきたものの、小学校が求める子どもの姿は、「授業中いすに座っている」「言われたことを理解して動ける」「自分の思いを言葉で伝えられる」「自分のことは自分でできる」などでした。話し合いを繰り返しても小学校教師たちの意識はなかなか変わらず、「幼児期の生活が小学校生活につながる」という発想には至らないようでした。2006（平成18）年度の研究も諦めの気持ちでスタートしましたが、ある事例の検討をする過程で、その姿勢に変化が見られました。その時に検討資料として使われた幼稚園と小学校の「ボール遊び」の事例を紹介します。

事例：ボール遊び

「ひのっ子就学前コアカリキュラム」の6本の柱（体、興味・関心、表現、自己、人とのかかわり、基本となる生活習慣）の1つ「体」の、後期のねらい「体の様々な機能を意識して使う活動に親しむ」に至るまでの姿を、「ボール遊び」を例に挙げ、発達段階に沿ってまとめました。そして、小学校側が幼児期の経験を考慮したことで、授業の進め方や活動の取り組み方が改善された点について検討しました。

幼稚園：段階を踏んだ指導例

経験させる動作	活動例	
*ボールを両手で持って、地面から浮かないように転がす。	<転がし中当て>	**1段階** 円の中に数名入り、円の外にいる2名がボールを転がす。中の幼児はボールに触ったら円の外に出て、外から中の幼児を当てる。全員を当て終えたら1ゲーム終了。 **2段階** 1段階のルールに加え、当てたら、外の幼児は中の幼児と交替する。
*ボールを両手で持って、体の前から投げる。 *ボールを両手で持って、頭の後ろから投げる。	<中当て>	**3段階** 「転がし中当て」と同じルールで、ボールは転がさずに投げて行う。
*ボールを両手で持って、肩から投げる。 *ボールを片手で持って、上投げする。 *ボールをコートの端まで届くように投げる。	<ドッジボール>	**4段階** 円の真ん中を割り、最初は全員が2チームに分かれて円の中に入り、ボールを当て合う。ボールに当たった幼児は、円の外に出て所定の場所で勝敗が決まるまで待つ。どちらかのチームが全員当たったら1ゲーム終了。 **5段階** 2チームに分かれてボールを当て合い、当たったら円の外に出て、円から転がり出たボールを拾い、円の中の相手チームの幼児を当てる。当てたら外の幼児は中の幼児と交替する。 **6段階** コートの形を四角に変化させ、真ん中で割っていた線を外まで延長し、5段階のルールに加え、ボールが当たった幼児が動ける範囲を限定する。

> **就学前の≪ドッジボール≫で遊ぶ姿**
> チームの人数調整をして遊びはじめる。ほとんどの幼児が両手または片手の上投げができるようになり、ボールの飛距離も出てくる。友だちを当てようとねらったり、外野へパスをしたりする姿も見られ、ボール回しが早くなってくる。また、飛んでくるボールを避けるだけでなく、受け取ろうとする幼児も増えてくる。

小学校：1学年6月の指導例（全授業数5時限）

「幼児期から就学期に向けての身体的発達と活動例」の「ボール遊び」の活動例を参考にし、この時期には、技術やルールを理解するのが難しいと考えていた「的当てゲーム」を可能と考え、授業に取り入れた。

活動名			的当てゲーム
ねらい	技能（動き）		●ボールを投げる、当てる、捕らえるなどして、ゲームができるようにする。
	態度		●簡単な規則を決め、それを守り、互いに仲良くゲームができるようにする。
	学び方		●ゲームを楽しむための簡単な規則や作戦を工夫することができる。
ゲームの内容			●2チームに分かれ、1チームは二重円の外側の、自分の持ち場からボールを投げ、的に当てる。 ●もう1チームは二重円の間で、飛んでくるボールを防御し、的を守る。円の間はどこを動いてもよい。
学習の進め方（5時限）	① ボールに慣れる（1・2時限）	1人で	●上に投げ弾ませてから取る。 ●転がして、ペットボトルの的に当てる。 ●壁に貼った的を目がけて投げる。 ●徐々に遠くから投げる。
		2人で	●いろいろな投げ方で投げっこをする。（転がし投げ、両手下投げ、両手上投げ、片手上投げ、片手下投げ） ●的（ダンボール）に当てっこする。
	② ゲームのやり方を知る（3時限）		モデルになった数名の子が、ルールに沿って動く様子を見て、やり方を理解する。その後、自分でやってみる。
	③ 約束やルールを決める（3・4・5時限）		遊び方に沿って、約束やルールを確認したり、決めたりする。
	④ ゲームを楽しむ（4・5時限）		的に命中させるために、いろいろな投げ方を試みる。 ボールを的にうまく当てる工夫をする。 友だちと協力する。

幼稚園と小学校の互いの指導を参観し合ったうえで、保育者と小学校教師のあいだで再度話し合いを行いました。すると、小学校教師たちから、次のような発言が聞かれました。

「保育の場面を見たり、保育者の話を聞いたりする機会を得て、5歳児の発達段階と経験している活動内容について知ることができました。」「接続期の児童の先行経験を情報としてもっていることにより、授業を進めるうえで、どの段階から入っていったらよいかを適切に判断する目安となりました。」

小学校の教師たちは、こうした話し合いをもとに授業を改善したところ、ボール遊びについて、改善前と改善後で、次のような変化が見られたといいます。

項目	改善前	改善後
活動の選択	就学前にも経験した中当てやドッジボール	新しい経験となる活動を導入
ルールへの理解	ゲームに必要な最低限のルールから指導	先行経験で理解できているルールに、新たなルールを加えて導入
ねらい （工夫する力、協力する姿勢）	個々にゲームのルールや内容を理解し、楽しむ	ゲームを遊び込み、仲間意識をより深める

　それからは、他の事例についても同じ視点で検討できるようになり、教師の意図や子どもたちの行動について話し合ったり、不明な点を質問し合ったりすることを繰り返しながら相互の理解を深め、幼児期に育てようとしているものと小学校で育てようとしているものを互いに学ぼうとする姿勢ができました。

　さらに、2007（平成19）年度には、2006（平成18）年度に一緒に研究をした小学校教師たちが中心となって「小学校入門期ひのっ子タイム」を作成し、幼小における教員同士の連携を図ることもできました。

ひのっ子就学前コアカリキュラム作成委員会作業部会

幼・保・小、公・私の垣根を越えた交流

[1] 幼保小連携におけるそれぞれの思い

　幼保小連携にかかわった先生方に、当時の思いやエピソード、学んだことや課題などについて語っていただきました。

公立幼稚園の現場から

日野市立第三幼稚園　園長　江藤 愛

わたしが経験してきた小学校とのかかわり

　わたしの幼稚園教諭としてのスタートは、日野市立日野第一小学校と隣接している日野市立第三幼稚園でした。小学校の校長が、幼稚園長を兼任されていました。

　印象に残っているのは、墨で描いた園児の似顔絵を誕生会にプレゼントしていたことです。誕生会が近づくと、絵を描いてもらうため、副園長に連れられて校長室に出かけるのを園児たちが楽しみにしていたのを思い出します。

　小学校に行く場面では、夏にプールを借りて活動したり、1年生の正月遊びに招かれて遊びに行ったり、就学間近の3月に1年生の教室に授業見学に行ったりするというかかわりがもたれていました。校長が幼稚園長を兼任していたことにより、そのような交流が行いやすい環境にあったといえます。1986（昭和61）年度で21年間続いた兼任制が終わりましたが、その後も交流の線路は敷かれたまま、日野第一小学校と第三幼稚園の関係は続いています。

交流活動を振り返る機会

　2005（平成17）年度、「ひのっ子就学前コアカリキュラム作成委員会」のメンバーとして、公立・私立の幼稚園・保育園、公立小学校の先生方と一緒に勉強してきた中で、小学校との連携教育は、一時的な交流活動ではなく、それぞれの「指導計画」上に計画的に位置付けられ、互いに学びがあることに意味があるということを学びました。このことを踏まえ、日野第一小学校と第三幼稚園の交流活動を見つめ直し、「互恵性のある交流活動」とするにはどう進めるべきかを考えました。

　また、委員会の中で、保育者が小学校の授業を参観したり、小学校の先生方に幼稚園・保育園の保育を見ていただいたりしながら、互いに子どもの経験していることを知る機会をもつことができました。「互恵性のある交流活動」を行うためには、互いの教育内容をどれだけ理解できるかにかかってくるということを理解し、歩み寄る姿勢をもったところから、どんどん有効な交流活動に踏み出していけるということも体験しました。

幼稚園と保育園がつながる大切さ

　幼稚園と保育園はなかなか接点がありませんでした。幼稚園教育要領と保育所保育指針のそれぞれに同じ内容が書かれていて、それをもとに日々の保育を行っているにもかかわらず、相手の保育を実際に見る機会がないという状況でしたが、この委員会がその高い垣根を越えるきっかけとなりました。この時、私立保育園と第三幼稚園は、互いに歩み寄り、数週間に及ぶ合同活動を実現しました。小学校就学前の幼児を預かる機関として、互いの園の保育者が、同じ保育のねらいと内容に向かって一緒に活動を進めたことで、互いを理解する大切な機会となりました。

連携の大切さを知り実現するために

　現在の我が園での小学校との連携は計画的に行われ、内容も充実しています。年度始めの担当学年との顔合わせで、合同活動の時期や内容について打ち合わせを行っています。以前は「互いに忙しい時期であるため、落ち着いたころに打ち合わせを…。」と、年度始めに集まれないことが当たり前のようになっていました。しかし、そのため、行うべき時期を逃してしまったり、他の予定で埋まってしまい時間の確保が難しくなったりしていました。そして、必ず「もう少し早めの顔合わせと、1年間を見通した計画立案の必要性」が反省に挙がっていました。

　しかし、最近は、校長が「年度がスタートする前の打ち合わせ」を積極的に設定してくださったおかげで、年間の連携活動がスムーズに、そして確実に実現するようになりました。

　今年度は、1年生のスタートカリキュラムの段階で、保育者がかかわるという新しい取り組みも行いました。これまで、朝の読み聞かせは5月の連休を過ぎてから行っていましたが、今年度は入学して間もない時期に、朝の30分の時間を使い、1週間にわたって就学前に経験してきたことを行って過ごすという取り組みを行いました。初の試みであったので改善点は多々ありましたが、これまでより前進した取り組みの前例をつくることができました。

　小学校側が幼児教育のノウハウを利用し、幼児教育側が小学校教育のスタートを理解しかかわれたことは、とても意味のあることだったと思います。

　これまででは考えられない時期に考えられないことを実現できた根底には、学校長の理解と積極的な姿勢が大きく影響しています。今回の経験で、「時間を"つくることができない"のではなく、"つくろうとしてこなかった"のだ」ということと、時間は「つくりたいと思えばつくれるのだ」ということを理解しました。そのためにも、まずは「歩み寄ること」「相手を知ること」、そして「そこから一緒にできること」を探っていけばいいのだということを感じています。

　幼保小連携教育では、「日野市で暮らすすべての幼児に、どの園を卒園しても『日野市の子ども』として一定の教育を保障し、小学校から始まる義務教育へのなめらかな接続や子どもの個性や能力を健やかに伸ばすことを目的とした幼保小連携教育が推進されることを願っている。」まさにこの言葉どおりの連携を行うことができたと思っています。そして、このような連携がどんどん日野市のすべての地域で行われることを願っています。

私立幼稚園の現場から

欣浄寺みのり幼稚園　園長　工藤 彰雄

はじめに

　最初に日野市の私立幼稚園の概要について触れます。

　日野市における私立幼稚園の設立は、1958（昭和33）年に多摩平地区に大規模な公団住宅が建設されたのに合わせて、2園が開園されたのが始まりです。これをもって、日野市の幼稚園教育の嚆矢とされます。その後、人口の増加に伴って私立幼稚園が順次開設され、現在では10園（うち1園は認定こども園）となっています。通園区域は広域にわたり、他市からも200名近い園児が通園し、8園がスクールバスを運行しています。進学先小学校も、多い園では十数校に上ります。2015（平成27）年5月1日現在、日野市内の幼稚園に通園する園児の約85％が、私立幼稚園に通っています。私立幼稚園は、各園が私学の建学の精神に基づいた理念、指導精神、教育目標をもっています。また、4園が宗教園（キリスト教園2園、仏教園2園）であり、その教えによる宗教情操教育が行われているのも特徴の1つです。

幼小連携の始まり

　就学を前にした小学校と私立幼稚園との連携は、1983（昭和58）年ころからもたれるようになった連絡会に始まると思います。園側が小学校へ出向き、就学児の園での様子を伝えるほかに、学校側から幼稚園出身の子と保育園出身の子との比較というような話も出て、興味深く聞いた記憶があります。当初、連絡会をもったのは1校だけでしたが、その後、他の小学校とも連絡会をもつようになりました。また、小学校側から園へも出向くようにもなり、ごく少人数が進学する小学校を除くと、多くの園児の様子や、進学するうえで気になる子について直接話ができるようになったことは、大変意義深いことだと思います。今後も、この連絡会は続いていくと思いますが、幼稚園側としては、その意義が十分に生かされ、進学した子ども一人一人が、よりよい小学校生活を送ることができることを望んでいます。

就学支援シートについて

　現在、日野市では、就学支援シートが活用されています。子どもの行動の記録を記す項目も多く、園での各子どもの様子はおおよそのところは伝えられていると思いますが、しくみ上、書いたものが保護者の目に留まるので、誤解を招かないような表現を用いるのに苦労しているのが実情です。また、あくまでも保護者からの希望があった場合に作成するものなので、提出したほうがよいと思われる子がいても、園側から保護者に対して声をかけることができないという点もあります。せっかくの良い制度なので、しくみを少し変えることができればという思いがあります。

児童と園児との交流

　2009（平成21）年改訂の幼稚園教育要領に、「幼稚園教育と小学校教育との円滑な接続のため、幼児と児童の交流の機会を設けたり（略）」と示されていますが、各園とも年長児が小学校を訪問したり、逆に園に児童を招待したりという交流を図っています。年長児は、もう少ししたら自分も取り組む授業の様子を見たり、小学生と一緒にゲームをしたりする中で、小学校への期待と関心を高め、良い意味での緊張感をもつ姿もうかがえます。

幼小連携に関する各園の声から

- 就学支援シートを提出した子については以前から申し入れているが、就学後どのように成長したかという報告が、ぜひほしい。
- 就学支援シートは、「我が子の評価を小学校に送られる」と敬遠される側面もあるのではないか。
- 学校訪問をした際に児童が会場を走り回り、園児が集中できないにもかかわらず、担当教師は何の対応もしなかった。就学を期待させる機会なので、何らかの手立てがあったのではないか。
- 1学期中に小学校への訪問を申し込んだのに、3学期に入ってから研究授業のため時間が取れないと断られ、予定を組んでいたので困った。早く連絡するなどの考慮がほしかった。

　など。

おわりに

　前述のとおり、私立幼稚園には、独自の建学の精神、また保育形態の違いもあり、「私立」と一括りにするのには難しい面があります。幼小連携は、各園とも、長年にわたって培われ、手直しもされてきた指導計画に基づき、必要に応じて東京都教育委員会の就学前教育カリキュラムも参照し、責任をもって取り組んでいます。私立幼稚園が幼小連携を考えるうえで大切なことは、その独自性を十分に生かし、小学校との連携をより保ち、保護者へも小学校への見通しを提示しながら、各園がさらなる研究を重ね、実践してきたことの検証をし、よりなめらかな接続を目指していくことに尽きると思います。

公立保育園の現場から

日野市立おおくぼ保育園　園長　小野　祥子

幼保小連携を考える時に

　近年、以前に比べると、保育の在り方や求められるもの、子どもたちの置かれている環境や状況も変化しています。また、地域における子育て支援の役割を担う保育園として、ますます課題も増えています。家庭環境も含め、子どもたちの育ちをどのように小学校につないでいったらよいのかを考える時に、幼保小の連携はとても大事なものになると思います。

　幼保小連携を考える時に、公立保育園としての始まりを少し振り返ってみたいとも思います。以前にも、隣接された日野市立第一幼稚園、日野市立たまだいら保育園で幼保連携の取り組みがありましたが、現在につながる幼保および幼保小連携の始まりは、12年前の「あさひがおか幼児園（日野市立第七幼稚園、日野市立あさひがおか保育園）」の開設がきっかけになったかと思います。当時の市長の「幼稚園・保育園にかかわらず、同じ年齢の子どもたちが同じ教育を受ける」という理念のもとに始まったのが、「あさひがおか幼児園」です。両施設は隣接して設置されていましたが、それ以前は単発の交流が主でした。

　幼児園としてのしくみを始める際に、相互が悩み、苦労したところは、「保育時間の違い」と、「生活環境が違う中で育ってきた子どもたちをどのように保育し、進めていったら適切なのか」というところでした。保育者同士が話し合いを重ねていく中で、子どもたちにとって無理のない形を考えながら進めていくことを確認し合いスタートしました。はじめは、互いに「相手はどのように考えているのか？」「こんなことを話して大丈夫なのか？」と緊張感のある話し合いでした。行事や一緒の活動を進めていく中で、職員間の緊張も少しずつなくなり、話し合いもスムーズに進むようになっていきました。これが、幼保の保育者連携の実践的な始まりであったと思います。

　同時に、文部科学省の研究事業の一環として、「ひのっ子就学前コアカリキュラム」の作成がスタートしました。保育園として教育委員会の研究事業に参加するのははじめてのことであり、参加する保育者にもたくさんの不安がありました。それまでほとんど接点がなかった幼稚園・小学校教諭の中に入り話し合いを重ねていくには非常に緊張もあり、関係性が深まるまでには時間を要しました。

　しかし、話し合いを重ねていくうちに「こんな考え方があるんだ。」「こういう育ちが積み重なり卒園の時期を迎えていくんだ。」「いちばん大事にしていきたいところは保育園も同じなんだ。」など、共通理解しながら進めることができました。現場の保育者にとっては、今までにしたことのない経験であり、夜遅くまで話し合いをもつことはとても大変なことではありましたが、自分の力になっていったのも事実です。この時期にかかわった人たちとの関係は幼保の枠を越え、現在もつながっていると感じています。

　また、この事業の中で小学校の先生に保育園の保育を見てもらう機会がありました。保育園側が学校見学、公開授業に行くことはあっても小学校教師が保育園の生活を見に来ることはまずなかっ

たので、貴重な機会でした。このことにより、保育園の子どもたちがどのような生活を送り、どのような経験をして就学しているのか、また、保育者が子どもたちの状況に合わせてどのような保育の工夫や配慮をしているかを実際に見て、知ってもらえたことは、次につながる出来事でありました。ここでの小学校の先生とのつながりが、保育園の全体研修などにも広がっていきました。

　その後、2007（平成19）年に「公立保育園の在り方を考えるプロジェクトチーム」が立ち上がり、その中の1つである「幼児園分科会」には、日野市立あさひがおか保育園・日野市立第七幼稚園の幼児園メンバーを中心に、公立保育園・公立幼稚園の各園から保育者に話し合いに参加してもらいました。違う組織の中で、両主管課の了解を得て進めることができたのは、幼稚園・保育園としても画期的なことで、貴重な幼保連携の取り組みになったと思います。その後、「幼保交流分科会」として、幼稚園・保育園保育者の交流会を計画・実施、そして小学校教師を含んだ交流会へと発展していきました。私立保育園・私立幼稚園へも発信し、この交流会への参加が得られたのは、私立保育園・幼稚園の主管課が保育課であるのと、保育課に所属している公立保育園が仲立ちに大きくかかわれたからだと思っています。分科会での幼保小交流も規模が大きくなり、それ以降は、教育指導主事が中心となって開催している現在の「幼保小連携教育推進委員会」へと受け継がれました。

　保育園では、乳児からの保育に携わるため、幼稚園に比べ、就学期の担任をする機会はとても少ないのが現状です。しかし、幼保小連携教育推進委員会に参加する保育者も増え、今まで以上に、「保育園全体で就学に向けて、どのようなことを大事にして保育を進めていったら学校生活がスムーズにいくのか」を乳児期の保育・育ちを踏まえて系統的に考えたり、工夫したりすることが保育者全体に浸透してきていると感じています。

　幼保小連携教育推進委員会に参加することで、幼稚園や小学校との関係性、保育者や教師たち同士の連携も広がってきてはいますが、まだ課題や発展性はあるように思います。立地条件などもありますが、保育園側から小学校へアプローチするには、まだまだ敷居が高い面もあります。幼保小連携教育推進委員会に同じ保育者が継続的に参加することは難しい、参加する保育者が限られてしまうなどの現状は変わりません。しかし、幼保小連携を進めるうえで、公立・私立を問わず、市内全体の保育園が入って運営されているのは、非常に重要なことだと思います。

　幼保小連携教育推進委員会の中で位置付けるのは難しいことかと思いますが、中学校地区など、同じ地域の小学校・幼稚園・保育園の現場サイドの教師と保育者が集い交流する中で、互いの現場の情報や現状を知り、地域の子どもたちの置かれている状況を伝え合うことで、それぞれの立場で課題や方向性が見えてくるのではないかと思います。保育園側からも、自由に幼稚園や小学校にアプローチできる関係性ができる現場サイドの連携が確立することを、今後に期待したいと思います。

　また、保育園現場でかかわっている者として、これからも日野市の幼保小連携がますます発展していくよう祈っております。

私立保育園の現場から

至誠第二保育園　顧問　高橋 紘

古くて新しい幼保小連携

1．はじめに

　幼保小連携は、長いあいだ工夫され実践されてきました。これらは形式的なものではなく、それぞれの顔の見える実質的で効果的な連携であってほしいと思います。至誠第二保育園では、卒園生が在籍する小学校の行事に参加し、子どもの成長を見ることや、保護者や教師と交流することも大事にしてきました。今も、その流れは変わっていません。毎月、一中地区青少年育成会に出席して、中学校学区内にある幼稚園の保育者、小学校教師、PTA役員と情報交換することも欠かせません。

2．新たな幼児期の教育、就学前教育の時代へ

　「子どもを取り巻く環境の変化を踏まえた今後の幼児教育の在り方について」（平成17年1月28日、中教審答申）では、幼児教育の大切さが確認されました。そこでは、幼児教育とは「幼児が生活するすべての場において行われる教育を総称したもの」であり、幼稚園における教育、保育園における教育、家庭や地域社会における教育を含む、広がりをもった概念として捉えられています。その中で、今後の幼児教育の方向性として、「幼児の生活の連続性および発達や学びの連続性を踏まえた幼児教育を充実させていく必要性がある」と提唱されています。保育所保育指針告示後、2011（平成23）年度に行政指導監査の指針が改定され、「児童福祉施設最低基準」と同様に遵守事項となり、「保育所児童保育要録」を作成して小学校に送ることが義務付けられました。

3．至誠第二保育園小史

　至誠第二保育園は、1959（昭和34）年度に、日野町ではじめての社会福祉法人立保育園として認可され、1984（昭和59）年度から乳児（0歳児）特別保育事業を始めました。教育の質向上のため導入したモンテッソーリ教育法は、今も異年齢児・個別教育として評価されています。当時も共働き家庭は少なからずありましたが三世代同居家庭が多く、昭和40年代までは3歳未満児の利用者は多くはありませんでした。その後、3歳未満児の保育が一般化して低年齢児の定員枠が増えた分、4・5歳児枠を減らさざるを得なくなりましたが、就学前教育としての保育・教育内容は従来と変わらず、日野市の幼保一元化構想にもずっと関心をもっていました。

4．日野市幼保一元化構想

　このような時代背景の中で、日野市は昭和50年代に「幼児教育総合研究機関構想」、次いで「日野市の幼児教育推進計画——日野市における幼保一元化の事業検討委託に関する報告」を出しました。財政、カリキュラム、建設の小委員会をもつ「日野市幼児教育研究会」も発足します。

　その後、「日野市幼児教育センター」が開設され、研究・研修などの業務が進められます。第一幼

稚園における研究集会に参加し、学識経験者として同センターに協力されていた重松鷹泰氏、岸俊彦氏、岡田正章氏などからご示唆いただいたことが懐かしく思い出されます。同センターは1992（平成4）年に「日野市における新しい乳幼児保育の展望」をまとめて幕を閉じましたが、そのあいだに培われた先人の知恵と文化を今後も幼児教育の中に受け継ぎ、形にしていきたいと考えています。

5．就学前の幼児教育のあり方を研究

10年以上経過して国の「総合施設構想」の機運が高まる中、文部科学省は2004・2005（平成16・17）年度の「就学前の幼児教育のあり方の研究」において日野市を指定し、研究委託しました。日野市は、「新しい幼児教育の在り方に関する調査研究」と題し、「日野市幼児園構想プロジェクト」（総務部、教育委員会、子ども部）が担当しました。日野市教育委員会を事務局に"ひのっ子"子育て推進会議」が開催され、当時園長であった筆者は私立保育園の代表として出席する機会を得ます。その狙いの1つが、「日野市のすべての幼児に対する充実した教育・保育の機会の提供と、そのためのシステムの研究」です。「幼稚園・保育所から小学校への円滑な接続」が、保護者、地域、教育福祉関係者のそれぞれから検討され、「連携カリキュラム」による協働体制の推進が図られることが期待されました。

6．私立保育園と市立幼稚園における現場レベルでの実践

至誠第二保育園と日野市立第三幼稚園が、4・5歳児の交流を通じて「幼保連携カリキュラム」を実施することになりました。各園が共通の指導案を検討し、園児が相互に園を訪問して合同の保育の時間をもち、その報告書をまとめました。2004（平成16）年には両園の園児が3回にわたり合同の保育を実施し、「"ひのっ子"子育て推進会議」においてその成果を報告しました。2005（平成17）年度も同様の活動を実施し、交流は研究事業終了後の2006（平成18）年度にも8回実施されました。合同の活動は、幼稚園に合わせ、4歳児と5歳児のみの活動としました。両園とも、各年齢の園児数は20～25人で、活動しやすかったように思います。両園の園長と担当者が会して「連携カリキュラム」を検討し、両園の園児が集って実践し、その後、記録し評価を行う経験は、保育園にとって貴重な体験でした。まず共通理解し、年齢ごとに指導計画を策定しました。幼保の園児がペアになって活動する中で、それぞれの園の環境の使い方やルールについて教え合う姿が見られました。子ども同士が地域の友だちとして認識し合い、「同じ小学校に入学した時、顔見知りの子が多くて安心した」という後日談もありました。

7．おわりに

机上での計画検討・省察・情報交換にとどまらず、園児と共に訪問し合い、それぞれの環境の中で現場の保育者や教師が交流することで、相互の研修・研究に資するものがあったと思います。新たな幼児教育時代の先駆けとして行われた日野市の幼保小連携研究の取り組みを担当された皆様に、敬意を表する次第です。

小学校の現場から

日野市立日野第一小学校　校長　石田 恒久

「幼保小連携＝交流」の時代

　日野市では、10年以上も前から、公立幼稚園長会が中心となり、小学校長会代表および各小学校の推進委員が、幼保小連携の推進にあたってきました。

　当時大きな課題となっていた「小1プロブレム」（1年生の学級において、入学後の落ち着かない状態が解消されず、教師の話を聞かない、指示どおりに行動しない、勝手に授業中に教室の中を歩いたり教室から出ていったりするなど、授業規律が成立しない状態が数か月にわたって継続する状態）の解決のために、小学校では幼保の保育者との交流において、「一日も早く小学校生活に慣れるために、小学校のルールを前倒しで指導してほしい。」というお願いをするのが一般的でした。また、多くの小学校長は、1年生のクラスに指導力のあるベテラン教師を配置し、「3日で小学校生活に適応させることが指導力であり、小1プロブレムは指導力不足が原因」と考えていました。そのため、幼保小連携教育推進委員会の会議では、「いかに小学校生活の前倒しを計画して実践し、小学校につないでいくか」が話し合われ、小1プロブレムを起こさない子どもを送り出す園が評価された時代だった気がします。

　小学校からの要求に対応するため、各園は、「適応指導」に力を入れたり、環境の前倒しとして、机やいすを用意して教室体験をさせたりしました。また、学習の前倒しとして、運動会で「組み体操」や「鼓笛のパレード」「ソーラン節」に取り組む園も多く、そうしたことは保護者にも好意的に受け入れられ、園の特徴として今に引き継がれているところもあります。

　小学校生活に早くなじめるような取り組みを幼稚園や保育園に要求していたこの時期は、各小学校長は、幼保小連携の大きなねらいや幼保小連携教育推進委員会からの「就学前教育と小学校教育の連携〜学びの連続性、育ちの連続性を目指して〜」という提言にも、具体的な対策を取らぬまま過ごしていました。さらに、複数の幼稚園や複数の保育園から入学してくる子どもたちの経験は多種多様です。一日も早く小学校生活のスタートラインに立たせるには、今までの学びを「スクラップ」して、小学校のルールを「ビルト」していくことが、役割とも考えていました。

　しかし、「連携＝交流」という方向性は、日野市の学校教育基本構想の4本柱の1つとして掲げられ、教育委員会から、教育課程提出の際には交流の計画提出が求められていたので、実践は行われていました。特に5年生と5歳児の「5・5交流」は、どの学校でも取り上げられていました。そんな中、園児が小学校を訪問した時に、5年生が何でもかんでも面倒を見て、おんぶやだっこをしている様子を見た幼稚園長が、「5歳児は、5年生にただ相手にしてもらいに来ているのではない。ねらいをもって来ているのだから、おんぶだけでなく互いが高め合う活動にしてほしい。」と、小学校に「互恵関係での交流」を求めました。「互恵関係の交流」を進めるために、小学校では担当教師を幼稚園に派遣し、園での活動を学ばせました。指導案づくりも互いのねらいを確認しながら作成しました。小学校の教師は、「園児はこんなこともできるんだ。」「5年生より上手にコマを回していたよ。」と学びの連続性の重要性に気付くことができました。つまり、交流の充実が学びの連続性に

つながった瞬間でした。小学校では、就学前教育の実践・実態を知るために、地域の運動会や学習発表会に、低学年の担任を参加させることも多くなりました。年度末の各園への聞き取りも、実態を知った担当教師が行うことで、より充実した引き継ぎができるようになりました。

幼保小連携＝接続

　5年前に、「遊びっ子 学びっ子 接続ブック」の作成に取りかかり、幼保小連携推進委員が中心になって事例を集め、実践を重ねてきました。2014（平成26）年度に完成した「遊びっ子 学びっ子 接続ブック」の内容を実践して、検証する取り組みも2年が過ぎました。

　2015（平成27）年1月には、文部科学省から「スタートカリキュラム スタートブック」が配布され、「小学校へ入学した子供が、幼稚園・保育所・認定こども園などの遊びや生活を通した学びと育ちを基礎として、主体的に自己を発揮し、新しい学校生活を創り出していくためのカリキュラム」の編成・実践が、全国的にスタートしました。しかし、次期学習指導要領改訂に向けた審議では、「課題として、幼児教育との連携や接続を意識したスタートカリキュラムについて、生活科固有の課題としてではなく、教育課程全体を視野に入れた取り組みとすること。（中略）幼児教育から小学校教育への円滑な接続のためのスタートカリキュラムを工夫する取組も始まりつつあるが、未だ全国的に普及を見ているとは言えない状況にある。スタートカリキュラムの具体的な姿を明らかにするとともに、国語、音楽、図画工作などの他教科等との関連についてもカリキュラム・マネジメントの視点から検討し、学校全体で取り組むスタートカリキュラムとする必要がある。」とあります。

　幼保小連携教育推進委員会で2年間の4・5月の授業実践を振り返ってみても、小学校生活はじめての5時間目の授業が、他の学年とまったく同じ進め方になっている状況も多いのが現実です。

　現在、「遊びっ子 学びっ子 接続ブック」と「スタートカリキュラム スタートブック」を参考にして、具体的なスタートカリキュラムを作成している日野第一小学校の実践を日野市全体に広げていくことが、大きな課題となっています。幼保小連携教育推進委員へは、「小学校生活はゼロからのスタートではない」ことや「自発的な活動である遊び」の重要性を繰り返し伝えています。カリキュラム・マネジメントの視点からは、毎月の校長会で「遊びっ子 学びっ子 接続ブック」を紹介したり、「スタートカリキュラム」編成の重要性を伝えたりしています。

　かつて、1年生は、入学式後1週間程度は2時間授業で下校し、給食開始の時期も遅いのが一般的でした。しかし、3月の幼稚園保育園での生活を理解することで、入学式翌日の下校も給食開始も2年生以上と同じように始められることも理解されてきています。

　今後も、教育委員会と連携しながら教務主任会や生活指導主任会に働きかけて、接続の重要性や「スタートカリキュラム」作成の重要性を伝えていくつもりです。

　また、就学前教育を理解して小学校生活をスタートさせることと、小学校生活を理解して中学校生活をスタートさせることは、まったく同じように大切なことです。小学校と中学校が連携して、授業実践を始めた日野市の今後に期待しています。

担当指導主事の立場から

日野市立平山小学校　校長　五十嵐 俊子

13年前の最初の一歩（日野市の幼児教育改革）

　初等中等教育から高等教育までの一貫した教育改革が始まりました。教育改革の根幹となるのは他ならぬ幼児教育です。これからは、どの園でもしっかりとした幼児教育を行い、小学校では幼児期に育てた力を確実に引き継いで伸ばしていかなければなりません。

　日野市では、昔から幼児教育を大切にしていましたが、大きな転機となったのは13年前の2004（平成16）年度で、現在の教育改革を先取りした画期的な最初の一歩が始まりました。文部科学省の「新しい幼児教育の在り方に関する調査研究」の指定を受けたことです。幼稚園と保育園が一緒になって幼児教育の在り方について研究を始めたことが、今の日野市の幼児教育を支える基盤となりました。今では「幼・保・小の連携」は当たり前で、入学先の小学校への就学支援シートを通して子どもの育ちをつなげていますが、その最初の一歩は、13年前だったのです。

最初の一歩を歩むうえでの困難

　幼稚園と保育園が一緒になって取り組む「新しい幼児教育の在り方に関する調査研究」は、すんなりスタートしたわけではありませんでした。当初から次の2つの困難が予想されていました。「幼稚園と保育園」、そして「公立、私立」という、置かれた環境の違う両者の見解の相違です。

　幼稚園は学校教育施設、保育園は児童福祉施設で、管轄も役割も違い、これまで別々に取り組んできました。まずは両者の違いを双方が尊重し、理解し合えるような場づくりが必要です。また、公立か私立かという違いも大きな壁でしたが、互いの立場を十分に尊重しながら、最終的には共に「大切な幼児期の子どもを育てる」「学校教育につなぐ」という大きな目標への共通理解が必要でした。

　最初の一歩は、研究を推進する組織である「『ひのっ子』子育て推進会議」の発足でした。学識経験者である東京学芸大学の岩立京子先生をはじめとして、公立、私立の両方の幼稚園および保育園の園長に加わっていただきました。さらに、実践チームとして「ひのっ子就学前コアカリキュラム作成委員会」を発足させ、こちらは学識経験者である東京学芸大学の倉持清美先生をはじめとして、公立、私立の両方の幼稚園および保育園の保育者に加わっていただきました。

　これらの組織に在籍する関係者の幼児教育への熱い想いが、予想されていた困難を吹き飛ばしてくれました。「幼稚園」「保育園」「公立」「私立」の違いを越えて、一緒に学校教育の基盤となる就学前教育の在り方を検討できたことは、当時としては歴史に残るほどの大改革でした。

意識が変わっていく手応え

　「『ひのっ子』子育て推進会議」で学識経験者からいただく助言や、定期的に行われる視察で複数の幼児教育の専門家からいただく助言は貴重でした。こうして、発達や学びの連続性を踏まえた幼児教育を充実させる重要性への理解が深まり、合同カリキュラム作成に向けて進んでいきました。

また、会議に日野市の関係部署の職員も同席したことで、管轄の違いを越えた広い視野から日野市として幼児教育の在り方を探る機会となりました。これは、保育カウンセラー制度や、幼稚園、保育園の保育者や小学校の教師による合同研修といった現在の取り組みにつながっています。保育カウンセラーについては、放送大学の滝口俊子先生を中心にお力添えいただきました。特別支援教育や保護者の子育て支援を充実させるだけでなく、保育の質を高めるための保育アドバイザーとしての役割も果たしてくださり、その存在は大変に大きなものとなりました。

幼・保・小合同「ひのっ子就学前コアカリキュラム」委員の挑戦

　翌年の2005（平成17）年度に、「ひのっ子就学前コアカリキュラム」を作成しました。「ひのっ子」が安心して就学できることを目指して、幼児期に身に付けたい力、大切にしたい遊びや活動を考察し整理し、この遊びが小学校での学びにつながっていることを明確に示しました。コアカリキュラムを作成したのは、現在の幼稚園教育要領や保育所保育指針の改訂前で、5領域が示される前のことです。

　公立、私立の幼稚園、保育園の保育者、そして小学校の教師による協働的な取り組みについては、今でこそ重要であるという認識が広まっていますが、当時はまだでした。最初は互いの立場を理解し合うことから始め、目指す方向は同じであることを共通理解しました。毎回勤務後に集まり、熱い議論を重ねて学び合いました。この時の先生方は、きっと今の教育改革の流れに、やっとあの時の苦労が国全体の動きになったと確信し、さらなる実践をリードされていることと思います。

実践を通して学んだことを生かす

　「新しい幼児教育の在り方に関する調査研究」を進めていくにあたり、「ひのっ子就学前コアカリキュラム」の作成と同時並行で、幼稚園と保育園の合同カリキュラムに基づいた実践も進めました。これについては2つの地域で実践をお願いしました。1つは公立幼稚園と公立保育園での実践で、もう1つは公立幼稚園と私立保育園での実践です。これら2つの実践を通して感じたことは、幼稚園と保育園のそれぞれのメリットを最大限に生かすとすばらしい力になるということです。合同活動を企画する際は、幼稚園側が長年取り組んできた実践事例が生かされ、また、保育園側からは、より多様な子どもを保育してきたという幼児理解が生かされました。互いの強みを発信し、「幼児の力をさらに伸ばし、小学校に伝える」という視点の重要性を示唆してくれた貴重な実践でした。

　毎年4月には、いろいろな園を卒園した子どもたちが小学校に入学してきます。幼児期に育ててきた力を基盤として、未来に生き抜く子どもたちを育てていくのが小学校の務めです。このことを長きにわたって研究してきた日野市は、さらに幼・保・小の連携を充実させて、教育の質の向上を図っていく使命があります。教育改革の根幹となる昔からの取り組みを忘れずに、しっかり前進していかなければならないことを改めて感じています。

[2] 市立・私立、幼稚園・保育園を越えた交わりの中で見つけたもの

　2005（平成17）年度に「ひのっ子就学前コアカリキュラム」を作成してから10年以上が経過しました。その当時メンバーだった者同士、顔を合わせる機会があると、互いの近況報告をしたり、保育の悩みを話したりする関係もできました。今回は、メンバーの市立幼稚園、私立保育園の保育者の2名が久しぶりに会を振り返る機会をもち、当時感じていた思いをはじめて話しました。

市立幼稚園と私立保育園の保育者の対話

日野市立第五幼稚園　　5歳児担任　渥海 知子
しせい太陽の子保育園　　副主任　岡田 和枝

市立（公立）幼稚園、私立幼稚園、市立（公立）保育園、私立保育園の保育者が集まって就学前の1年の育ちについて話し合う会に参加すると聞いた時に思ったこと（私保＝私立保育園、市幼＝市立幼稚園）

私保（岡田）：自分がメンバーに選ばれた時に、ほとんど面識のない人たちの中でいったい何をするのだろうという不安と、就学前の1年間に同じような育ちができるようにといっても、自分たちが行ってきた保育へのプライドもあるから、「何で今更そんな話をするのだろうか。」という思いも大きかったです。

市幼（渥海）：わたしも、「いったいどのようなメンバーが集まるのか。」「それぞれに違う環境で保育をしている者同士、どのような形で話が進んでいくのだろうか。」と不安が大きかったです。

私保：うちの園は、市立幼稚園との交流をしていたので、その交流の中で、自園とは違う市立幼稚園の保育を見ていたので、保育についての話ができることへの期待もありました。メンバーには、私立保育園の集まりや、公立・私立の保育園の研修会で顔見知りの方も数名いたので、反対に少しホッとしました。

話し合いを進めていく中で得られたこと

私保：5歳児の1年間の育ちについて話をするということで、はじめにそれぞれの園の教育目標や保育目標を挙げて、共通項を見つけていく作業をしましたね。

市幼：それぞれの目標は、いろいろな表現がされていましたね。それを見比べていくと、表現方法は違うけれど、願う子どもの姿は共通していることが見えてきました。

私保：「やはり子どもに対する思いは、みんな同じなのだな。」と思いました。

市幼：本当に。「目指すところは同じだけれど、そこに到達するまでの道のりはいろいろあるのだな。」ということを感じる機会にもなりましたね。

私保：そのことが分かったら、保育の話をすることがより楽しみになりました。

市幼：実際に事例を見ながら話を深めていくようになると、微妙に捉え方が違うということがたびたび出てきましたよね。その微妙な違いが実はとても大切な内容で、そのずれを徐々に修正していくための話し合いを繰り返ししたのを覚えています。

私保：そうでしたね。例えば、「話し合いの中でお店屋さんの準備を子どもたちに進めさせる。」といっても、ある程度、保育者がお膳立てしてその環境に子どもたちが入っていくのと、「何が必要か。」ということから子どもたちに考えさせ、それに沿って保育者が必要な環境の準備を進めていくのとでは、子どもの経験がまったく違ってきますよね。事例を見ながら、「そこまで考えさせることができるのか。」などと感じることがあって勉強になりましたが、捉え方の違いを近づけていく作業がいちばん難しかったです。

市幼：それぞれの園の目標でねらっていることが似ていることは理解したけれど、「どのような経験をさせていきたいか。」という具体的な願いやそのための援助法は、話し合いをして見えてきたということですよね。幼児の発達をどのように捉えて、今必要な経験をどのような形でさせていくことが大切かということを保育者がしっかり見据えていくことが大切であることは、メンバーとの話し合いの中で改めて気付かされました。いろいろな視点から考えるきっかけにもなったと感じています。また、他の先生の話を自分の保育と照らし合わせながら考えていき、「捉え方のずれがあるかもしれない。」と思うことは何度も質問しながら話を進めていくことは、楽しい作業でした。

私保：わたしは、ふだんから行われている市立幼稚園との交流活動からも学ぶことがたくさんあったので、この会でもいろいろな考え方を聞きながら話し合いが進んでいくことがとても楽しかったです。まだ経験年数も浅かったこともあり、この会での話はとても新鮮で、毎回興味深く、とても勉強になりました。そして、小学校の先生方にも、保育についての話を直接伝える機会があったことは嬉しかったです。

会に参加した感想

私保：正直なところ、会に参加する前は、「わざわざ話し合いをしなくてもよいのでは？」と思っていました。しかし、会が進むごとに他の先生方との関係も深まり、互いに感じたことを率直に話し合えるようになってきたのが嬉しかったです。みなさんと出会えたことで、自分の保育の考え方も少しずつ変化しました。それから、なかなか話す機会のない小学校の先生方と話ができたことも、とても貴重な経験でした。

市幼：市立（公立）・私立、保育園・幼稚園とそれぞれに場が違っても、各々の園の特色を生かした保育の中で、今回の話し合いをもとに、子どもたちの発達に合わせて経験させたい内容をしっかりと見据えて保育をする大切さを感じることができたこと、小学校の先生方が幼稚園、保育園での子どもたちの経験を知ったうえで、接続期の学びへとつないでいくことができるようになることは、就学していく子どもたちにとってとても心強いことだと感じています。また、保育の話をする仲間が増えたことは嬉しかったです。

私保：このような会がまた開かれたら、ぜひ参加したいです。そして、できれば若い保育者ほど、いろいろな人と話し、様々な考え方に触れていくことが大切だと感じています。

コラム

「あさひがおか幼児園」に求められること

あさひがおか保育園
園長　赤塚　文子

　あさひがおか幼児園は、2005（平成17）年度にスタートしました。幼保一体型の施設でいうところの「幼児園」とは異なり、隣り合う公立の幼稚園と保育園が共通の保育目標とカリキュラムを用い、それぞれの園で各々（おのおの）の教育・保育を進めるとともに、共通の活動時間の中で、主に4・5歳児が遊びや活動を通して交流を深めていくという独自のスタイルで取り組んでいます。

　それぞれの園では、各々の行事や活動があります。また、保育園では家庭にかわって子どもを保育するという特性があり、「生活」も活動の大切な部分を占めるため、幼稚園とはまた違った一日を過ごしています。

　その両園が共通の時間を使って交流するためには、互いに相手園の状況を理解したり、思いやったりしながら進めなければなりません。

　例えば、幼稚園では、活動の時間に合わせて多少お弁当の時間をずらすことも可能ですが、保育園では給食であるため、ある程度決められた時間に昼食をとらなくてはなりません。また、幼稚園では昼寝がなく、降園前までの午後の時間も活動に充てられます。しかし、保育園では昼寝の時間があります。保育園の開園時間は7時から19時まで。その間に園児が保育園で過ごす時間は、保護者の勤務状況によって異なります。中には12時間を保育園で過ごす園児もいるため、一日を安全に、また日々を健康に過ごすためには、「昼寝」も大切な日課となっています。そのため、幼稚園と保育園とで午後に活動する時間を合わせることが難しい現状にあります。

　活動に限らず保育者の打ち合わせや会議も、15時には園児が降園して保育者が園児から離れられる幼稚園と、開園時間中は終日園児がいて担当を離れることが難しい保育園の保育者がどうにか時間を調整して行わなければなりません。

　ですから、この交流は、イメージするほどたやすいものではなく、それぞれの園の職員の相互理解と協力がとても大切になります。

　筆者が「幼児園」にかかわるようになって6年。それ以前の歴史が5年間あったにもかかわらず、1年ごとに反省や工夫を重ねて現在に至っています。これからもきっと「こうすればよかったね。」「今度はこうやってみよう。」……と知恵を出し合いながら、よりよい交流を進め、「同じ経験をもって、一緒に就学する子どもたち」の育ちを応援していけると思っています。園の外で各園の園児や保護者に出会った時、「保育園の園長先生だ。」と声をかけてもらい、「保育園」の園長であると同時に「幼児園」の園長であるということを実感し、多くの園児とかかわれることをうれしく感じます。それとともに、幼児園での取り組みが充実するよう、引き続き努力していきたいと考えています。

第3章

小学校のスタートカリキュラム

第1節 小学校から見た幼保小連携

[1] 幼保小連携のスタート

　2004（平成16）年度より、文部科学省指定「新しい幼児教育の在り方に関する調査研究」を日野市実践研究検討会（市内5園の園長）が中心になり、市内の公立および私立の幼稚園、保育園が研究協力して進めていました。2005（平成17）年度からは3名の小学校教師が加わり、「ひのっ子就学前コアカリキュラムに基づく事例と保育カウンセラーの事例」の研究が始まりました。まずは互いの活動や指導方法などの情報を交換し、5歳児に就学を意識した教育を保障するための「ひのっ子就学前コアカリキュラム」を作成しました。参加した小学校教師は、はじめは「学校に入ってから指導すればよい。」と考えていましたが、園での活動の様子や園児の育ちを支える保育者の指導の意図などを知ることで、「もっと幼児教育の様子を知り、小学校の指導に取り入れたい。」「園での土台を生かした指導をしたい。」という考えに変わっていきました。

[2] 幼児期から小学校入門期へのなめらかな接続を目指して

　2006（平成18）年度は、前年度に行った研究を、小学校入門期への"なめらかな接続"に発展させられるよう、「ひのっ子就学前コアカリキュラム」を編成しました。ひのっ子就学前コアカリキュラム作成委員会の事務局を教育委員会に置き、学識経験者として、東京学芸大学教授の岩立京子先生に指導していただくことになりました。委員会には、小学校長、幼稚園長、指導主事をはじめ公立幼稚園の保育者7名、公立保育園の保育者1名、私立保育園の保育者1名、小学校教師5名が参加し、互いの授業や保育の参観を行ったりしながら、小学校入門期の児童の指導について研究を深めていきました。

① 幼稚園、保育園の参観により学んだこと
　　●4・5歳児の発達の様子　　●環境づくり　　●園児へのかかわり方
② 小学校入門期のなめらかな適応指導のあり方
　　●児童に安心感をもたせるための教師のかかわり方
　　●新しい友だちとの出会いを楽しむための活動例
③ 学校生活に慣れるための適応指導
　　●入学当初の具体的な適応指導の方法：施設の使い方、学校のきまり、学習のきまり
④ 入門期の学習活動

- 入門期の学習活動のポイント（国語科、算数科、生活科）
- 直接体験を多く取り入れた合科的な学習活動の工夫
- 幼児期の経験を生かした学習活動の工夫

[3]「ひのっ子幼小連携カリキュラム」の編成

　2007（平成19）年度は、ひのっ子就学前コアカリキュラム作成委員会により、幼児期から小学校入門期への"なめらかな接続"を目指して、「小学校入門期ひのっ子タイム」と各教科の学習活動例を作成しました。作成にあたり、小学校部会では、園生活と小学校生活との7つの段差を配慮しました。

幼・保・小の7つの段差
① 遊びを通した学びと教科ごとの学習　　② 生活時程　　③ 人間関係づくり
④ 机やいす、トイレなどの環境　　⑤ 表示の仕方　　⑥ 昼食指導　　⑦ 登降園・登下校指導

　また、幼稚園、保育園での生活から大きく変化しないよう配慮するとともに、小学校での生活を楽しみにしている気持ちを大切に、次の4つの視点をもとに指導計画を作成しました。

指導計画作成の基本的な考え方
① 15分を1単位とした活動を組み立てる。
② 幼稚園、保育園の特性を取り入れ、児童が意欲的に取り組めるような活動にする。
③ きまりや施設、設備の使い方を自分で発見できるようにする。
④ 生活科を中核にして、様々な教科のねらいを取り込んだ総合的な学習活動とする。

[4] 幼・保・小の連携を通して

　幼稚園、保育園、小学校の多くの先生方と情報交換をし、互いの授業や保育を見ることで幼稚園、保育園の指導の仕方が分かり、多くのことを学びました。年長組の指導と小学校入門期の指導の逆転現象や指導案の工夫など、接続の視点から小学校の指導を見直す良いきっかけとなりました。

　小学校入門期はゼロからのスタートではありません。幼稚園や保育園で培われた子どもの気持ちを大切に、段差をなめらかにする配慮をしながら進めていくことが重要であると考えました。その後も、学びの連続性、育ちの連続性を目指して、「つなごう のびよう ひのっ子のわ」を作成しました。さらには、遊びから学びへのなめらかな接続を目指して、「遊びっこ 学びっこ 接続ブック」を作成し、活用しました。次に挙げる「小学校入門期の指導計画」は、2006（平成18）年度に実践し、作成したものです。

小学校入門期の指導計画

<2006（平成18）年度　日野市教育委員会　研究集録より>

教科学習入門期の配慮事項
- 教科のつながりを工夫する。
- 幼稚園や保育園での指導から学んだことを生かした工夫をする。
- 読み聞かせや手遊び歌、ミニゲームなどを組み合わせて活用する。

○ 学校探検は、学校生活と結び付けて活動する。
　生活指導としてではなく、ワクワク感をもたせ、生活科としての学習を展開する。

○ 学校探検では、その場所に行くだけではなく、そこがどのような時に使う部屋であるか、また、そこでどのような学習ができるかということを理解できるように配慮する。

○「日野市の5歳児（園児）が親しむ歌のベスト50」のCDを活用し、知っている歌を歌うことで、緊張している心をほぐすようにする。
　また、1年生を迎える会の歌を選ぶ時の参考にする。

		月【1日目】		火【2日目】
1		入学式　始業式	学活	【きょうからがんばるよ】あいさつ、話の聞き方／朝の準備の仕方
			生活	【がっこうだいすき】トイレ探検
2			生活	【みんなとなかよし】友だちと仲よくなろう
			音楽	【うたとともだち】知っている歌を歌う
3	行事	入学式（写真撮影）	学活	【きょうからがんばるよ】下校の準備／地区班の並び方を覚える／地区班ごとに並ぶ
4	学活	【であいをたいせつに】担任の自己紹介　呼び名／学校名　クラス名／学校生活への意欲付け／保護者への話		

時数	国語 2/3	算数 0	生活 3	音楽 2

		水【3日目】		木【4日目】		金【5日目】
				全校身体計測		避難訓練
図工		【すきなものなあに】自分の好きなものを選び、パステルで自由に絵を描く	体育	【きがえよう】着替え　服の片付け方　【ならびっこ】前へならえ　座り方　【あそんでみよう】固定遊具の使い方	学活	【ひなんくんれんのしかたをしろう】
					国語	【じぶんのなまえをかこう】クレヨンで画用紙に名前を書く
生活		【みんなとなかよし】自分が好きなものの絵を見せながら自己紹介をする	学活	【しんたいけいそくのうけかたをしろう】	道徳	【きもちのよいあいさつ】人とかかわり合うための、気持ちのよいあいさつの仕方を考える
			行事	【しんたいけいそく】身体計測を受ける　終わった子から着替える	行事	【ひなんくんれん】避難訓練をする
生活		【がっこうだいすき】保健室・職員室探検　名前順の並び方　廊下の歩き方	音楽	【うたとともだち】知っている歌を歌う　校歌の練習　手遊び歌を歌う	音楽	【うたとともだち】知っている歌を歌う　校歌の練習
					学活	【しゅうまつのかえりのしたく】

○ 図工で描いた「自分の好きなものの絵」を活用し、生活科で自己紹介をする。
　絵を活用することで、話しやすくなる。

○ 身体計測の1時間前の時間を体育とし、着替えの練習を行う。体育と関連させることで、一連の流れで身体計測につなげる。

○ 小学校ではじめての避難訓練なので、手順を前もって練習しておく。防災頭巾のかぶり方や避難時の約束「おかしも」（p.67参照）についても確認する。

○ 幼児教育との関連を考え、慣れ親しんだクレヨンを用いた活動としている。

○ 幼児教育との関連を考え、下校前に歌を歌うように配慮している。

○ 週末の荷物の持ち帰りなどの指導を丁寧に行う。

○ 保健室、または身体計測を行う部屋の場所の確認は、身体計測の前にやっておくとよい。廊下の歩行については、「探検のお約束」として位置付ける。

図工	1	体育	1	道徳	$\frac{2}{3}$	学活	$3\frac{2}{3}$	行事	2	合計	14

		月【6日目】		火【7日目】
1	国語	【えんぴつをもってかこう】 鉛筆の正しい持ち方や書く時のよい姿勢を知る いろいろな線を鉛筆でなぞる	国語	【はる】 教科書の絵を見て感じたことを話す。
			生活	【よみきかせ】
2	算数	【なかまづくり】 教科書の絵を見て、どのような仲間がいるかを話し合う	体育	【ならびっこ】 背の順、名前順で並ぶ 【ゆうぐであそぼう】 固定遊具での遊び 【おにあそび】
3	道徳	【みんなのきまり】 学校のきまりやマナーを守り、安全な生活を送ることができるようにする	算数	【なかまづくり】 観点や条件を変えて、仲間づくりをする
4	音楽	【うたとともだち】 「みんなでうたおう」（教科書の歌） 校歌の練習 手遊び歌	学活	【たのしいきゅうしょく】 手洗い・身支度の仕方 配膳の仕方 給食の時間の約束 片付けの仕方

○ 国語の学習は、最初のうちは、教科書を利用した学習で45分すべてを使うのではなく、【よみきかせ】と組み合わせながら徐々に授業の形式に慣れるよう配慮する。

○ 2週目（6日目くらい）から、国語や算数の教科書を使いながら学習を進めるようにする。

○ 生活科の【みんなとなかよし】の遊びの活動や、体育の【ゆうぐであそぼう】の活動の様子を振り返り、学習につながりをもたせながら展開する。

○ 給食指導に関しては、主に知識に関する内容を中心に、前日に事前指導を行うとよい。
　入学前の経験が異なるので、細かい点でも事前に確認しておくと、不安が軽減される。

○ 算数の学習と関連付け、入門期の数の指導に生かせるゲームや手遊び歌を扱ってもよい。

時数	国語 6	算数 3	生活 $2\frac{2}{3}$	音楽 $1\frac{2}{3}$

○ 学習内容に合わせて読み聞かせを行う。【はる】の学習に合わせて、今回は春に関係のある本を選ぶと、より効果的である。

○ この日は一日、春に関係した活動を入れている。教師側は、教科ごとの学習のねらいをもちながら、幼児の学びの特徴である「活動の連続性」を考慮した流れにすると、春を探す活動がスムーズに行える。

○ はじめてのひらがなは、習得しやすい画数の少ない字から習う。

○ 体育館の探検をしながら、1年生を迎える会の並び順を確認したり、出し物の歌を練習したりするのもよい。

○ 「日野市の5歳児が親しむ童話・絵本のベスト50」を参考にして本を選ぶ。

	水【8日目】		木【9日目】		金【10日目】
	給食開始				
国語	【はる】春の絵を見て、見つけた春を発表する	国語	【はる】春の絵を見て、身近にある春を想起し、発表する	国語	【ひらがな「つ」】「つ」の読みを確認し、形に気を付けて、丁寧に正しい字で書く
生活	【よみきかせ】				
生活	【みんなとなかよし】より多くの友だちと仲良くなるための遊びを楽しむ	生活	【がっこうだいすき】校庭探検をし、春を見つける	体育	【ならびっこ】背の順、名前順で並ぶ 【ゆうぐであそぼう】固定遊具での遊び 【おにあそび】
生活	【がっこうだいすき】体育館探検	図工	【はるをみつけたよ】校庭で見つけた春を、パステルで画用紙に描く	算数	【なかまづくり】2つのグループの数の多少を比べる
音楽	【うたとともだち】動物になって歌う「ワハハ体操」の歌				
学活	【きゅうしょくのじゅんびをしよう】はじめての給食の準備をする 実際に準備をしながらルールやマナーを確かめる	国語	【はる】校庭で見つけた春を、絵を見せながら報告する	国語	【おはなしよんで】子どもたちの好きな本を教師が読み聞かせをする
		学活	【きゅうしょくのじゅんびをしよう】	学活	【きゅうしょくのじゅんびをしよう】

○ しばらくは少し早めに給食の準備を始める。

| 図工 | 1 | 体育 | 2 | 道徳 | 1 | 学活 | $2\frac{2}{3}$ | 合計 | 20 |

小学校生活へなめらかにつなぐ

　2006（平成18）年度には、入学式当日から1週間の指導計画を立て、実践しました。大事なことは、その子に応じて、「じっくり」「ゆっくり」「しなやかに」、日常の何でもないかかわりを、重ねていくことです。指導のスタート地点では、担当教師との出会い、友だちとの出会いを大切にし、子ども自身が安心感をもてるように、工夫しました。

<2006（平成18）年度　日野市教育委員会　研究集録より>

[1] 学校生活や集団への適応

	生活面での指導	配慮すること
入学式当日	<出会いを大切に> ○教室、クラス名、くつ箱の確認 ○自分の机、いす、ロッカー、フックの確認 ○返事の仕方・あいさつの仕方	○1人だけの机がないよう、3人机を並べる。 ○クラス表示を子どもの目の高さに貼る。 ○机、いすの高さを調節する。 　子どもが安心できる温かい雰囲気をつくる 　●笑顔ではっきりと話す。 　●スキンシップを心がける。 　●子どもの話をしっかり聞くこと。
2日目	<きょうから1人でがんばるよ> ○お話の聞き方 ○トイレ、水道場の使い方 ○ランドセルの出し入れ ○ロッカーの使い方 ○連絡帳や提出物の出し方 ○手紙のたたみ方 ○下校の仕方	○事前にトイレに行かせるようにする。 ○和式トイレでは足を前方に置く。男子トイレでは1歩前に出る。 ○ランドセルは、ふたの留め金が奥になるようにロッカーに入れる。 ○くつ箱にかかとをそろえて入れる。 ○かさは、たたんで留めてからしまう。 ○提出物を出すための入れ物を用意しておく。 ○手紙は表が見えるようにして折る。 ○隣同士で自己紹介をする。 ○下校時、地区班別に教室を出るようにし、一緒に帰る友だちを覚えるようにする。 　はじめの1週間は、子どもたちの今までの生活のリズムに合わせて、同じことを繰り返して行う。
3日目	<自分のことは自分で> ○道具箱の整理 ○あいさつの仕方の確認（「おはよう」「さようなら」） ○並び方（隣の子と手をつなぐなど） ○好きな絵を描く	○道具箱の整理 　（右側に本・ノート、左側に学校に置いておくもの） ○並びっこゲームをする。 　繰り返し、根気よく指導し、できたところや良いところを認めて、ほめる。

4日目	<鉛筆を持って、さあ勉強だ！> ○ あいさつの仕方（人とかかわり合うために大切なこと「ありがとう」「ごめんなさい」など） ○ はじめての名前（自分の名前を書く） ○ 正しい鉛筆の持ち方（直線、ジグザグ書き）	○ 朝の時間の約束を伝える。 ○ チャイムのきまりを伝える。 ○ 左利きの子には、机の右側に名前を貼る。 ○ いろいろな場面を想定して、どんな言葉を使うとよいか、みんなで考える。
5日目	<集団の中の自分を発見しよう> ○ 自己紹介 ○ 正しい鉛筆の持ち方（斜線、波線書き） ○ 体育着の着替え方 ○ 固定遊具の使い方	○ 着替えに十分な時間をとる。 ○ 週末の荷物の持ち帰り ○ 帰る時にすること（机そろえ、ごみ拾い）
6日目	<休み明け。健康観察をしっかりと> ○ 廊下の歩き方（安全面） ○ 教科書の開き方 ○ 正しい鉛筆の持ち方（ら線書き）	○ 調子が良くない子には、声かけをして励ます。 ○ 上調子な子には、話をさせたり、スキンシップをしたりして落ち着かせる。 ○ けがをしてしまった時の、対処の仕方を伝える。
	<あると便利な掲示物> ① 担任の名前 ② くつ箱、かさ立て、教室入り口の掲示物 ③ トイレの使い方 ④ 鉛筆の持ち方 ⑤ ロッカーの物の入れ方 ⑥ 机の中の道具箱の入れ方 ⑦ 給食当番の仕方 ⑧ そうじ当番の仕方 ⑨ 返事の仕方（「はい。」） ⑩ 声のものさし ⑪ 朝の時間にやることの指示	<用意しておくと、便利なもの> ① 雨の日に遊ぶもの 　（折り紙、昔遊びの用具、粘土など） ② トイレットペーパー ③ ぞうきん ④ 救急バック（鼻栓も）

4月下旬からゴールデンウイーク明けまで

	生活面	配慮すること
給食始まり	<おいしい給食> 手洗い、身支度 食缶の並べ方 配膳の仕方 給食時の約束 おかわりの約束 片付けの仕方 片付けをした後にやること （トイレ、うがい、帰りの支度、ごみ拾いなど）	○ 給食当番を決め、2人1組で仕事をする。 ○ ワゴン車はゆっくり動かす。 ○ 熱いものや重いものは、教師と一緒に運ぶ。 ○ 配膳、片付けは一方通行にして、ぶつからないようにする。 ○ 食べられる量を配り、食べきるようにする。 ○ 時間内（20分くらい）で食べられるようにする。 ○ 苦手な食べ物もひと口食べるように声をかける。 ○ 食事中のマナーを守らせる。 ○ アレルギーのある児童を事前に把握しておく。

［2］入学後に伝えたいこと

1．トイレの使い方

　以前の小学校は和式トイレが多かったので、なじめない子も多く、伝えたいことの第一にトイレのことがありました。近年は、改修工事が進み、洋式トイレも増えています。どんな状況においても、自分で考えて臨機応変に対応できる力を育てていきたいものです。

　教師がトイレを点検することで、なじめない子どもに早く気付くことができ、汚れにもすぐ対応することができます。しばらくは、活動の前にトイレに行くよう声かけすることを忘れないようにします。

和式トイレ

男子トイレ

←1歩前へ出る

【使い方の順序】
① 足を左の図のように置く。
② トイレットペーパーをたたんで使う。
③ 水の流し方。（ペダルに慣れていない。）
④ 汚してしまったら、先生に知らせる。
⑤ 終わったら、石鹸を泡立てて手を洗う。
⑥ 蛇口は下に向けておく。

＜幼稚園、保育園では＞
　和・洋式トイレを備えている園がほとんどですが、洋式の数は少ないです。幼児にとってはトイレに行くことにも緊張感が伴うので、トイレのドアやしゃがんだ時の目線の位置に動物などの絵を貼り、安心感をもてるような配慮をしています。トイレの使い方（ノックをする、使用するトイレットペーパーの長さ、水の流し方、手の洗い方など）は、絵を見せたり、実際のトイレで伝えたりしています。ポケットにハンカチを入れておくことも伝えています。

2．並び方・座り方

＜並び方＞
- 隣の人と手をつなぎ、名簿順に並ぶ。（入学当初は名簿順の座席が多い。）
- ２人組のバディを教えると、人数確認や水泳で便利。
- 来た順に並ぶ。　●教師の周りに集めて、話す。　●決められたサークルなどの中に集合する。
- 「とんとん、まーえ。」とリズム手拍子をしながら、「前へならえ。」をして、整列する。
- 「10、9、8、7…。」とカウントダウンして並ばせたり、向きや場所を変えて並ばせたりして、並びっこゲームをする。

＜座り方＞
- 体育座り（幼稚園、保育園では、「体操座り」「三角座り」「お山座り」と呼んでいる園もある。）

- いすに姿勢よく座る時の合言葉「グー、ピタ、ピン。」

　　グー…机とおなかの間はげんこつ１つ分あける。

　　ピタ…両足をそろえる。

　　ピン…背筋を伸ばす。

> ＜幼稚園、保育園では＞
> 　入園当初は床に直接座ったり、保育者がいすを並べておき、集まった幼児から座ったりできるようにしています。集まった時は「楽しいことがある。」と感じられるような指導内容を心がけています。いすの持ち方や安全面などを指導していきます。いすを持ってきた子から順に座ることが多いのですが、いつも前列にいる幼児が特定されてしまうこともあり、保育者の立ち位置を変えるなどの配慮をしています。年長になると、グループごとに座る場所を決める方法もとられます。

３．話の聞かせ方・子どもの話し方

　幼稚園、保育園では、保育者と子どもの距離が近く、普通の声の大きさでも通ります。しかし、小学校では一人一人の机がある分、話も遠くなりがちです。そのため、教室の後ろまで声を届かせるためにある程度の声の大きさや、全員に話しかけているのだという子どもたちへの意識付けが必要になってきます。

＜１年生への話の聞かせ方＞

- 手遊びや拍手ゲームなどで集中させてから、説明や指示をする。
- 指示は１つの話で１つの内容にする。
- 表情豊かに、ゆっくり話しかける。
- 一斉呼応（リズム遊びやまねっこ遊びを使って）

　　教師「みなさ〜ん。」児童「何ですか？」

　　教師「いいですか？」児童「いいですよ。」

　　教師「聞いてますか？」児童「聞いてますよ。」
- 緊急時：笛「ピッ、ピッ、ピッ。」児童「ちゅうい。」

＜子どもの聞き方＞

| 黙って最後までしっかり聞く | 目とおへそを話し手に向ける |

- 「聞いています。」の合図を送る。（うなずく、首をかしげるなど）
- 友だちの発表を聞く時

　　発表者「聞いてください。」「読んでもいいですか？」他の児童「はい。」

<幼稚園、保育園では>
　集まりの中で話を聞く時は、手遊びや歌遊びなどを取り入れていくと、話を聞く気持ちが自然にわいてきます。保育者に親しみをもち、「今日は何を話してくれるのかな？」「楽しいことをするのかな？」など、話を聞こうという気持ちをもてるようにすることが大切です。話をする時は、子どもたちが集中し、理解しやすいように視覚へ訴えていけるよう、絵などを見せながら進める配慮をしています。

<子どもの話し方>

| 相手の目を見て | 元気な声で | 自分から |

- あいさつ
- 出席をとる時の、返事の仕方の工夫。
  「〇〇さん。」「はい。元気です。」「好きな食べ物は△△です。」など。
- いろいろな場面を想定して、どのような言葉を使うとよいかをみんなで考える。
  （落とした鉛筆を、拾ってもらった時、友だちにぶつかった時など。）
- 用件を分かりやすく、はっきり話せるようにする。
- 必要なことを話す。（「トイレに行きたい。」「おなかが痛い。」「分からない…。」など。）

<幼稚園、保育園では>
　朝は一人一人と笑顔であいさつを交わし、「元気に来られたね。」と声をかけたり、スキンシップをとったりするようにしています。どんなことでも「話したい。」という気持ちを十分に認めたり、受けとめたりしていくことが、自分を素直に表すことにつながっていくと考えています。自分の思いを話すまでに、やや時間がかかる子もいますが、焦りは禁物。"待つ"心のゆとりをもつよう心がけています。

4．整理の仕方

<くつ箱>
- かかとをくつ箱のへりにそろえて入れる。

<ロッカーの中>
- ランドセルは、中のものを机にしまってから、ロッカーにしまう。
- ベルトや留め金を奥にして入れる。
- ランドセルのふたは静かに開けるようにする。

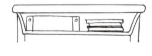

<机の中の道具箱>
- 道具箱の中を絵に描いたものを見せ、同じように入れる練習をする。

<幼稚園、保育園では>
　入園当初から、自分のかばんや帽子など、所持品の始末は自分で行っています。自分の場所が分かるように、棚やタオル掛けには、一人一人に決められた絵入りのシールを貼っています。「自分でできたこと」を十分に認めていきます。片付けなどでは、自分を掃除機に見立て、「スイッチを入れて、ごみを拾おうね。」「きれいになって気持ちいいね。」などと話しています。

5．学校のきまり

チャイムが鳴ったら（決められた時間になったら）、席に着いて静かに待つ

- 先生が教室に入るまでの時間の過ごし方を知る。
- 自分の席に着く。静かにして待つ。（教科書を見ている、自由帳など）
- チャイムが鳴ったら（決められた時間に）席に着くことを習慣付ける。
- 廊下や階段は、静かに右側を歩く。
- 危険な遊びはしないこと。
- 緊急避難の時：お さない・か けない・し ゃべらない・も どらない
- 必ず友だちと一緒に下校する。

<幼稚園、保育園では>
　入園当初から、園生活に必要なきまりや約束事を知らせていきます。紙芝居を作り、園の外に出て行ってはいけないことを知らせたり、固定遊具の扱い方（安全面）では、実際に遊具のそばで、危険な行動と、安全な行動を見せながら伝えたりしています。自分が使ったものを片付けないまま、次の遊びに移ってしまう姿も見られますが、「できていないからやりなさい。」というように叱るのではなく、「クレヨンが片付けてもらえないって泣いているよ。」というような声かけをするようにしています。

6．学習のきまり

<ていねいに話を聞く>
- 口を閉じて聞く、手遊びしないで聞く、よい姿勢で聞く。
- 途中で分かったと思わないで、最後まで聞く。
- 自分勝手に発表しないで、指名されてから発表する。

<教科書・ノート・筆箱の置き方>

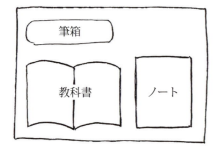
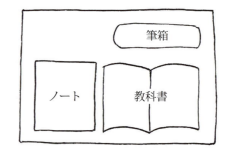

<鉛筆の持ち方>

- 人差し指と親指は重ねない。
- 親指は軽く曲げる。
- 中指と薬指は軽く曲げる。

<学習が早く済んだ時の待たせ方>

- 子どもによって作業の早さが違う。
- 終わったらすることを、事前に話しておく。
  - ・読書　　・色鉛筆で色塗り　　・自由帳
  - ・絵日記　・折り紙　　　　　・迷路遊びプリント

<幼稚園、保育園では>
　活動の話を聞く時は、相手の目を見て聞いているとよく分かることを伝えていきます。保育者が前に立ったら話を聞く姿勢がとれるように、様子を見ながら「聞く準備ができたね。」と声をかけていきます。途中で、話し出す子もいますが、最後まで聞くことの大切さを知らせ、心配なことや聞きたいことは話が終わった後で必ず聞くようにしています。活動時や弁当の時間中は、むやみに席から立たないようにもしています。描画や製作などでは仕上がる時間が多少違いますが、終わった時はどのように過ごせばよいかを、相手の気持ちを考え、静かに待つ（絵本を読むなど）ようになってきます。また、作業に時間がかかっている子に対しては、時間を意識させながらも、落ち着いて取り組めるように声をかけていきます。

第3節　小学校入門期の学習活動と生活科

　小学校入学直後のスタートカリキュラムでは、特に、生活科の単元の組み方を工夫しています。近年実践されているカリキュラムを、以下に紹介します。

【入学直後の生活科の単元の組み方について】

　入学直後の児童は、遊びが中心の教育活動から教科学習が中心の教育活動へと移行したり、環境が大きく変化したりすることで、不安や戸惑いを覚えることが多いといわれている。小学校入門期の学習活動では、遊びから学ぶ活動を含む生活科を中核としながら、複数の教科・領域を組み込んだ総合的な学習を展開することが、幼児教育と小学校教育をなめらかに接続するうえで有効であると考えた。入学直後の生活科の学習活動を組むにあたっては、児童がより自然な形で小学校の学習活動に適応できるように以下の2点を考慮した。

① 生活科の学校探検と、他教科・領域との学習内容を関連させた。

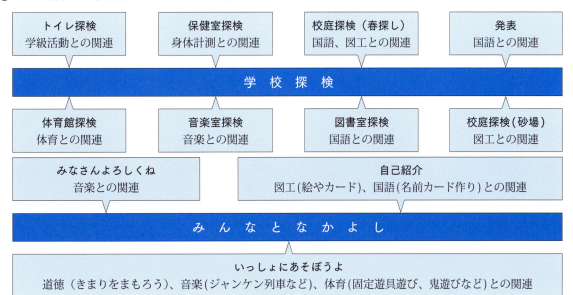

② 遊びや学校探検を通して、きまりを考えたり、施設・設備の使い方を自分たちで考えたりできるようにした。

　小学校に入学したという「ドキドキワクワク感」を大切にしたいと考えた。2年生に案内されて教えてもらうのではなく、遊びや探検の中で、自分たちで聞いたり調べたり考えたりすることで、学校のきまりや施設、設備について発見できるようにした。

1．生活科単元名 「がっこうだいすき　ともだちだいすき」（$24\frac{1}{3}$時間扱い）

2．ねらい

① 学校や友だち、先生に親しみをもち、学校生活を楽しく過ごそうとする。

② 学校の教室や施設、設備の場所や使い方、役割を知る。

③ 自己紹介や遊び、ゲームを通して、友だちと仲良くなる。

3．学習活動例

(1) 小単元：がっこうだいすき（学校探検）（$15\frac{1}{3}$時間扱い）

時数	学習活動	○配慮事項　☆他教科との関連 ★幼児教育との関連
$1\frac{1}{3}$	**1．がっこうたんけん①** **「トイレをたんけんしよう」** ねらい：トイレの場所と使い方を知ることができる。 1．教室からいちばん近いトイレの探検に行く。 　①場所を確認する。 　②トイレの使い方を知る。 　●ノックの仕方　●足を置く位置 　●水の流し方（レバー操作） 　●汚した時の対処の仕方　●手の洗い方 　　　　　　　　　　　　　　　　　　など 2．使う可能性の高い他のトイレの場所を確かめに行く。 　●児童昇降口玄関の近くのトイレの場所を確かめる。（教室と児童昇降口玄関が違う階にある場合など。）	☆ トイレについては、児童の不安を取り除く意味でも、できるだけ早く場所と使い方を確認するのが望ましい。2日目の1校時に、あいさつや朝の支度の仕方（学級活動）とセットにして、15分程度で行うとよい。 ★ 家庭や幼稚園、保育園で、和式の便器を使ったことのない児童も多いので、特に和式の便器の使い方については、足の位置などを一人一人が実際に確認するとよい。 ○ 水を流す際のレバーなどの操作についても、足で踏んで流すのか、手で押すのかなどの違いをはっきりと説明する。 ★ 男子の小用のトイレは、幼稚園や保育園とは大きさが異なる場合が多いので、その違いに気付かせるとともに、できるだけ前に立つように指導する。
1	**2．がっこうたんけん②** **「ほけんしつとしょくいんしつをたんけんしよう」** ねらい：保健室と職員室の場所や役割を知ることができる。 1．名前順の並び方や、廊下や階段での歩行の仕方について確認する。 2．保健室の探検に行く。 　●保健室の場所を確認する。 　●養護教諭と仲よくなる。 　●どういう場合に保健室でお世話になるのかを知る。 3．職員室の探検に行く。 　●職員室の場所を確認する。 　●職員室の役割を知る。 　●職員室にいる先生と仲よくなる。	○ 入学後しばらくは、授業中に教室から校舎内の他の場所へ移動する時の歩行の仕方やきまりなどを、そのたびに確認するとよい。 ☆ できるだけ早い時期に、保健室の場所と役割を知っておくのが望ましいと思われるので、入学後3〜4日目に探検しておくとよい。特に、身体計測を保健室で行う学校の場合、その前日までに保健室の探検をしておくのが望ましい。 ○ 児童が養護教諭に早く慣れるために、養護教諭と事前に打ち合わせし、保健室の役割や使い方を養護教諭から児童に話してもらうようにすると効果的である。 ○ 休み時間などに担任に用事がある場合に備えて、職員室の場所もなるべく早く知らせておくほうがよい。

1	**3．がっこうたんけん③ 「こうていではるをさがそう」** ねらい：校庭を探検しながら「春」を見つけ、学校に親しみの気持ちをもつことができる。 １．校庭に出て、校庭にある「春」を探す。 　●植物（チューリップ、菜の花など） 　●昆虫（チョウ、ミツバチなど） 　●小動物（オタマジャクシなど） （春とは関係ないが、校庭の飼育小屋の場所も押さえておくとよい。） ２．みんなで遊ぶ。 　●固定遊具で遊ぶ。 　　ジャングルジムでの高鬼や、タイヤでのドンじゃんけんなど。	☆　児童が自然な流れで校庭での春探しができるように、一日の中で、以下の流れになるように活動を設定すると、より効果的である。 【国語】「はる」 　↓　・春探しへの意欲付け。 【生活】「こうていではるをさがそう」 　↓　・実際に校庭で春を探す。 【図工】「はるをみつけたよ」 　↓　・見つけた春を絵で表現する。 【国語】「みつけたはるをはっぴょうしよう」 　　　・絵を見せながら、見つけた春を発表する。 ○　春探しの活動に飽きてきた時は、校庭の固定遊具などを使ってみんなで遊ぶ活動を取り入れるとよい。
1	**4．がっこうたんけん④ 「がっこうのなかをたんけんするけいかくをたてよう」** ねらい：校舎内の教室を探検する計画を立てることができる。 １．校舎内の部屋や、体育館を探検する計画を立てる。 　●どこを探検するか。 　●何人で探検に行くか。 　●校舎内の部屋の地図は必要か。 　●見つけたことをどのように記録するか。 ２．探検隊のグループをつくる。 　●生活班 　●学校探検用のグループ	○　学校によっては２年生が１年生を連れて校舎を案内した後、１年生だけで探検する活動を組んでいる場合がある。 　　ここでは、探検の際の"わくわく感""どきどき感"を大切にし、最初から自分たちの力だけで調べる活動を考えた。 　　２年生とのコミュニケーションは、校庭探検の時に一緒に遊んだり、小単元「みんなとなかよし」で、校庭の秘密スポットを教えてもらったりするなど、１・２年生合同で遊ぶ活動などで計画している。 ○　特徴のあるいくつかの部屋の写真をプロジェクターで示しながら、意欲付けを図る。 ○　見つけた部屋の欄の○印を色鉛筆で塗るなどすると、どの部屋を探検したかをチェックしやすいので、部屋の地図を用意しておくとよい。 ○　生活班の友だちとより仲よくなるために、生活班をそのまま探検隊にしてもよい。また、いろいろな友だちと仲よくなることを狙って、学校探検用に特別な班を編成する方法もある。
2	**5．がっこうたんけん⑤ 「がっこうたんけんをしよう」** ねらい：校舎内にはどんな教室があるのか、探検を通して自分たちで探し出すことができる。 １．授業中に校舎内を探検する際のマナーについて確認する。 　●廊下や階段は右側を歩く。 　●原則として授業中の教室には入らない。 　●入室ＯＫの部屋に入る際のあいさつの仕方。 　●大発見して大声で知らせたい時があっても、周囲に迷惑になるので大声は出さない。 　●途中でトイレに行きたくなった子がいたら、みんなで待つ。	○　前もって、学校探検の趣旨と日時、探検の範囲などを全校の教職員に知らせて協力を仰ぐとともに、入室されては困る教室についてチェックしておく。 ☆　入室時のあいさつの仕方については、国語の「たんけんしたよ、みつけたよ」の単元で指導しておく。 ○　教室名の表示板が漢字表記になっている場合は、児童が読めるように、前もってひらがな表記の紙を貼っておく。 ○　授業中に入室してもよい教室については、事前に児童に知らせて地図にチェックさせるか、地図を印刷する際に前もって印を付けておくとよい。

	2．グループごとに校舎内を探検する。 　　［持ち物］地図、筆記用具 3．探検が終わったグループは教室に戻り、発見したことでみんなに知らせたいことやものを、カードに絵で描く。 4．校舎を探検して見つけた教室やものを発表し合う。 　　●普通の教室とは違う教室。 　　●おもしろいものがあった教室。 　　●何をする部屋か分からなかった教室。	○　担任は、児童の様子を観察しながら校舎内を巡視する。トラブルが起こったり迷ったりしているグループの相談に乗ったり、発見した部屋の話を聞いたりする。 ○　まだひらがなを書けない子が多いことが予想されるので、発見したことでみんなに知らせたいことを、絵で表現できるようなカードを準備しておく。 ○　何をするのか分からなかった教室や、おもしろそうだったのでもっと詳しく調べてみたい教室を発表させることで、特別教室などを調べるための第2次探検隊への意欲を喚起する。
1	**6．がっこうたんけん⑥** **「こうていたんけんをしよう」** ねらい：校庭にはどんなものや場所があるのか、探検を通して自分たちで探し出すことができる。 1．校庭を探検する。 　●校庭を探検し、固定遊具や設備を見つける。 　●固定遊具の遊び方やルールを知る。 　●固定遊具で遊ぶ。 　●2年生と一緒に遊ぶ。	☆　道徳の「みんなのきまり」と関連させて、固定遊具の遊び方やルールを考えさせながら遊ばせるとよい。 ★　入学前に経験している遊びを聞き、同じような遊びをしたり同じルールで遊んだりすることで、小学校に対する安心感や親近感をもたせる一助とする。 ○　2年生の協力が得られれば、2年生と一緒に校庭探検をしながら遊ぶ活動を組むこともできる。
$\frac{1}{3}$ $\frac{2}{3}$ （図工）	2．校庭（主に砂場）を探検する。 　●砂場を探検する。 　●砂場で造形活動を楽しむ。	☆　校庭（砂場）に探検に行く部分は生活科として、砂場で造形活動をする部分は図工として活動する。
$\frac{1}{3}$ $\frac{2}{3}$ （音楽）	**7．がっこうたんけん⑦** **「とくべつなきょうしつをしらべよう」** ねらい：特別教室のことを詳しく調べ、場所と教室の使い方を知ることができる。 1．音楽室を探検する。 　●音楽室に探検に行く。 　●どんな楽器があるかを調べる。 　●歌を歌う。 　　（できれば入学前に親しんでいる歌。） 　●「かもつれっしゃ」を歌いながら、友だちと仲良く過ごす。	☆　音楽室、図書室、体育館、図工室などの特別教室のうち、実際に授業で使用する教室については、探検で場所を確認すると共に、教室の使い方のオリエンテーションを兼ねて、その教室で活動するとよい。 　　その際、探検部分は「生活」として、活動部分は「各教科」として計画し、合科・関連的な活動とする。 ☆　可能であれば音楽専科と連携し、教室の使い方を説明してもらったり、実際に伴奏してもらったりする活動を組むとよい。 ★　「日野市の5歳児が親しむ歌のベスト50」を参考に、入学前によく歌っていた歌も歌うと、小学校に対する不安感を取り除く一助となる。
$\frac{1}{3}$ $\frac{2}{3}$ （国語）	2．図書室を探検する。 　●図書室へ探検に行く。 　●どんな本があるのかを調べる。 　●図書室の使い方の説明を聞く。 　●本を読んでもらう。 　　（国語「おはなしよんで」）	☆　担任が、国語の「おはなしよんで」の活動として、実際に図書室にある本から選んで読み聞かせるとよい。 　　可能であれば、図書館補助の市政協力員と連携し、図書室の使い方を説明してもらったり、読み聞かせをしてもらったりするとよい。

$\frac{1}{3}$ $\frac{2}{3}$ （体育）	3．体育館を探検する。 ●体育館へ探検に行く。 ●どんな施設や道具があるのかを調べる。 ●体育館の使い方の説明や約束を聞く。 ●実際に体育館で運動する。	☆　体育館に探検に行き、どんなものがあるのかを調べる部分は生活として、体育館の使い方を聞いたり実際に運動したりする（遊ぶ）部分は体育として活動する。 ○　普段着で遊べるような鬼遊びやボール遊びなどをするとよい。 ★　入学前に経験している遊びを聞き、同じような遊びをしたり同じルールで遊んだりすることで、小学校に対する安心感や親近感をもたせる一助とする。
3 1 （国語）	**8．がっこうたんけん⑧** **「はっけんしたことをはっぴょうしよう」** ねらい：学校探検をして発見したことを簡単な絵や言葉で表現したり、好きな場所を発表したりすることができる。 1．自分が見つけたことや出会った人などを発表する計画を立てる。 ●絵に描く。 ●クイズにする。 ●お話しする。　　　　　　　　　　　など 2．発表の準備や練習をする。 ●絵を描く。 ●クイズをつくる。 ●発表練習をする。 3．見つけたことや出会った人を発表する。 ●自分たちが発見したことを学校探検クイズとして問題を出す。 ●絵や言葉で発表する。	☆　自分が発見したものを発表する計画を立て、その準備をする活動は生活として、発表したりクイズで楽しんだりする活動は国語の「聞く・話す」活動として位置付けるとよい。 ★　幼稚園や保育園でも話の聞き方については指導を受けているので、どのように話を聞けばいいかを思い出させながら、聞き方のルールを統一していくとよい。 ☆　発表を聞く際のマナーについては、学級活動や国語と関連付けて指導しておくとよい。 　（例） 　　●おへそと目を、話す人の方に向ける。 　　●話す前に「聞いて下さい。」「はい。」というやりとりをし、話す人に集中するようにする。 ○　発表の際は、学級の実態によって、個人の発表にしたり、探検グループごとの発表にしたりするとよい。 ○　みんなの前で発表することが苦手な子が多い場合は、グループ内での発表としてもよい。

(2) 小単元：みんなとなかよし（9時間扱い）

時数	学習活動	○配慮事項　　☆他教科との関連 ★幼児教育との関連
$\frac{2}{3}$ $\frac{1}{3}$ （音楽）	**1．ともだちとなかよくなろう** **「みなさん、よろしくね！」** ねらい：クラスの友だちの名前と顔を覚えるために、自己紹介をすることができる。 1．自分の名前と出身園を自己紹介する。 2．隣の席の子の名前を互いに覚える。 3．歌を歌う。 　●「一年生になったら」など、友だちに関する歌。 　●「さんぽ」など、入学前にほとんどの子が歌った経験のある歌。	○　友だちのことを知る手段の1つとして、1か月くらいは朝の健康観察時に次のようなやり取りを工夫するのもよい。 　T：今日は、好きな食べ物も教えてください。○○くん。 　C：はい、元気です。ぼくはおすしが好きです。 ☆　みんなで「友だちと仲良くするぞ」という歌詞の歌を歌うことで、友だちを増やそうとする意欲付けを図る。また、入学前に歌ったことのある歌を歌うことは、緊張感を解き、リラックスさせる効果もある。
1 （図工）	4．自分が好きなものを紹介するための絵を描く。 　●パステルで自分の好きなものの絵を自由に描く。	☆　自己紹介のときに自分が好きなものを友だちに知らせるために、図工の「すきなものなあに」で描いた絵を活用する。
1	5．好きなものの絵を見せながら自己紹介をする。 　●名前 　●好きなことや好きなもの 　●得意なこと 　●1年生になってがんばりたいこと 　　　　　　　　　　　　　　　など	○　自己紹介の方法としては、みんなの前で自己紹介する、そばに行って教えてもらう、グループ内で紹介し合うなどが考えられるが、個人差を考えて一人一人が取り組みやすい方法や場面を選択するようにする。
1 （国語） 1	6．自己紹介をするための簡単なカードを作る。 　●「いちねん」と自分の名前を書く。 　●簡単な絵やマークを描く。 　※名刺交換のようなかたちで名前カードを交換するので、計画に合わせて必要枚数を作る。 7．自己紹介（名前カードの交換会）をする。 　●自己紹介のやり方を練習する。 　　→名前を言って、カードを交換する。 　　→握手をしながら「よろしくお願いします」 　●自己紹介（名前カードの交換会）をする。	☆　カードに名前を書く活動は、国語の「どうぞよろしく」の単元として扱う。カードをたくさん用意する必要があれば、カードを作る時間を国語1、生活1の計2時間としてもよい。 ★　幼稚園や保育園では、自分専用のマークやシール（動物などのキャラクター）を活用していることが多い。入学直後は、自己紹介カードなどにそのキャラクターを利用することも、安心感をもたせるための一助となる。 ○　できれば全員と交換するのが望ましいが、クラスの人数や実態に応じて、無理のない人数にするとよい。
$1\frac{2}{3}$ $\frac{1}{3}$ （音楽）	**2．みんなとなかよし** **「いっしょにあそぼうよ」** ねらい：校庭の遊具で遊んだり、ゲームをしたりしながら、なかよく遊んだり友だちと親しんだりすることができる。 1．ゲームで楽しむ。（主に室内） 　●ハンカチ落とし 　●自己紹介ゲーム 　●フルーツバスケット 　●まねっこ遊び 　●じゃんけん列車	★　幼稚園や保育園での遊びの経験を生かし、やったことのある遊びを通してリラックスできる雰囲気をつくる。 ○　遊びを通して友だちの名前を覚えたり、仲良くなるきっかけをつくったりできるように配慮する。 ○　教師も一緒に遊んだり、話をしたりしながら、子どもと担任との良好な関係をつくることを心がける。 ☆　音楽に合わせて体を動かすことを好むというこの時期の特性を生かして、音楽の「じゃんけん列車」や音楽に合わせて自己紹介や握手をするような活動を組むと効果的である。

1 （体育） 1	2．校庭で遊ぶ。 ●固定遊具を使って遊ぶ。 ・高鬼（ジャングルジムなど） ・ドンじゃんけん（タイヤなど） ・すべり台、雲梯、鉄棒　　　　など ●これまでに経験したことのある遊びを楽しむ。 ・鬼ごっこ（色鬼、手つなぎ鬼） ・だるまさんがころんだ ・はないちもんめ ・大縄（8の字）　　　　　　　など	☆　体育の「固定遊具遊び」と合科扱いで取り組むと、時間を確保しやすい。 ☆　学級活動と関連させて、校庭での遊び方や固定遊具の使い方のルールを考えさせたり、道徳と関連させて遊ぶ時のマナーや友だちへの思いやりなどを考えさせたりする活動も考えられる。 ○　友だちと遊ぶ活動にスムーズに参加できない子に対しては、強いて参加させることは避けたほうがよい場合もある。 　まずは教師が一緒に遊んだり、話を聞いてリラックスさせたりしながら担任との良好な関係づくりから始め、徐々に遊びの輪の中に入っていけるように働きかけるようにする。

コラム

糊って中指でつけるの???

明星大学　教育学部 教育学科
特任准教授　井上 宏子

　幼稚園・保育園の5歳児担任と小学校1年生の担任が集まって、はじめて話し合いをもった時のことです。

　小学校の先生から「小学校では、図工の時に人差し指に糊がついていると作業がしづらいので、中指で糊をつけるように指導しています。」「小学校の水道で水を飲む時には、コップは使わず蛇口を上に向け、蛇口に口をつけないで飲むように指導しています。」という情報を受けて、「5歳児の3学期には、"糊を中指でつけられるように指導"したり、"コップを使わずに水を飲めるように指導"したりしないとダメなのか。」とつぶやく保育者がいました。

　今では笑い話ですが、10年前は、それが"幼保小連携"と思える時代だったのです!!

2008（平成20）年8月の「学習指導要領解説」にあるように、生活科では、「小学校生活への適応が図られるよう、合科的な指導を行う」と書かれていたので、日野市の実践研究の視点は、幼保小の円滑な接続、つまり、「小1プロブレム」の解消のために、授業を組み立てることは、ずいぶんと進んだ実践だったと思います。すでに、いくつかの場面で、適応指導ということばが出てくることからも、小学校生活を安心してスタートさせるには、小学校生活に一日も早く慣れさせるための指導が大切と考えていました。

　さらには、幼保での実践から、「子どもの発達段階」「環境」「教師のかかわり方」の視点から、次のようなことを学んでいます。

- 4〜5歳児でできていることがたくさんある。
- 係や当番的な活動ができる。
- 室内に50音表を掲示し、文字に親しむ活動を取り入れている。
- 一緒に喜んだり、怒ったりする時の表情が非常に豊かである。
- 遊びの中での立場の切り替えがスムーズである。
- 子ども自身に考えさせるというスタンスでかかわっている。

　そのため、スタートカリキュラムに、幼児教育の内容を取り入れることも大切なことでした。

　しかし、このようなスタートカリキュラムが全国的に実施されていない現状があることから、2015（平成27）年1月には、文部科学省より、「スタートカリキュラム　スタートブック」が各学校に配られました。この中で、「スタートカリキュラムとは…小学校へ入学した子供が、幼稚園・保育所・認定こども園などの遊びや生活を通した学びと育ちを基礎として、主体的に自己を発揮し、新しい学校生活を創り出していくためのカリキュラムです。」とあります。

　これを受けて、日野市教育委員会では、2015（平成27）年度より、幼保小連携教育推進委員会の小学校の公開授業で、4・5月の「スタートカリキュラム」を4ブロックごとに公開することにしました。そのため、この後、第4章で紹介する実践報告が、「接続ブック」の内容と異なる場合もあります。

　「スタートカリキュラム　スタートブック」配布以後の実践は、小・中9年間の学びのスタートであることに重点を置くことが多くなりました。

　「スタートブック」にあるように、子どもは幼児期にたっぷりと学んでいます。ですから、適応指導というよりは、学びの芽生えと自覚的な学びをつなぐのが「スタートカリキュラム」であると説明されています。

　「スタートカリキュラム」をつくるにあたっては、時数計算については、生活科の時間と教科等の時間を使っていたものから、もう少し余裕をもって、生活科や教科等の時数に計算しない時間を年間35時間程度用意しています。ですから、事例にもあるように、学校探検も、2年生に連れられていく観光型から、短い時間で何度でも子どもたちの興味関心を優先して実践するかたちへと変化しました。

接続を踏まえた指導の工夫（学びの連続性）

「日野第一小学校スタートカリキュラム」の概要

入学当初の一日の流れ

のんびりタイム・ぐんぐんタイム・わくわくタイム

　子どもたちが園などでの遊びや生活の経験を十分に発揮し、新しい学校生活を学級のみんなでつくり出していくことができるように、安心感、期待感、達成感を大切にした生活になるように進めている。入学当初は一日の流れをほぼ固定して、見通しをもって生活できるように工夫している。

ねらい	時間	時間割上の名称	どのように・例
園などでの朝の自由遊びに似た時間。自分のペースで一日をスタートする。	朝 1校時	のんびりタイム	朝の支度が終わった児童から、お絵かき、本読み、ブロック、外遊びなどを自由に楽しむ。
新しい人間関係を築き、安心感ややる気を育てる時間。集団遊びをメインに行う。			みんなで決めた遊びを行い、楽しむ時間。トラブルなどをみんなで考え、学級の約束をつくる。
児童の思いや願いを生かして活動を展開する時間。生活科が中心となるが、学習への期待感に応じて、教科を中心とした活動も行う。	2校時 3校時	ぐんぐんタイム	みんなで約束を決めて、学校探検をしたり、校庭遊びをしたり、算数や国語の学習をしたりする。
一日の振り返り（達成感）や次の日への期待感を育む。	4校時	わくわくタイム	楽しかったことや見つけたことなどについて子どもたちが話したり、一日の活動を教師が認め、達成感を味わわせたりする時間。また、次の日の見通しをもたせ、期待感をもって下校できるようにする時間。

　安心して自分を表現できる子どもや、幼稚園や保育園の今までの経験が異なっていても、その経験を発信できる子ども、夢中になって小学校生活をスタートできる子どもたちが増えていくことを願って、多くの小学校で「スタートカリキュラム」の実践を積み重ねて行くことを願っています。

コラム

第二幼稚園と平山小学校、近隣保育園との交流

日野市立第二幼稚園
園長　小宮 広子

　「襟を正して…。」このような気持ちで隣接する小学校の門をくぐったのは、わたしが幼稚園教諭になりたてのころです。当時は、幼稚園側から足繁く通うことで、小学校との距離を縮められると思っていました。しかし、今日では、幼小連携、幼保小連携の重要性が理解されるようになり、わたしの勤務する第二幼稚園に隣接している平山小学校は、気持ちがいいほどオープンです。正門の扉、正面玄関のドアが心地よいほど軽く感じるのです。

　わたしたちは、毎年４月に、平山小学校の入学式に参列させていただいています。ピカピカの１年生になった子どもたちを見ると、自然と笑みがこぼれます。入学式の翌朝も、わたしたち幼稚園の職員は、登校時から１年生の教室に行かせてもらっています。ランドセルを背負って初登校する子どもたちは、おとなが思う以上に緊張や不安を感じています。その気持ちを受けとめ、特に、不安を感じている他園から入学した子どもに声をかけるようにしています。本園の卒園児たちは、わたしたちの姿を見たり、アイコンタクトをとったりするだけで心落ち着くことが多いからです。近隣の私立保育園の先生方も一緒です。

　４月当初には、小学校との連携計画について、今年度の１年生の先生、引き継ぎで２年生の主任、そして主幹と幼稚園全職員で打ち合わせをしています。今年度は、新たな試みとして、私立保育園２園、公立保育園、本園の子どもたちがグループを編成し、１年生と交流しました。１年後には同じクラスになるかもしれません。園児同士が互いに親しみを覚える関係性を築いていくことは、とても大切なことです。また、２年前から、幼稚園も、平山小学校、平山中学校との緊急時の引き取り合同訓練に参加させていただいています。

　このような望ましい幼保小連携ができるのは、平山小学校の校長先生のお力添えがあってのことです。五十嵐校長先生は、人間形成の基礎を培う幼児教育の重要性を十分に理解したうえで、地域の幼稚園や保育園のことを考えていらっしゃいます。わたしにも、より良い連携についての提案をしてくださいます。また、１年生や５年生の先生方と幼稚園の保育者との話し合いを重ねていくことは、幼児や児童の育ちについて互いに理解し合えることにつながっています。学校評価に寄せられた保護者の意見には、幼保小連携の充実は、「子どもが入学するのを楽しみにできることがうれしい。」といったものがほとんどです。

　校長先生が、小学校の門をくぐりやすい雰囲気をつくってくださっていることや、いつも近隣の幼稚園や保育園に対する想いは、小学校の全教職員の方々にも浸透しています。先日、小学校を訪れた時、廊下である先生に声をかけられました。「園長先生、今年も例年どおり運動会でテントを使いますか？」と。気にかけてもらえるこの心地よさに笑顔になり、「いつもありがとうございます。」と元気に言葉を返させてもらいました。これからも、児童にとっても幼児にとってもプラスとなるような連携を進めていきたいと思います。

第4章

「つなごう のびよう
ひのっ子のわ」
カリキュラムと実践

遊びっ子 学びっ子 接続ブック

「遊びっ子 学びっ子 接続ブック」とは

　ひのっ子カリキュラム「つなごう のびよう ひのっ子のわ」の3つの柱をもとに、5歳児から小学校入門期の接続の姿を具体化しました。

「ひのっ子カリキュラム」の3つの柱

人とのかかわり
友だちの良さを認め、相手を思いやれる子

①コミュニケーション
●自己表現
自分の思いや考えを言葉や身振りなどで相手に伝えること
●受容
相手の表現から、その人の思いや考えを感じたり受け入れたりすること
②共同から協同へ
●共同
他の幼児と共に活動する楽しさを感じること
●協同
一人一人が良さを発揮し、かかわり合って目的が実現していく喜びを感じること

生活
みんなと楽しく生活する子

①基本的生活習慣
●身の回りのことを自分でやろうとすること
●自分で考えて行動しようとすること
②規範意識
●生活に必要な約束やルールを身に付けていくこと
●善悪の判断ができること

学び
考え、試し、工夫する子

①興味・関心
●運動
●自然、科学
●数、形
●言葉
②表現
●表現遊び
●造形
●音楽

　「遊びっ子 学びっ子 接続ブック」は、下記に挙げた「学びの連続性」を意識して作成しています。

① 遊びを通した学びと教科ごとの学習における接続
　⇒幼稚園、保育園で経験してきたことを踏まえ、子どもの経験や学びを共通のものにしながら、新しい学習を取り入れます。

② 幼稚園、保育園と小学校の生活時程における接続
　⇒15分を1単位時間として活動を計画し、活動内容の組み合わせを工夫することで、授業に徐々に慣れるようにします。

③ 環境設定の接続、人とのかかわりの接続
　⇒絵と文字で表して視覚的に分かるようにし、コミュニケーションを図ったりできる活動をたくさん設定します。

資料2 「ひのっ子カリキュラム」の誕生──2つのカリキュラムを一本化

　幼保小連携推進委員会で作成した「ひのっ子就学前コアカリキュラム」は、5歳児から小学校入門期のカリキュラムで、4歳児以下は公立であっても核になるカリキュラムがありませんでした。一方、あさひがおか幼児園（日野市立第七幼稚園と日野市立あさひがおか保育園の共通カリキュラム）は、0歳児から就学前までの「幼児園カリキュラム」を独自に作成していて、日野市の公立保育園の0歳児から4歳児までは、この幼児園カリキュラムをベースにして各園のカリキュラムを作り、就学につなげていました。そこで、日野市の子どもたちが同質の経験を積んで就学を迎えられるようにするために、「ひのっ子就学前コアカリキュラム」と「幼児園カリキュラム」を一本化することで、日野市の子ども「ひのっ子」として、0歳から就学までに育てておきたいことや経験の大枠を共通にすることができると考え、「ひのっ子カリキュラム」の作成に取り組みました。

〈一本化するにあたって工夫したこと〉

● 0～2歳児のカリキュラム

　目的をもって子どもの成長を支える以上、その育ちを捉え、見通しをもつことは、必要不可欠であり、責任もあります。そこで、年齢ごとの発達と活動内容を整理して表しました。

● 育ちからカリキュラムに移行する部分のつなぎは？

　0歳から小学校入学までの育ちをつなぎ、3歳からは経験の積み重ねが見えるように、発達の道筋が分かる表にしました（資料1、資料3 参照）。そうすることで、3歳児になるまでに経験してきた内容が見えるようになり、幼稚園から入園した子どもの経験を補完できるようなカリキュラムになりました。

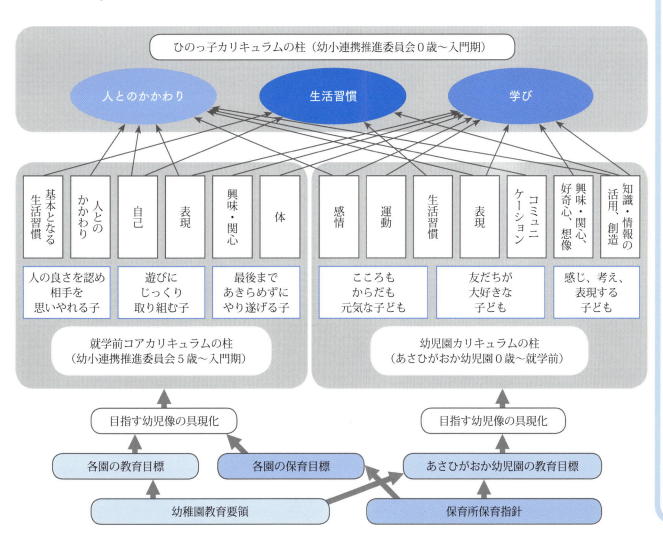

「ひのっ子カリキュラム」の見方

● 学びの連続性、育ちの連続性を3本の柱「人とのかかわり」「生活」「学び」で考え、それぞれの柱をさらに2つのカテゴリーに分けて表記しています。また、それぞれのカテゴリーの定義については、委員会で検討した内容を掲載しました。

● カリキュラムは、「生活」と「学び」をカテゴリーで捉えるようになっています。

● 「学び」の柱は、2つのカテゴリーをさらに7つに分けて定義しています。また、小学校1年生入門期には7つに分けて表記した定義のうち、言葉と表現遊びが国語の中に含まれています。

● 学年ごとの発達の特徴を踏まえて、各園の指導計画から共通するねらいや姿を選び、「ひのっ子」としてその時期に育てたい姿として掲載しました。

● 目指す姿を育てるために、4章1節で各学期の活動例を挙げ、育ちが分かるように、カテゴリーごとに一覧表にまとめました。さらに、4章2節で学期ごとの詳しい事例を掲載し、具体的な姿が分かるようにしています。

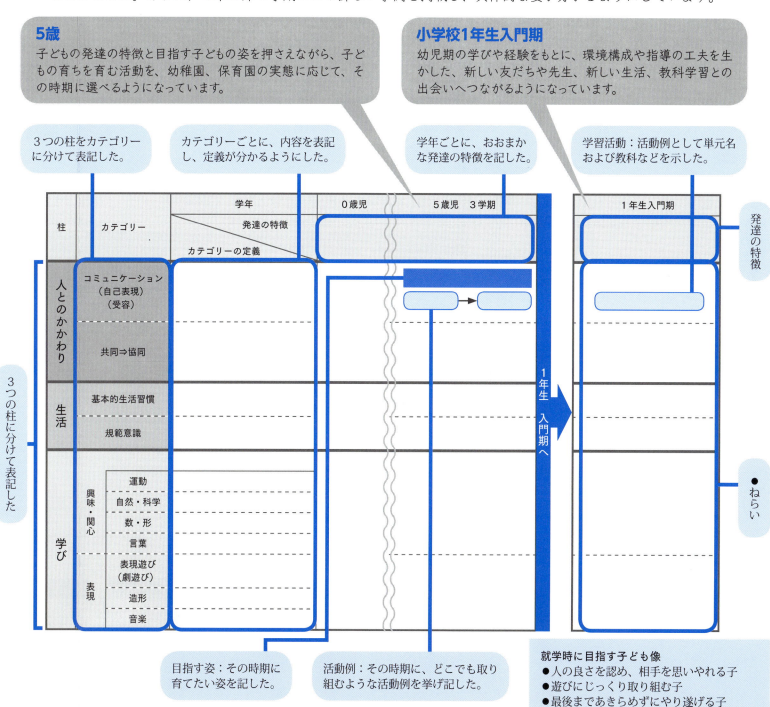

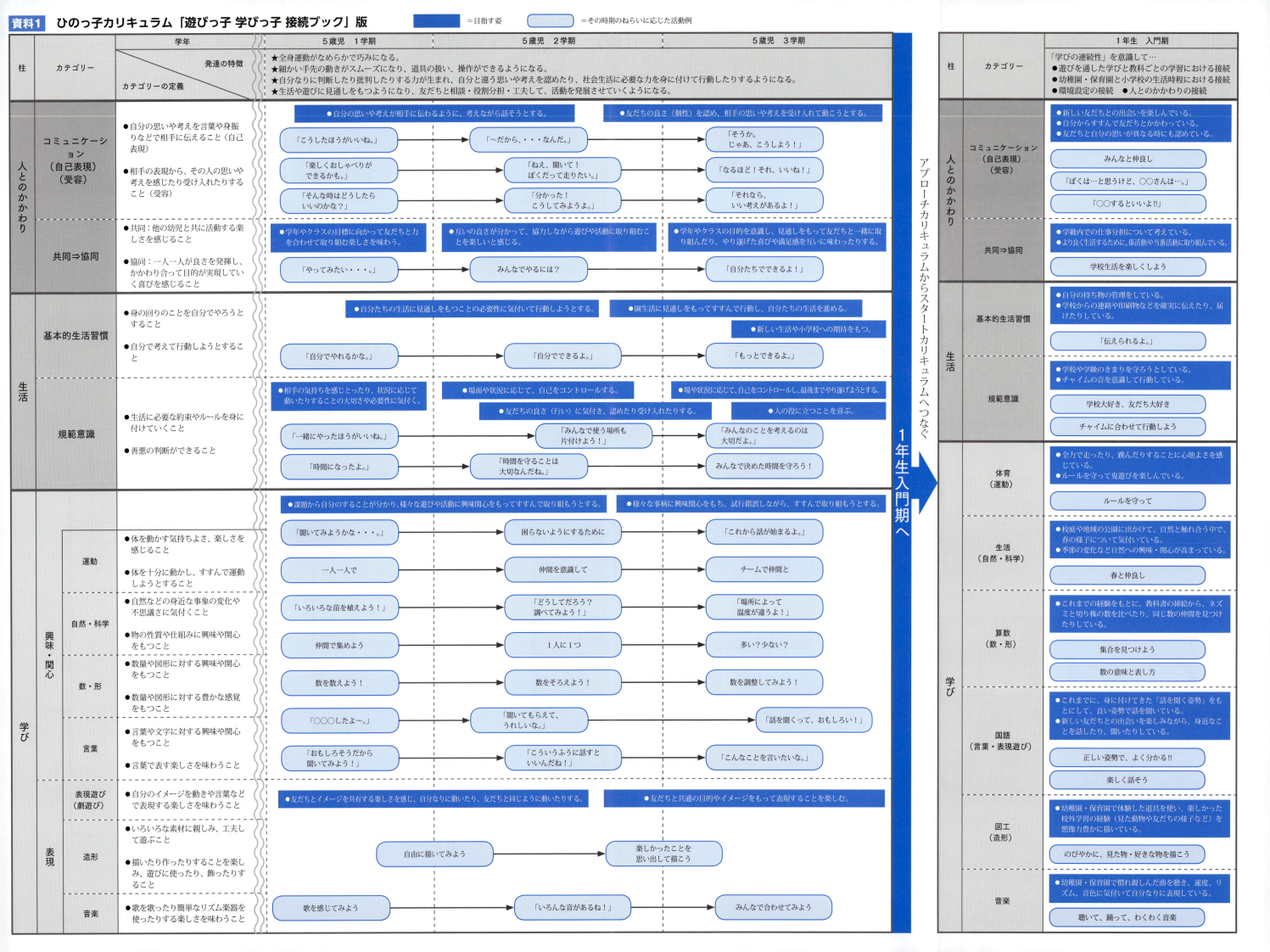

コラム

公立保育園の子どもたちが小学校へ移行するにあたって

自分で考え行動してみる機会をもたせる

しんさかした保育園　園長　小野早苗

　保育園は集団で過ごす時間が長く、おとなの指示のもとで行動することが多くなりがちです。時には、指示を待っている姿を目にすることもあります。指示に従って行動できる力も大切ですが、小学校への移行のために、「自分で考え、自分で行動してみる」ということも大切だと考えます。

　小学校では、保育園と違って学校への行き帰りに保護者は同伴しません。また、授業のための準備も自分でしなくてはいけません。「何のために、どのようなことが必要になってくるのか」を自分で考え、自分で行動を起こさないと前には進んでいきません。

　年長児になると、グループごとに課題について考えさせたり、また、トラブルに対しておとなが介入せず、子どもたちだけで解決方法を考えさせたりする機会をつくっています。後半になると、グループではなく個々に考え、それをきちんと言葉で相手に伝えたり、行動に起こしたりするようにと知らせています。保育園の支度も自分でするように、家庭にも協力していただいています。

　自分のことは自分で考え、行動する。そのことに対しての責任は自分でもつ。こんな考えを子どもたちがもって、これからを生きていってくれたらと願っています。

就学への期待

たまだいら保育園　前園長　下田真弓

　「ランドセル買ったよ。何色買ったか当ててみて。」とうれしそうに言う園児。「赤かな？」「茶色かな？」となかなか当たらないと、「違う！」と得意気に言います。また、「1000＋2000はいくつだ？」「この漢字読めるよ！」と、勉強の話が広がっていきます。年長児になった春、目をキラキラさせながら5歳児の保育室に足を踏み入れた子どもたちも、秋になると就学の話題で盛り上がります。

　そして冬、いよいよ小学校との交流が始まり、学校見学に出かけ、教室に入り、1年生と一緒に過ごす中で、保育園との違いを知るとともに刺激を受けてきます。「給食は20分で食べてみましょう。」実際に20分で食べると、なんと短い時間かと実感します。「くつは立ってはきましょう。」ふらふらしながらも挑戦します。いすの座り方は、「グー・ピタ・ピン」と合言葉で覚えます。

　もうすぐ1年生。「どきどきする。」「友だちできるかな。」と、期待と不安が入り混じっています。

　保育園では、保育者が生活を共にしながら一人一人の個性を生かし、居場所を見つけ、そして友だちと一緒にがんばる力・生きる力を養います。年長児になると達成感とともに自信が身に付き、就学へとつながりますが、橋渡しとなる幼保小連携が就学支援に大きな役割を果たしています。

力の根っこを大切に…

たかはた台保育園　園長　深澤幸子

　「就学に向けて、保育園ではどんなことを教えてくれますか？」と保護者からよく質問があります。保育園の就学前教育とは、「〇〇を教えます！」などと具体的に答えるのが難しいところがあります。健康や食事、言葉など、生きていくために必要な生活力の根っこ、友だちや保育者とかかわることで育つ社会力の根っこ、そして、子どもたちを取り巻くいろいろな環境の中で育つ興味・関心・好奇心という学ぶ力の根っこ。それぞれの力の根っこに肥やしをやり、「こころ」という芯を土に深く根付かせる…。それが、保育園職員が就学前教育で大切にしていることです。「生活」や「遊び」の中に多くの出会いがあります。子どもたちは、それを共有・共感してくれる仲間や保育者と一緒に楽しんだり、がんばったりして達成感を感じ、＜経験＞という肥やしにしていきます。「保育園では、子どもたちの力の根っこを大切に日々過ごしています。」というのが答えなのでしょう。

1 人とのかかわり　コミュニケーション編①

自分の思いを自分で伝える力を身に付けよう

5歳児1学期

自分なりに考えたことを相手に話そうとする。

「こうしたほうがいいね。」

活動例　誕生会の司会や出し物、当番活動、劇場ごっこ、お店屋さんごっこ　など

チケットをもらう人でもいいよ

夏祭りに向けて、お店屋さんごっこでの売り方を練習している場面では、アイスを作って渡す所に人が集中してしまいます。他の役割にも気付いて、みんなで遊ぶ方法を考えてほしいと思っています。

　はじめは自分の好きな役割をやりたいという思いが強く、周りのことを考えずに進めていました。そこで、お客さんがスムーズに流れるためにはどうしたらよいかを考えさせると、自分たちでアイディアを出すようになりました。

5歳児2学期

自分の思いや考えが伝わるように、考えながら話そうとする。

「～だから、…なんだ。」

活動例　夏休みの経験を話す、お化け屋敷ごっこ、リレー、グループの名前決め　など

虫が怖いからいやなんだ

新学期、グループ替えをし、グループごとに名前を決める場面です。相手の思いを受け入れながら話し合いをしてほしいと思っています。

　今までは「自分が、自分が…。」でA児の声を聞こうとする姿がなかったのが、A児を中心にして、どうすればよいかみんなで意見を出し合って決めることができました。

幼稚園・保育園では

園生活においては、何より保育者との信頼関係を築くことが必要であり、それを基盤としながら様々なことを自分の力で行うことができるようにし、充実感や満足感を味わわせることが大切です。

また、他の幼児や保育者とのかかわりの中で、自分の意思や感情を表現しながら、共に活動する楽しさを味わったり、ぶつかり合うことで互いに理解し合う体験を重ねたりしながらかかわりを深め、共感や思いやりの気持ちが育つようになります。

小学校では

小学校生活では、幼稚園・保育園での生活経験を生かして、新しい出来事や様々な壁を乗り越えていくことが大切です。児童は、「それ、知ってる。」という安心感を覚えることで、積極的に発言したり、友だちとかかわり合ったりすることができます。また、友だちとかかわり、声をかけ合うことで、みんなで学ぶ楽しさを味わい、意欲的に学校生活を送ろうとすることにつながります。

5歳児3学期

相手と思いや考えを話し合いながら、互いの思いを調整するようになる。

「そうか。じゃあ、こうしよう！」

 ドッジボール、お店屋さんごっこ、生活発表会 など

1年生入門期

新しい友だちとの出会いを楽しみながら、自分からすすんで友だちとかかわろうとする。

みんなと仲良し

 鬼遊び、ゲーム（生活科　体育　学級活動）など

それはおもしろいね！そうしよう！

生活発表会に向けて、グループでペープサートの出し物の準備をしています。A児は「ケーキ」を出す役になっていましたが、B児と一緒に描いた「おすし」も出したいと考えています。「おすし」はB児が出す役になっています。互いにやりたいことを伝え合って調整してほしいと思っています。

- ぼく、おすしを出す役もやりたいな。
- えー、おすしは、ぼくが出すことになっているんだよ。Aくんはケーキを出すんでしょ。

- うん…。そうなんだけど、ぼくも絵を描いたから。
- そうか…。じゃあ、おすしを食べる役になるのはどう？ぼくがおすしを持っているから。

- それはおもしろいね！そうしよう！

　互いにやりたいことを出し合ったり、目的を意識して調整したりする機会を大切にしています。子どもたちで相談して決めたことを実現させることによって、調整する大切さ、自分たちの考えが実現するおもしろさが味わえるようにしています。

みんなで遊ぼう（生活科）

学校生活にスムーズに適応させるため、幼稚園や保育園で体験したことのある活動を計画します。遊び方やルールを話し合ったり、みんなで注意事項を考えたりすることを通して、仲良く活動する習慣を身に付けさせたいと考えています。

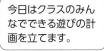
- 今日はクラスのみんなでできる遊びの計画を立てます。
- どんな遊びをしようか？

- ハンカチ落としは？
- こおり鬼はどう？

- どんな遊び？知らないなあ…。
- ぼく知ってるよ！あのね…。
- あれ？ぼくが知ってるのと違うなあ。ぼくはね…。

- じゃあ、Bくんのルールでやってみよう！
- うん！次はAくんのルールでやろうね！

　遊びを知らない友だちにルールを説明することで、知っているという安心感をもつ姿と、友だちに伝えようと積極的にかかわる姿が期待できます。また、ルールの違いでぶつかった時は、友だちと仲良く解決するためにどうしたらよいかを考えるので、かかわりの浅い子とも、少しずつ仲良くなっていくことができます。

2 人とのかかわり　コミュニケーション編②

上手に話し合うためには

5歳児1学期

相手の気持ちに寄り添って一緒に考え、自分の言葉で伝えようとする。

「楽しくおしゃべりができるかも。」

 誕生会の司会、出し物、絵本の紹介　など

5歳児2学期

自分の考えたことや思いを、相手に分かるように話そうとする。

「ねぇ、聞いて！ぼくだって走りたい。」

 リレー遊び、お店屋さんごっこ　など

「テビレ」って何？

しっかりとした園児ですが、「テレビ」という単語だけ、どうしても「テビレ」になってしまいます。他の友だちにも苦手な言葉があるか尋ねてみました。

- きのうのテレビおもしろかったね。
- わたしもその、「テビレ」見たよ！
- 「テビレ」じゃなくて、テレビでしょ！
- そう、テ・レ・ビ。ゆっくりなら、言えるのにな。
- みんなも、苦手な言葉ある？

- うん、あるある！
- ぼくは、急ぐと、男の子が、「おとっとのこ」になっちゃう。

- ゆっくり言えば言えるんだから、それは言い間違いだよね。笑ったりすると悲しくなるから、「えっ？」って聞かないようにしようね。
- そうだね〜！

みんなが、友だちの話に共感し、相手の気持ちになって考えました。自分の気持ちを正しい言葉で表せなくても、言いたい内容を言葉にできる雰囲気づくりを大切にしています。

リレーの順番を決めよう！

リレーで走る順番をチームごとに決めている場面です。アンカーの希望者が複数いることで順番を決められずにいます。自分の思いを相手に伝え、友だちの思いを聞きながら互いが納得できる案を考えます。

- 順番どうする？
- わたし、3番がいい。
- アンカーがいい！
- ぼくもアンカーがいい！
- アンカーがそんなにいたらダメだよ。

- ねえ、聞いて！Aくんいつもアンカーだし、ぼくだって走りたいんだけど…。
- でも、Aくんはやいよね。ジャンケンして決めるのはどう？
- えーっ、ジャンケンで決めるのはいやだな。今日はアンカー走らせてよ！
- そうだね、Bくん1回も走ったことないもんね。

- それなら分かった。ぼくは8番（アンカーの1つ前）走るね！
- うーん、いいよ。でも、次はアンカーやりたいな。ぼく、走る練習しているから…。

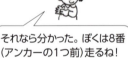

自分の思いや考えを友だちに分かってもらうために、言葉で伝えることができました。友だちの主張も最後まで聞きながら、みんなで考えていく時間や機会を大切にしています。

幼稚園・保育園では

話し合いでは、相手の気持ちに寄り添い一緒に考えようとすることと、自分の考えたことや思いを相手に伝えようとすることの両方が必要です。

意見が食い違うような生活場面での友だちとのぶつかり合いなど、様々な生活体験を通して、相手の話を最後まで聞く態度や、自分の考えと相手の考えとの違いに気付く力を育てていくことが重要です。

小学校では

言語は論理的思考だけでなく、コミュニケーションや感性、情緒の基盤でもあり、豊かな心を育むうえで、言語に関する能力を高めていくことが求められています。そこで、各教科などにおける言語活動を充実させて、話し合いのスキルが上達していくようにします。

また、児童が集団の中で安心して話ができるような、教師と児童、児童相互の好ましい人間関係を築くこともできるようになってきます。

5歳児3学期

みんなで考えを出し合い、話し合いながら、互いの思いを調整するようになる。

「なるほど！それ、いいね！」

 活動例　ドッジボール、生活発表会　など

1年生入門期

友達の思いが自分と違うことを知り、それを認め合うようになる。

「ぼくは…と思うけど、○○さんは…。」

 活動例　音読発表会をしよう（国語）
お楽しみ会をしよう（特別活動）　など

どんな役があるかな？

生活発表会の劇の登場人物をどうするか、話し合っている場面です。「あらすじ」の中に女の子らしい役が少ないため、配役に偏りが出ています。みんなで、考えを出し合い、話し合いながら、どんな配役にするかを考えます。

それぞれが思ったことを話したり、友だちの話を聞いたりしながら具体的なイメージに発展させて、それぞれが納得する配役決めが進んでいきました。いろいろな意見を交換し、イメージを共有して表現につなげる機会を大切にしています。

いきものの あし（国語）

生き物の写真を利用した文（問いかけの文と答えの文）について学習した後、実際に「いきものの あし」のクイズをグループで作ります。その後、クイズ大会を開き、自分たちが作ったクイズをグループごとに発表します。

● 図鑑や多摩動物公園などの動物の写真を使って、グループごとにクイズにする生き物を決める。

● クイズ大会に向けて、グループで発表の練習をする。

1年生にも親しみやすい「生き物」という題材であり、「クイズ大会」という目標があるので、グループでの話し合いが活発になります。聞き手に分かりやすく話そうとしているかがポイントになります。

3 人とのかかわり　コミュニケーション編③

相手の話や思いを受け止める

5歳児1学期

互いの思いを出し合い、どうしたら解決できるか考えて、相手の思いに気付く。

「そんな時はどうしたらいいのかな？」

 誕生会の出し物、当番活動、製作活動（こいのぼり・アジサイ作り）　など

5歳児2学期

相手が言っていることを聞いて、相手の気持ちが分かり、その思いを聞き入れたり、共感したりする。

「分かった！こうしてみようよ。」

 レストランごっこ、お化け屋敷ごっこ、リレー遊び　など

昨日やったから今日はいいよ

　給食の食器を片付ける際には、種類ごとに重ねグループの友だちと協力して下膳しています。いつもスプーンを片付けたいA児は、どうしても自分の意思を通したいと主張します。そんな時は、話し合いで決められるとよいと伝えています。

翌日

　主張の強い子どもの意見だけが通るのではなく、互いに思いを出し合い、相手の思いを聞いていくことを大切にしています。そこから、どうしたら解決できるかを考えられるようにしていきます。

お盆下げるの手伝うね

　地域の友だちや園児を招待してのレストランごっこの活動で、役割について思いの行き違いがあった場面です。互いの思いを言葉で伝えることで気持ちが通じ合い、みんなで力を合わせて成功させられるといいなと願っています。

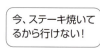

じゃぁ、後で手伝ってね！たくさんお客さんが来てくれたから、お盆がたくさん出ていて、片付けるの大変なの。

　自分の思いを相手に分かってもらうためには、理由を言葉で説明することが大切です。友だちの思いを聞いて、自分なりに考えて行動しています。友だちの良さに気付いたり、友だちの思いに共感したりしていきます。

| 幼稚園・保育園では | 小学校では |

相手の気持ちに寄り添ったり、相手の思いを受け止めたりするためには、まず相手の話をきちんと聞く態度を育てていくことが重要です。そのためには、友だちの思いを聞いたり見たりして共感し、困っていることを理解して、一緒に考え合うことや、解決に向けて意見を出し合う中でコミュニケーションの力が育っていきます。

子どもたちは、友だちが困っている時には、積極的にアドバイスしようとするなど、伝えたい思いであふれていますが、語彙力が少ないため、上手に伝えることが難しいという実態があります。そこで、アドバイスや手助けをする時は、「○○するといいよ。」という前向きな言葉かけをするようにし、思いやりをもって友だちとかかわることができるよう工夫しています。

5歳児3学期

みんなで話し合いをして、互いの思いを受け止めて、うまくいく方法を考えるようになる。

「それなら、いい考えがあるよ！」

活動例　生活発表会、お店屋さんごっこ、ドッジボール など

1年生入門期

友だちの思いを受け止めて、アドバイスや手助けをすることができるようになる。

「○○するといいよ！！」

活動例　ボール投げゲーム（体育） など

それなら2人組になればいいじゃない！

生活発表会に向けて、グループで踊りの曲を話し合っている場面です。年長になると、曲や踊り方を自分たちで考えて進めるようになります。互いに思いを出し合い、気持ちを受け入れながら取り組むことを大切にしています。

- 生活発表会の踊りの曲、何にする？
- かっこいい曲がいいな！
- △△がいいんじゃない！ポンポン持って踊ろうよ。
- え〜っ、この前もポンポンで踊ったから違うのがいいよね。
- ○○はどう？この前、小学校の音楽会でやってたよね。
- うん。○○ならかっこいいからいいよ！どんな踊りにする？
- えーっ!!○○の歌で踊るのなんて難しいよ。できないよ。
- 2人組になって2人で一緒に踊りを考えて、みんなの踊りを合わせたらどうかな？
- そうだね！じゃあ、わたしBくんと一緒になるよ。一緒に考えよう。
- ありがとう。Aちゃんと一緒なら考えられそうな気がしてきた。

　話し合いの中で、みんなが互いの思いを出し合った時、1人では難しいと思ったB児の思いを受け止めたA児が「2人組になろう」と提案し、みんなの思いが実現していく方向に進みました。互いの思いを受け止めて、さらに意見を出し合い、良い方法を見つけていけるようにしていきます。

うまくいくには、こうするといいよ！（体育）

校庭に的当てやキャッチボール、転がしドッジボールなど様々な場をつくり、班ごとにサーキット形式で、いろいろなボール遊びをしています。コーン当てをしていて、なかなか当たらない友だちの気持ちを受け止めてアドバイスしている場面です。

- コーンに当たったよ！
- すごい！上手だね！どうやったの？
- いいな。ぼく全然当たらないよ。
- それなら、両手で投げるといいよ。
- あとコーンをよく見て投げるといいよ。
- 本当だ！ぼくも当たったよ！他の友だちにも教えてあげよう。

　活動前に、友だちがうまくできなくて困っている時にコツを伝える際は、前向きな言葉で声かけするように指導しました。その結果、コーンにボールを当てることができるようになっただけでなく、他の児童にもコツを教えるようになりました。児童相互が学び合い、意欲を高めるために、うまくできない友だちの気持ちを受け止め、前向きな言葉でアドバイスすることを大切にしています。

④ 人とのかかわり　共同から協同へ編

当番活動に取り組んでいくために

4歳児3学期

やり方を知り、自信をもって取り組むようになっていく。

「やってみたい…。」

活動例　昼食時のあいさつ、机ふき、物の配布、保育室の掃除　など

5歳児1学期

みんながやってみたい手伝いを交替で行うことで、当番活動として取り組んでいく。

みんなでやるには？

活動例　机ふき、ぞうきんしぼり、お茶くみ、ウサギの世話、弁当配り　など

Aちゃん、手伝ってくれるかな？

　昼食の準備の時に保育者がいつもしている机ふきの手伝いを、A児に頼んでいる場面です。うれしそうなA児の様子と、保育者が声をかけ、いつもとは異なる昼食準備の様子に、周囲の子どもも関心をもちます。

保育者：Aちゃん、今日は先生の代わりに机を拭くのを手伝ってくれるかな？
A　児：いいよ。
B　児：Aちゃん、何やってるの？
A　児：先生に頼まれて、机拭いているの。
B　児：いいな。やってみたいな。
保育者：上手にできたね。ちゃんとはじっこまで拭けていたね。」
A　児：「うん！」

　自分でできるようになり、認められた喜びと新たな自信になりました。はじめはうまくできていなくても、保育者の動きをまねして、できた部分を認めていくようにします。「やってみたらできた。」「やってよかった。」という気持ちを大切にしています。

わたしもやってみたい！

　日ごとに、いろいろな幼児に声をかける保育者に、数名の幼児が「自分も手伝いたい。」と話す場面です。子どもたちのやってみたいという気持ちを大切にし、みんなで取り組む方法を考える機会をつくっていきます。

保育者：お茶くみ、誰か手伝ってくれないかな？
B　児：先生、わたしやってあげる！
C　児：わたしも手伝いたい！
D　児：ぼく、まだやってないよ！
保育者：みんながやりたいけれど、1人しか手伝えないんだよね。どうしたらいいかな？
A　児：やりたい人がやれば？
B　児：どうやって決めるの？
C　児：ジャンケンは？
保育者：いつも負けたらできないね。
D　児：どうしようか。
E　児：かわりばんこにやればいいんじゃない？
　　　　順番に今日はこの子、明日はこの子ってさ…。
D　児：それいいね！
保育者：かわりばんこはいいね。みんなできるし。手伝う人を"お当番"って呼ぼうか。○○当番って。
B　児：いいね！お当番でやろう！

　多くの子どもたちが主体的にやってみたいと思うのを待ちました。みんなができる方法として、「かわりばんこ」という考えが子どもたちから出てきました。自分たちでやり方を決めたことが当番活動への期待感となり、一人一人が責任をもって果たそうとする気持ちをもつようになります。

幼稚園・保育園では

　園生活で生活習慣の幅を広げていくために、当番活動の工夫をしています。保育者の手伝いなどをきっかけに手順ややり方を知り、自分たちでできることが増えていきます。こうして次第に、自分たちでできることが増えることで、個とのかかわりから集団でのかかわりへと意識に広がりが見られるようになります。そして、仲間と共にクラスでの生活を自分たちで進め、過ごしやすい環境づくりのためにはみんなで協力することが必要であると気付くようになっていきます。

小学校では

　学校生活の中で友だちと協力して仕事をすることは、人の役に立つ気持ちを育てるとともに、仲間と協力して活動することの大切さを学ぶことにもつながります。本来、当番活動は「学級のために必要な仕事」であり、係活動は「学級がより良くなるためにあるとよい仕事」です。1年生では、当番と係活動が混ざった活動から始め、教師の助言をもとに、徐々にそれらの内容を分化させていきます。学級には何が必要かを自分たちで考えて活動内容を工夫するようになります。

5歳児2学期

当番のやり方が分かり、仲間と分担・協力をしながら進めていく。

「自分たちでできるよ！」

 活動例　ウサギの世話、お茶くみ、あいさつ、保育室の掃除など

1年生入門期

学級でする仕事を考え、より良く生活していこうと工夫する。

学校生活を楽しくしよう

 活動例　クラスのルールを考えよう、楽しいクラスにするための係を考えよう（学級活動）　など

みんなでやろうよ！

　当番活動は、内容によって個々で取り組むものとグループで取り組むものがあります。これはグループ当番でウサギの世話をする場面です。様子に合わせて、仲間と教え合ったり助け合ったりしながら進めていけるように援助します。

A　児：みいくん（ウサギ）のお世話を始めよう！水替えるね。
B　児：誰かトレイ洗うの手伝ってよ〜。
A・C・D児：…。
保育者：どう？当番進んでいる？
　　　　トレイ洗う人Bくんだけなの？
　　　　それはちょっと大変だね。
　　　　手伝ってくれる人がいるといいのにね。
D　児：わたし、あんまりやったことないけれどやってみる。
保育者：やり方がまだわからないかな？
B　児：水を入れてはじっこをよく洗うんだよ。
D　児：こう？
B　児：そう。
保育者：うれしいね。一緒にやってくれる人がいるとうれしいよね。Bくん！みいくんも、きっと喜んでいるよ！
D　児：Bくんが教えてくれたから、やってみたらできた。
保育者：Bくんの教え方が上手だったんだね。
D　児：Bくん、ありがとう。

　当番活動を分担して行う中で、B児やD児の声を保育者が受け止めて言葉にしたことで、ウサギの世話を進めていくことができました。幼児自身が教えてあげようとするやさしさや、教えてもらった感謝の気持ちを互いに感じられるようにすることが、友だちの良さ、仲間と協力する良さを感じる機会につながるようにしています。

もっと たのしい クラス（学級活動）

　1年生になって、友だちと仲良く生活するために、教室でどう過ごすかを考え、「朝来たらどうするか？」など、まず学習の準備をしっかりできるようにします。また、自分たちのクラスがより良くなるように当番・係活動を行います。

A　児：生活科でザリガニをつかまえてきたよ。
B　児：どうやってお世話をするのかな？
C　児：先生に聞いてみようよ！
A　児：本を読んでみると書いてあるかもしれないよ。図書室に行ってみようよ。
B　児：お世話をする係と、みんなにお知らせする係をつくってみたらどう？
教　師：紙に書いてみるといつでもみんなに見てもらえるね。
C　児：みんなでザリガニのポスターを作ってみようよ！

教　師：仲良しのお友だちがもっと増えるにはどんなことをしたらいいかな？
A　児：いつも同じじゃなくて、いろんな人と遊ぶといいと思う。
B　児：いろんな人と遊んで何するの？
C　児：たくさんの人で遊べる遊びを考えてみようよ。
D　児：あっ、ぼく知ってるよ！
B　児：じゃあ、朝の会の時間にみんなで遊ぶように呼びかけてみようよ。
C　児：あそび係をつくってみたらいいんじゃない？

　学校生活では、様々な場面で協力が必要になってきます。その中で、自分たちのクラスを意識し、より良くしようと工夫する姿勢を育てていきます。「どうすれば、よいか」を考える中で、今後、学年や学校、地域へと活動を広げる素地をつくっていきます。

第1節　遊びっ子 学びっ子 接続ブック　089

5 生活　基本的生活習慣編

生活の仕方が分かりスムーズに過ごすには

5歳児1学期

片付けの仕方や、物のある場所が分かり、安心感をもつ。

「自分でやれるかな。」

 朝・夕の身支度、ロッカーの整理整頓　など

ここが自分の場所

進級してクラスが変わり、保育室、物の置き場、使い方などが変わります。

●早朝保育が終わり、みんなそろうと…。

すぐにできる子と時間のかかる子、気付く子と気付かない子など個人差はあるものの、自分の物がある場所やその使い方が分かるように工夫したり、声かけしたりすることで、自分でできるようになり、安心して過ごせるようになります。

5歳児2学期

生活に必要な毎日の身支度や活動の準備が自分からできるようになる。

「自分でできるよ。」

 身支度の確認、活動の準備、足りない物への気付き　など

もう　やっておいていい？

生活の流れや自分の物の置き場所、居場所が安定すると、次の活動を見通し、自分からやろうとします。

●早朝保育が終わり、各保育室に移動すると、自分たちで活動を始める。

2学期くらいになると、毎日の生活の流れがしっかり理解できて、朝の身支度を自らすすんでするようになります。次の遊びへの期待と目的をもって、積極的に自分から行動できるような環境づくりを心がけています。

幼稚園・保育園では	小学校では
園生活で、自分の持ち物や物の置き場が分かり、その使い方を理解してスムーズに身支度できることで、安心して生活に見通しをもったり、活動に参加したりすることができます。 　自分のことは、できるだけ自分でやるという自立を目指して進めていきます。	小学校では、幼稚園や保育園で経験してきた、自分の持ち物の管理の仕方などを生かし、絵や実際の写真を使って見ただけで理解できるようにし、習慣化させていきます。少しずつ文字など言語での理解ができるようにはなるが、1年生のうちは、常に目で見て確認できるようにしています。また、より自立を促すために、どんな場面でも児童が自分自身で確認できるようにしていきます。

5歳児3学期

自分の身支度だけでなく、簡単な連絡や伝達ができるようになる。

「もっとできるよ。」

活動例 予定や連絡の伝達、お便りを渡す など

1年生入門期

自分の身支度や物の管理ができて、家庭への連絡や伝達ができるようになる。

「伝えられるよ。」

活動例 予定や持ち物などの連絡を伝達する、学校で配布される手紙を連絡袋に入れて家庭へ届ける（学級活動） など

お手紙渡してね

　自分の身支度とともに簡単な連絡や伝達事項を伝えることができるように進めていきます。

● クラス便り、園便りなどを保護者に渡す。

「大切なお手紙です。必ずおうちの人に渡してください。」

「今日は半分の半分に折ってお便り帳にしまいましょう。」

「は〜い。何回半分に折ればいいの？」

● 明日の予定や持ち物の確認、集合時間など簡単な伝達をする。

「明日は少し遠くにお散歩に行きます。水筒を持ってきてください。」

「水筒の中は、お茶かお水だよね。」

「そうです。明日は9時に出発するので8時45分までに来てね。ちゃんとおうちの人に言えるかな？」

「は〜い！」

　プラスワンができるようになります。予定や持ち物、必要な連絡や伝達をすることの大切さをきちんと理解できるように、簡単な連絡や伝達から始めていきます。

手紙をおうちの人に届けよう（学級活動）

　配られた手紙を列の前から後ろに渡す、配られた手紙を連絡袋にしまえる大きさに折り曲げる、家庭に学校からの伝達事項を伝える、ということができるようになります。

● 手紙を座席の前から後ろへ手渡す。

「はい、どうぞ。」「ありがとう。」

● もらった手紙を連絡袋に入れる。

「はしっことはしっこをそろえて、2回折れば連絡袋に入るね。」

「折ってはいけない大事なお手紙もあるよ。」

● たくさん手紙が配られた時に。

「4枚のお手紙を配ります。」

「『ⓒ4まい』と書くと分かりやすいですよ。」

「お手紙がたくさんあるね。4枚あるのか確認しておこう。」

「何枚あるのか書いておくと、後でも確認できるね。」

　年度はじめ、小学校では大量の配布物が配布されます。内容が重要なものも多く、確実に家庭へ伝える必要があります。そのため、児童だけでなく家庭でも保護者が確認できるように、折りたたんで手紙を連絡袋に入れたり、手紙の枚数を書かせたりすることで、確実に伝えるようにしています。

6 生活　規範意識編①

生活に必要なきまりやルールを身に付けるには（片付け編）

5歳児1学期

自分のことだけでなく周りの様子を見て、必要性に気付いていく。

「一緒にやったほうがいいね。」

活動例　ごっこ遊び、新入園児歓迎会の準備、製作 など

5歳児2学期

やるべきことが分かって、どのようにすればよいかを考えられるようになっていく。

「みんなが使う場所も片付けよう！」

活動例　大掃除、誕生会出し物の準備、当番活動 など

一緒に片付けよう

5人の女児でハンバーガー屋さんごっこを楽しんでいましたが、片付けの時間になると、自分の使った物だけ片付ける子と、最後まで片付けようとする子に分かれてしまいました。

自分が使った物だけでなく、みんなで一緒に片付けることの大切さを感じたようです。このように、様々な場面を通して、みんなで一緒に片付けることの意味や必要性を感じられるようになっていきます。

みんなの場所も掃除しようよ

2学期の終わりに、自分たちで遊んだ場所を分担して大掃除する相談をしています。大掃除をする大切さを感じて、どこを掃除したらよいかを考えています。

みんなが使う場所を考えながら、大掃除をする所を考えていくことができました。このころになると、自分のことだけでなく、周りのことも考えながら行動していく大切さを感じることができるようになってきます。

幼稚園・保育園では	小学校では
園生活を送る中で、守らなくてはいけないきまりや、必要性を感じて自分たちでつくっていくルールがあります。幼児期に大切なのは、そのきまりやルールを「守らされる」ことではなく、守っていくことの意味や大切さが分かったうえで、自分から守ろうとする態度を身に付けていくことです。日々の様々な体験を通して、きまりやルールを守れたり守れなかったりした時の心の葛藤や成功体験を積み重ねていく中で、子どもたちは規範意識を身に付けていきます。	児童が成長するということは、同時に社会や集団の様々な規範意識を身に付けていくことでもあります。そのためには、きまりやルールを守ることができるようにすることも大切なことの1つです。その過程で公共物の扱い方を学んだり、きまりやルールの大切さについて考えたりしていきます。そして、きまりやルールを守ることが、気持ちよく生活できることにつながっていくことを理解できるよう指導していきます。

5歳児3学期

自分たちのことだけでなく、相手のことを考えて、どのように動いたらよいか、何をすればよいかを考えられるようになってくる。

「みんなのことを考えるのは大切だよ。」

 活動例　当番活動の引継ぎ、生活発表会　など

1年生入門期

今まで身に付けたことを生かして、新しい環境でのルールやマナーを学んでいく。

学校大好き、友だち大好き

 活動例　学校のきまり（学活）、がっこうたんけん（生活科）　など

年少さんが危なくないようにしたよ

　生活発表会に向けて、グループの活動をしています。片付けの時間になり、人形劇のグループは人形劇の台をどこに片付ければ明日も使いやすいか、みんなの邪魔にならないかなどを考えて相談を始めました。

　自分たちのことだけでなく、友だちや身近な人のことも気にかけて行動する姿が多く見られるようになってきました。自分たち以外にも、場所を使う人たちのことを考えて、いちばん良いと思う片付け場所を見つけることができました。

学校大好き、友だち大好き（特別活動）

　入学後、毎日使うくつ箱。新しい環境になっても、今まで使ってきたくつ箱のことを思い出します。また、友だちの片付け方を見ながら、きれいに片付ける方法を考えます。きちんと片付けることの大切さに気付いてもらいたいと思います。

　入学すると、自分で管理しなければならない物がたくさんあります。整頓されていると使いやすいことや気持ちがよいことを体感させることで、自主的に片付けようという意識が身に付くことが期待できます。

7 生活　規範意識編②

生活に必要なきまりやルールを身に付けるには（時間編）

5歳児1学期

遊びや活動の中で、保育者が決めた時間を守ろうとする。

「時間になったよ。」

活動例 室内での自由遊び、園庭遊び　など

片付けの時間になったよ

　年長に進級した当初は、はじめて使う遊具に夢中で、片付けがなかなかうまく進みません。保育者が片付けの時間を決めて、子どもたちに伝えました。

- 時計の長い針が6になったら片付けようね。
- 長い針が6になったらね。
- これ、おもしろい！
- 分かったあ！
- みんな、お片付けの時間だよ！
- あっ、大変！6を過ぎているよ！
- もっと遊んでいたいなあ…。
- もう、とっくに過ぎちゃってる！
- もう遊んでたらダメだよ。
- みんなで協力すればすぐに片付くよ。
- よーし、がんばろうよ。
- 今からすぐ始めようよ。

　遊びに夢中でなかなか片付けられなかった子どもたちは、時間を気にするようになってから、少しずつですが、行動を合わせられるようになってきました。

5歳児2学期

次の活動に進むために、時間を守る必要があると分かり、積極的に行動する。

「時間を守ることは大切なんだね。」

活動例 室内での自由遊び、プール遊び、運動会　など

先生、何時になったら次の○○する？

　プールの季節がやってきて、子どもたちはとても楽しみにしています。その前に、運動会の練習もしないとならないのに、友だちと始めた遊びをどうしても止められません。

- 見て見て！こんなに高くできたよ！
- もっと高くブロックを積もよ。
- スカイツリーより高くなっているね。
- そろそろお片付けの時間かな？でも…、壊したくないなあ。
- 片付けの時間を過ぎてる！
- 運動会の練習ができないよ。
- プールに入る時間も少なくなっちゃうよ！
- プール入りたいな！
- 先生！片付けが遅くなったから運動会の練習はしなくていい？
- 運動会の練習はとても大事だから毎日やるよ。もっと早く気付くとよかったね。このままだとプールも少ししか遊べないよ。
- 明日からはもっと早く約束の時間に片付けようよ！
- 時間を守らないと楽しいことができなくなっちゃうもんね。

　楽しい遊びをしていて、約束の時間をきちんと守らないと、次の活動に移行できなくなることがあると気付きました。失敗の体験をしたことで、時間を守ることの大切さを感じることができました。

幼稚園・保育園では

　毎日心地よい生活を送っていくためには、時間を理解して守ろうとする態度を身に付けていくことが重要です。生活体験を通して、時間を守って生活したほうが楽しいことが分かると、幼児は、次第に自分たちで相談して時間のルールを決めるようになります。互いにきまりやルールを守ることが生活には必要なことが理解できるようになっていきます。

小学校では

　児童が成長することは、同時に社会や集団の様々な規範意識を身に付けていくことでもあります。そのためには、きまりやルールを守ることができるようにすることも大切なことの1つです。その過程で公共物の扱い方を学んだり、きまりやルールの大切さについて考えたりしていきます。そして、きまりやルールを守ることで気持ちよく生活できることにつながっていくことが理解できるよう指導していきます。

5歳児3学期

生活や遊びの中で、自分たちで区切りの時間を決めて行動する。

みんなで決めた時間を守ろう！

活動例 生活発表会、ドッジボール など

1年生入門期

授業時間と休み時間の違いを知り、自らチャイムの音を聞いて行動する。

チャイムに合わせて行動しよう

活動例 各教科、休み時間（特別活動、道徳） など

時間を決めて遊ぼうよ

　前の遊びのきりがつけられず、布団敷きの当番が終わらないので、ドッジボールができない日が続きました。

- このごろ、いつもドッジボールができないね。
- みんなが集まってくれないからチームがつくれない！
- このままじゃ、いつまでたっても遊べないよ！
- どうしたらいいのかな？
- 時間を決めたらいいんじゃない？
- その時間になったら、みんなでちゃんとドッジボールを始めようよ。
- じゃあ、何時にする？
- 布団しき当番さんが園庭へ出てきたらドッジボールしよう。みんな、ちゃんと約束を守ろう！

　これまでは、おとなに決めてもらった時間を守ろうとしてきましたが、このころから少しずつ自分たちで時間を意識し、考えて、相談して決めた時間を守ろうとするようになりました。

授業が始まります（道徳）

　幼稚園や保育園と違い、授業時間や休み時間など時間がはっきりと決められています。時計の読み方も学習していないので、はじめはなかなか時間の感覚がつかめない時もありました。

● 絵を見て、休み時間の後の行動や授業の態度について気付いたことを話し合う。

- おしゃべりをしているよ。
- 授業の準備をしていないよ。
- 立ち歩いているよ。
- どうして、時間を守らないといけないのでしょうか。

● これまでに、時間を守って良かった経験について話し合う。

- 時間を守ったら、遊び時間が長くなったよ。
- みんなで時間を守ったら、待つ時間が少なくなったよ。

● 教師が、説話を通して時間が大切であることを伝える。

- 昔の言葉で「時泥棒」という言葉があります。昔から時間はお金と同じくらい大切だと言われてきています。みなさんも時間を大切にしましょうね。（※江戸しぐさ「時泥棒」より）

　絵から、どんなことをしている子がいるのか、どんなことを考えているのかを想像することで、なぜ時間を守ることが大切なのかを考えることができました。また、時間を守って良かった経験を思い起こし、時間を守ることは良いことだと実感することができました。

8 学び　興味・関心編①

興味・関心を引き出すには

5歳児1学期

子どもがやりたいと思っている話をすることで、より聞こうとする姿が芽生える。

「聞いてみようかな…。」

 活動例　朝の会、当番活動、製作　など

当番やりたい！

年中のころから年長の当番活動を見ていた子どもたち。「自分も…。」と、やりたがっていたので、年長に進級したら、早速、次のような取り組みを始めました。

- みんな、当番って知ってる？みんなが今、やってくれている机ふきは前の年長さんもやっていたんだけど、当番っていうんだよ。
- 朝の会で、保育者が「みんな、当番って…。」と話を始めると、ざわついている中でも当番という言葉に反応して聞こうとする姿が見られました。

- 机ふきをしていたよ。
- ゴミ集めもしてたよ。

- みんなも当番したい？どんな当番をしたいですか？
- やりたい！
- ぞうきんがけもしなきゃ！

子どもが興味や関心をもっている話をすると、いつもは話を聞けない子も、聞こうとする姿が見られるようになります。保育者は、子どもが何に興味をもっているかを探り、いろいろな活動に取り入れて話をするようにしています。

5歳児2学期

話を聞いていないと困ることが分かり、自分から聞こうとする姿が見られるようになる。

困らないようにするために

 活動例　朝の会、運動会練習、プール遊び、リレー　など

リレーをするから並んで！

リレー遊びの時、並び順を聞いていなかった子どもが、自分がどこに並んだらよいか分からなくなってしまいました。そこで、話を聞く必要性を伝えました。

- 今からリレーをするよ！順番はだいじょうぶ？Cくん、どうしたの？
- ぼくは、赤チームでAちゃんの後ろだ！
- Bくんの後ろに並ぶんだよ！
- ちゃんと聞いていたから並べるよ！
- ぼくは順番わからなくなっちゃったから1回見てていい？

聞いていないと自分が困ることを伝えながら、話を聞くことができるよう子どもたちとかかわっています。話をする時間を短くして、聞いていたから自分でできたという経験が積み重なるように工夫しています。

幼稚園・保育園では

話を聞くことは、乳・幼児期の言葉の獲得にもつながるはじめの1歩です。相手の話を聞く時に、そこに気持ちがなければ、聞いていることになりません。小さな子どもたちでも、興味や驚き、発見などに気持ちが集中すれば、しっかりと話を聞くことができます。

小学校では

小学校では、話をしっかり聞いて学習したり行動したりすることが基本になります。相手の話を聞く時に、ただ姿勢を正しくしているだけでは、話の内容を確実に理解することができません。すべての児童が興味・関心をもって話を聞くことができるように、児童の生活にかかわる題材を授業の中で取り入れるなどの工夫をしています。

5歳児3学期

毎日の生活の流れの中で、次に何をするのか気付くようになる。

「これから話が始まるよ。」

活動例　一斉活動、集まり、お別れ遠足　など

1年生入門期

身近な題材を取り入れることで、興味をもって楽しみながら話を聞き、理解するようになる。

「合わせていくつ？」

活動例　たねまきのじゅんび（生活科）、いくつといくつ（算数）　など

ねえねえ、静かにしよう

毎日行われる朝の会で、子どもたちはトイレに行ってから自分のテーブルに着席します。それと同時に、隣の友だちとのおしゃべりが始まりますが、次に何が始まるのか自分たちで気が付くことを大切にしています。

今までは、子どもたちに言葉をかけて保育者の話に集中するようにしていましたが、3学期から静かに待つという働きかけに変えていきました。

最初に気が付いたのは、いつも静かなAちゃん。

活発なBくんが気付いて、みんなに声をかけてくれました。保育者が子どもを待つ姿が伝わり、友だちの声かけで気が付いた子も静かになり、全員が保育者に集中しました。

> 友だちの些細な変化に気付いたり、声をかけ合ったりする姿が見られるようになりました。自分たちで気が付き、「静」と「動」の切り替えができるように、「見守り」や「待つ」という工夫もしています。

アサガオの種を合わせると…？（生活科）

算数科のたし算の授業で、生活科の時間に育てるアサガオの種を題材にした問題を投げかけます。身近な題材であるアサガオの種を使うことで、子どもたちは興味をもって問題に取り組みます。

※今日の学習問題を確認する。

> ○○さんは、アサガオのたねを3こもっています。○○さんは、4こもっています。あわせてなんこでしょうか。

> 自分たちで育てたアサガオの種を題材にすることで、興味をもって問題を解いたり、友だちの考えを聞いたりするきっかけになります。また、アサガオの種を実際に動かすといった算数的活動を楽しく行うことができます。

第1節　遊びっ子 学びっ子 接続ブック

9 学び　興味・関心編②

楽しく運動するために～どんなルールもどんとこい！～

5歳児1学期

周りの子の動きを見ながら自分の体をコントロールして動く。

一人一人で

 活動例　色鬼、島鬼　など

5歳児2学期

助けたり助けられたりするゲームを楽しむようになり、相手の動きに合わせて自分の体をコントロールして複雑な動きをする。

仲間を意識して

 活動例　バナナ鬼、氷鬼　など

鬼ごっこ

　保育者が鬼になり、それぞれの子どもに合わせて追いかけたり捕まえたりすることで、体を動かして遊ぶことを楽しいと感じられるようにしていきます。はじめのうちは鬼を1人にすることで、意識する相手の動きを分かりやすくしていきます。

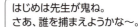

　鬼になり友だちを追いかけたり、鬼から逃げたりしながら、走ることが楽しめるようになることで、周りの友だちの動きを見ながら緩急をつけて走れるようになっていきます。

氷鬼

　自在に動けるようになり動きにも自信が付きはじめ、走ること、逃げること、相手の動きに合わせて追いかけることを楽しめるようになる。遊んでいくうちに、チームの中での助け合いや協力することの必要性をだんだんと感じるようになったり、ルールに合わせた動きを考えたりしながら、楽しむようにしていきます。

　はじめは、自分だけがタッチされないようにしていたところから、相手を助けるおもしろさや、助けた時に感謝される喜びを感じるようになります。はっきりとした陣地などがない中で、仲間意識が芽生え、相手とのかけひきが可能になるとともに、複雑な動きができるようになっていきます。

| 幼稚園・保育園では | 小学校では |

子どもは、誕生後、徐々に運動面も発達させていき、動きを繰り返すうちに、脚力やバランス力が身に付いていきます。遊びの中で様々な動作や運動を十分に経験して体の動きをコントロールし、身体感覚を高めていきます。

そして、全身を使い、様々な遊具や遊びに挑戦していくようになります。年齢が上がるにつれ、集団でルールのある遊びを楽しむようになります。

小学校では、基本の運動を簡単なゲームを通して体力を養うとともにルールを理解し、動きを工夫して楽しく運動ができるようにします。複雑な動きをすることで、多様な動きを身に付けていきます。

また、様々なルールでの動きを経験する中で、誰とでも仲良くしたり、健康・安全に留意して意欲的に運動をしたりすることができるようになります。

5歳児3学期

2チームに分かれ対戦するゲームを楽しむようになり、仲間と協力して、素早く動けるように自分の体をコントロールする。

チームで仲間と

 活動例　島鬼、ネコとネズミ、ドロケイ　など

1年生入門期

チーム対抗で"攻め"と"守り"に分かれて、陣地に宝を持ってかえった数で競い合う。

ルールを守って

 活動例　鬼遊び（体育・道徳・特別活動）　など

ドロケイ

チームに分かれ対戦することで、相手チームの子を捕まえたり仲間を助けたりすることを楽しむようになります。同じチームの友だちと連携しながら動くことを意識するようにしていきます。緩急をつけて走るほか、複数の相手を意識し、多方向の動きに気を付けながら走ったり身をかわしたりしていくようになります。

捕まえたり、逃げたり、助けたりと動きが複雑になっていくことで、対戦相手や仲間の動きを意識していくようになります。相手を意識することで、それに合った動きを判断したり、仲間と協力しながら動いたりするようになっていきます。

宝取り鬼（体育）

全身を使った運動がこれまでよりなめらかで巧みに行えるようになり、全力で走ったり、跳んだりすることに心地よさを感じるようになります。そのため、複雑な動きが含まれる様々なルールでの鬼遊びの経験をさせていきます。

●攻め（例）
鬼をかわして宝を取ろう！

ぼくが先に行くから、
後からついておいで！

同時に一気に
走り込んでみよう！

ぼくは右側を走るから、
左側を走ってみて！
フェイントをかけてみる！

●守り（例）
あの子は足が速いから
2人で守ろう！

絶対にここを通さないぞ！

宝を取りに行くためには、相手チームの鬼からタッチされたり、タグを取られたりしないように、鬼をかわすことが大事になります。鬼がいないスペースを探して走り込んだり、フェイントをかけたりして、鬼をかわす楽しさを味わうことができます。

10 学び　興味・関心編③

身近な自然への興味・関心を高めるために

5歳児1学期

自分たちで世話をし、育てる楽しさを経験する。

「いろいろな苗を植えよう！」

 花の種まきや球根植え、身近な昆虫の飼育、野菜の苗植え　など

5歳児2学期

同じ植物でも形に違いがあることに興味をもち、自分たちで調べてみようとするようになる。

「どうしてだろう？調べてみよう！」

 散歩、遠足、季節による植物の変化、虫や動物の飼育　など

この葉っぱトマトの匂いがするよ！

　5月に、夏野菜の苗（ナス、トマト）を植えました。昨年、キュウリを植えた時は苗に小さな実が付いていたので、何の苗かすぐに分かりました。今年は、茎や葉の色や形を観察したり、匂いをかいでみたりして、何の苗か当てっこしました。身近な野菜に興味をもち、食への意欲にもつなげたいと考えています。

苗への興味・関心を高めたことで、生長にも関心をもつようになり、収穫を楽しみにしながら、すすんで世話をしたり、変化を見つけることを楽しみにしたりする姿へとつながりました。

同じ実なのにどうして違うの？

　公園へ出かけた時のことです。木の下に落ちていたマツボックリを拾い、友だちの拾った物と形の違いがあることに気付きました。みんなでそのおもしろさを共有し、図鑑で調べる楽しさを感じてほしいと思います。

　図鑑を見て木の実の性質を知ったことで、分からないことや興味をもったことを調べる楽しさを感じることができました。不思議さやおもしろさを感じることができたことで、木の実などの自然物への関心も高まり、園内外で興味をもって見るようになりました。

幼稚園・保育園では

園生活では身近な自然に親しむ経験を通して、その不思議さやおもしろさを感じ、興味や関心を高めていくことを大切にしています。飼育物や栽培物に親しんだり、園内外の自然を遊びや生活の中に取り入れていくなど、遊びや生活の様々な場面で自然に触れる機会を設けていくことでおもしろさや不思議さに気付いたり、大切にしたりする気持ちを育んでいきます。

小学校では

主体的に学ぶ力を育てていくため、生活科の特質である直接体験を重視した学習活動を展開していく必要があります。校庭や地域の公園へ出かけ、自然と触れ合う中で、様々な体験や気付きの視点を広げていきます。また、気付いたことを交流することで気付きの質を高めていくことが大切です。

5歳児3学期

日当たりの違いや場所による寒暖の差など、これまで体験した知識を生かして、考えたり試したりするようになる。

「場所によって温度が違うよ！」

 氷作り、霜柱探し、影踏み、植物の栽培 ウサギの世話　など

1年生入門期

季節の変化に目を向けさせるため、年間を通して校外学習に出かける。活動の繰り返しにより、気付きを深め、広げていきます。

春と仲良し

 春探し、夏探し、秋探し、冬探し、アサガオを育てよう（生活科）　など

暖かい所に置いてあげよう！

ウサギの当番を終えた子どもたちが、最後にウサギのケージをどこに置くかについて話しはじめました。日当たりの良い所とそうでない所があることに気が付いて、ウサギのケージを置くのにいちばんいい場所を見つけてほしいと考えています。

氷を作ったり霜柱を探したりした経験から、陽が当たる所が暖かいということを知っていた子どもたちは、ウサギのために、いちばん暖かい場所を見つける相談をしていく中で、これまで経験したことをもとに、いちばんいい所を見つけようと考える姿へとつながりました。

学校の周りで春を見つけよう（生活科）

身近な自然を観察したり、遊びの中で様々な活動を経験したりすることにより、四季の変化や季節によって生活の様子が変わることに気付かせたいです。

・友だちの発表を聞くことによって、新たに知ることがあり、自分と比較して考えを広げることにつなげていきました。
・季節ごとのビンゴカードを作成し、見つけた気付きをまとめていきました。
・季節や自然に関する本の読み聞かせを行うことで、自然科学的な視点が広がっていきました。

自然を見取るための視点をもたせるとともに、気付きの見取り表を作成しながら観察しました。観察後には、児童の気付きを表にしてまとめたことにより、自然への興味・関心が高まりました。

⑪ 学び　興味・関心編④

身近な物の中から数を見つける力を付けるために

5歳児1学期

生活や遊びの中にある色や、色の種類や数の多少などに興味をもつ。

仲間で集めよう

活動例　砂遊び、ままごと、積木の片付け、仲間集めゲーム、夏野菜を種類ごとに集める　など

同じ物・仲間を集めて片付けよう！

　園では、子どもたちが遊んだ後、"楽しく""自分で"片付けができるように、物の種類ごとに表示を付けています。色、形、種類を考えて、それに対応した場所へ片付けられるようになります。

砂場道具を片付けよう！

　幼児は砂場が大好きです。シャベルを使って穴を掘る、砂を積み上げて山を作る、乗り物の形をした玩具を使って遊ぶことを楽しみます。幼児の中には、シャベルの色や形にこだわって使う姿も見られます。

　物を片付ける時、同じ用途の物でも、色や形が違うと混乱する姿が見られます。繰り返し遊ぶ中で、道具の用途や種類が分かるようになると、色や形が違っても、「型抜き」「シャベル」というまとまりで捉えることができるようになります。1年生入門期の「集合で捉える」につながっていきます。

5歳児2学期

給食を友だちに配る、ドッジボールの人数合わせで2人ずつ並ぶなど、遊びや生活の中で1対1の対応を意識できるようになる。

1人に1つ

活動例　給食当番（友だちに配る）、ドッジボールの人数合わせ、物を分ける・配る　など

何人と何本？

　給食当番活動をする時に、各グループの人数を数え、1人に1本ずつスプーンや皿を配ることで、1対1の数の概念を身に付けています。

　各グループの人数が分かっていて、休みの友だちを確認しながら、スプーン、箸、皿などを配ります。グループの人数が5〜6人と少ないので、5歳児でも1対1を対応させて配ることができます。

幼稚園・保育園では	小学校では
園では、遊びや生活の中で「数」につながる直接体験ができるよう、意図的な環境設定や働きかけを行っています。その中で、物の名前や仲間などの概念、例えば、同じ仲間をまとまりとして捉える（形、色、大きさ）、仲間分けすることなどを学んでいます。また、教材の配布、給食やおやつの配膳といった意図的な活動の中で、1対1の対応も経験できるようにしています。	園での日常生活の経験をもとに、数える物のまとまりをしっかりと捉え、物と物を正しく対応させることから学習が始まります。まず、「～の仲間」などのように、ある観点や条件に当てはまる集まりとして捉えられること、次に「その仲間がどれほどいるか」などのように、その大きさという観点から捉えることを学んでいきます。

5歳児3学期

ドッジボール、かるたなどの勝敗を、並べて比べる、高さで比べるなどの方法で数を比較できるようになる。

多い？少ない？

活動例：かるた・トランプ・坊主めくりの勝敗を決める、ドッジボールの勝敗を決める　など

1年生入門期

絵を見て、児童の自由な発想の中から、仲間や数が抜き出せるようにする。

集合を見つけよう

活動例：仲間づくり（算数）　など

どっちが勝ったかな？

　ドッジボール、かるたなど、勝敗がつくゲームを楽しむ姿が見られます。勝敗を決める時に、内野の人数やカードの枚数を数える機会があります。その中で、並んだり、高さを比べたりしながら、数の多い・少ないといった感覚を身に付けていきます。

みんなでドッジボールをしましょう。並んでください。

はーい。2人組をつくって並ぶんだよね。

そうだね。両方のチームの人数合わせをするよ。

先生、みんな2人組ができたから、人数同じになったよ。

　ドッジボールのような集団遊びのチーム決めをする時、2人組をつくることで、互いのチームの人数が同じであることを確かめます。また、勝敗は、内野に残った人がチームごとに並び、人数の多い・少ないを比較して決めることができるようになります。

仲間づくり（算数）

　絵を見て、子どもたちが見つけた仲間をもとに問題を出し合います。その仲間の観点や条件を考えたお話をすることを通して、いろいろな観点や条件に応じて集合を作る力を身に付けていきます。

友だちがお話をする動物を見つけてみましょう。いろいろな仲間を見つけて友だちにお話しましょう。

まだ学校にいるのは誰でしょう？

サルさんとキツネさんだよ。

先生は誰でしょう？

ライオン先生とクマ先生だよ。先生は2人いるよ。

　子どもたちが見つけた集合をもとに問題を出し合うことで、物のまとまりを捉える力が期待できます。さらに、身近な物の中から数を見つけ、楽しく学習していきます。「仲間づくり」を通して、数量の多少に関心をもたせていきます。

⑫ 学び　興味・関心編⑤

数についての感覚を豊かにするために

5歳児1学期

生活の中で、身近な物の数を数えられるようになる。

数を数えよう！

 なわとび、虫捕り、鬼ごっこ　など

友だちと数を数えてみよう！

普段の遊びの中で、回数や物の数を数える活動をします。

何回も繰り返し数えていく中で、自然に数への関心を高めていきます。

5歳児2学期

数と具体的な物の数をそろえられるようになる。

数をそろえよう！

 配布物を配る、給食当番　など

数を数えて配ってみよう！

一斉活動の中で、人数を数えて、その人数に対応する物やプリントを配ります。

回数を重ねるごとに、スムーズに数を合わせることができるようになっていきます。

幼稚園・保育園では	小学校では
園生活では、遊びの中で自然に文字や数字に触れ、「知りたい」という気持ち、興味・関心を育てるような環境づくりを心がけています。また、数字、文字を自分たちで遊びの中に取り入れて、楽しめるようになってほしいと思っています。子どもたちの知的な興味を「学びの芽生え」として大切に育て、小学校教育につなげていきます。	特に小学校の低学年では、具体物を用いた活動などを通して理解の基礎となる経験を重ね、数や量の大きさなどの感覚を豊かにすることができるよう指導していきます。 また、数量やその関係を、言葉、数、式、図などに表したり読み取ったりできるようにしていきます。

5歳児3学期

自分たちで人数を調整して、チーム分けができるようになる。

数を調整してみよう！

 活動例　ドッジボール、ドロケイ、リレー　など

1年生入門期

物の集合を捉え、集合の条件や観点を意識するようになる。はじめは1〜10の数え方や読み方、書き方から入り、1年生のあいだに120程度の簡単な3位数まで学ぶ。

数の意味と表し方

 活動例　仲間づくりと数、いくつといくつ（算数）　など

同じ人数いるかな？

ドッジボールのチーム分けをする中で、相手チームと手をつないで人数が足りているか、足りていないか考えます。

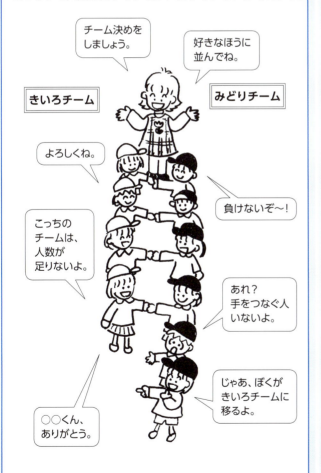

はじめは、おとなの指示を聞いて動いていましたが、自分たちで人数を合わせられるようになっていきます。

仲間づくりと数（算数）

これまでの日常生活での経験をもとに、教科書の図から、ウサギと一輪車の数を比べたり、同じ数の仲間を探したりします。

いくつかの仲間の数を比べる時には、線を引くなどして、比べるようにします。また、直接1対1で比較できない場合は、おはじきやブロックなどの半具体物などを用いて比べられるようにすることで、数や量の大きさについての感覚を身に付けていきます。

⑬ 学び　興味・関心編⑥

聞き方名人を育てるために

5歳児1学期

遊びの中で、より楽しく過ごせるように、自分なりに考えたことを身近な人に話そうとするようになる。

「○○○したよ～。」

　絵本の感想を発表する、グループの話し合い　など

5歳児2学期

自分の思いや考えを相手に伝わるように話そうとしたり、必要性を感じて自己をコントロールしたりして、話を聞く態度が育つ。

「聞いてもらえて、うれしいな。」

　夏休みの体験の発表、リレーやドッジボールのチーム決め　など

相手に聞いてもらえてうれしいな　聞くって楽しいな

　人の話を聞くためにも、まずは自分が話を聞いてもらえる喜びを感じられるようにしていきます。そして、おはなしを見て、聞いて、想像する楽しさを味わえるようにします。

● 保育者や自分の好きな友だちとたくさんお話ししましょう。

● 話を聞いてもらうことで満足感につながり、もっと話そうという意欲もわきます。

● 「おはなしっておもしろいな…。」と感じられる機会を大切にしています。

　子どもたちは話を聞いてもらうことで満足感を得ることができ、もっと話そうという意欲がわきます。また、みんなでルールをつくったことで、クラス全体で話を聞く時の共通の理解をすることができました。聞いてもらえる喜びや聞く楽しさを十分味わえる機会を大切にしています。

みんなの前で話をしよう
（夏休みの思い出）

　夏休みの体験を発表し合っている場面で、A児の発言をきっかけに、他の園児も楽しそうに話に参加しました。「話を聞いてもらってうれしい」という気持ちから、「相手の話も聞こう」とする態度へつなげていきたいと思います。

保育者：夏休み、楽しかったことは何ですか？
A　児：おじいちゃん、おばあちゃんの家にお泊りしました。花火もしたよ。楽しかったです。
B　児：ぼくも、おばあちゃんちに行ったよ。
C　児：わたしは、おじいちゃん、おばあちゃんと遊園地に行きました。

　他の子も次々に自分の経験を発表しました。良い姿勢で聞いている子がとても多く、発表している子も話しやすそうでした。

――――― 後日 ―――――

　保育者が前に立って話をしようとすると、背筋をピンと伸ばして話を聞く姿勢をとる子もいれば、気付かずにおしゃべりをし続けている子もいて、友だち同士で「静かにするんだよ。」と、注意し合う姿が見られました。
保育者：背筋がピンと伸びている子はステキですね。

　保育者の声かけにみんなが反応し、おしゃべりを止めて話を聞く姿勢をとることができました。

　みんなの前で発表する時の援助と同様に、友だちの話を聞きながら、自分の体験を重ね合わせていろいろなことを思い出したり考えたりできるような言葉かけも大切にしています。そして、「静かに！」と言われなくても、話を聞く時の姿勢に気付いて行動できるようにしていきます。

幼稚園・保育園では

5歳児になると、人間関係が深まり、安心して園生活を送ることができるようになります。年長者としての役割も増え、それらをやり遂げることで達成感や自信を得ます。日々の生活や行事などで様々な活動をする際には、「聞く力」が必要です。聞く喜びや聞いてもらう喜びを味わわせるといった経験を積み重ねていきます。

小学校では

これまでとは異なる環境で新たな生活を始める1年生。人間関係もゼロから築いていくことになります。新しい友だちや先生との出会いに期待をもたせ、みんなと学ぶ楽しさを味わわせると同時に、学校生活や学習の中で大事なことを落とさずに聞き取る力を育てていきます。また、聞く姿勢については、幼児期の学びや経験をもとにルールを再確認し、継続して指導していきます。

5歳児3学期

相手の話に興味をもち、じっくり聞いたり、共感したりしながら、20分程度集中して聞くことができるようになる。

「話を聞くって、おもしろい！」

 活動例 冬休みの体験の発表、園の思い出の振り返り など

1年生入門期

これまで身に付けてきた「聞く姿勢」を再確認し、大事なことを落とさないように聞くことを目標とする。

正しい姿勢で、よく分かる!!

 活動例 「なかよし」（国語）、「自己紹介をしよう」（学級活動）など

園の思い出を振り返る活動（卒園式に向かって）

園生活集大成の発表会も終わり、卒園のころには、学級全体で楽しかった出来事の感想を発表し合っています。友だちの話に興味をもち、共感しながら20分程度集中して友だちの話を聞けるようになってきます。

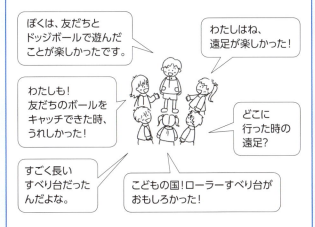

- ぼくは、友だちとドッジボールで遊んだことが楽しかったです。
- わたしはね、遠足が楽しかった！
- わたしも！友だちのボールをキャッチできた時、うれしかった！
- どこに行った時の遠足？
- すごく長いすべり台だったんだよな。
- こどもの国！ローラーすべり台がおもしろかった！

- 20分程度集中して話を聞くことができるようになる。
- 話す人に"目を""耳を""心・気持ちを"向けることを意識して聞けるようになる。
- 保育者や友だちが話す時、自分のことは話さないで聞くことができる。
- 互いに注意し合って聞く態勢をつくれるようになる。
- 2・3個の指示を理解して、行動できるようになる。

幼児は、保育者との信頼関係や友だちとのつながりが深まっていくと相手の話に興味をもって聞けるようになります。また、日常的に感想を伝え合う経験や、幼児自身が聞くために必要な態度を意識して行い、認められる経験を通して聞く姿勢が身に付いていくと考えています。

自己紹介をしよう（学級活動）

自己紹介を通して、担任やクラスの友だちについて知ります。「相手の話を聞くこと」や「相手について知ること」の楽しさが味わえるような、和やかで話しやすい雰囲気づくりが大切です。また、聞く時の姿勢についても指導します。できたことを具体的にほめて意欲を高めていきます。

- 名前、好きな遊び、好きな食べ物など、話す項目を伝えておきます。考える時間も取ります。
- まずは隣同士で、その後、全体に向けて紹介をします。全体で行う際は、数名ずつ何回かに分けて行うと集中して聞くことができます。

> みんなの自己紹介をしっかり聞きましょう。聞き方名人になるには？以下の3つのルールを再確認しましょう。

ルール例①
『ピン・ピタ・グー』の合言葉で覚えよう！
- 背筋を伸ばす（ピン）
- 足の裏は床に付ける（ピタ）
- 机との距離は握りこぶし1つ（グー）
- 目は話している人を見る
- 耳も傾けよう

ルール例③
いすのすわりかた

ルール例②
『ききかたのあいうえお』
- あいてをよくみて
- いしせい
- うなずきながら
- えーるをおくる
- おわりまで

自己紹介は、身近な教師や友だちのことなので興味が高まります。みんなで拍手をしたり、担任が一人一人にコメントしたりして、楽しさが味わえる活動にしていきます。聞き方については、1年生の4月に姿勢や聞き方の手本を示し、掲示することで、ルールを再確認できます。繰り返し、丁寧に指導していくことが大切です。

⑭ 学び　興味・関心編 ⑦

話す力・聞く力を身に付けるには

5歳児1学期

自分の考えや経験したことをみんなの前で話したり、友だちの話を聞いたりするおもしろさを感じながら活動に取り組むようになる。

「おもしろそうだから聞いてみよう！」

活動例　話し合い活動、絵本の紹介　など

5歳児2学期

友だちの話を聞いて、良い表現の方法に気付き、取り入れようとするようになる。

「こういうふうに話すといいんだね！」

活動例　夏休みの経験の発表、運動会の思い出の発表　など

おすすめ絵本を紹介しよう

園で貸し出した絵本を返却する際、おもしろかった絵本を「おすすめ絵本」としてみんなに紹介しています。人前で話す機会、友だちの話を聞く機会を意図的につくることで、話す力、聞く力が育つようにしています。

保育者：『11ぴきのねこ』ね。どんなところがおもしろいのかな？
A 児：だめだったのに食べちゃうの。
保育者："食べないって決めていたのに、食べちゃった"っていうことかな。えーっ！どうしてそうなったの？
A 児：おなかがすいていたから。食べたらおなかがこんなにふくらんだんだよ。

　保育者が子どもの言葉を引き出したり、言葉を補ったり整理したりすることで、どのように話すとよいのか、表現の仕方を知らせるとともに、聞いている子どもたちも興味をもって聞けるようにしています。また、環境的にも、絵本が見やすく、話し手との距離が近く、意識が向きやすいような隊形で活動しています。

運動会の思い出を話そう

運動会後、学級全体で、がんばったこと、楽しかったことについて発表する機会をつくります。共通に経験したことを題材にすることで、興味がもちやすくなります。また、友だちの話し方を聞いて、自分の話し方に取り入れる姿も見られるようになります。

　保育者が友だちの話し方に気付かせることで、どのように表現するとよいのかを意識させています。また、テーブルに分かれて座っても話し手に意識が向くよう、いすを前に向けて活動しています。

幼稚園・保育園では

園では、保育者が子どもの表現の仕方を認めたり、子ども同士の仲介をしたり、友だちの姿に気付かせたりすることで、話す力・聞く力を育てたいと考えています。話しやすい環境、聞きやすい環境に配慮し、「話すこと、聞くことが楽しい」という経験から、「どのように話したらよいか」「どのように聞いたらよいか」を子ども自身が考えられるようかかわっています。

小学校では

小学校では、今までの環境とは大きく変わり、新たな友だちや先生とのかかわりの中で、自分の伝えたいことを順序立てて伝えることはとても大切になってきます。入学当初、身近な話題の中から話したり聞いたりする楽しさを味わい、相手に分かるように主述の整った文で話したり、すすんで聞いたり、友だちの質問に答えたりしようとする活動を行っていきます。

5歳児3学期

目的に合った表現の仕方や言葉の使い方を考えながら、やりとりをしようとするようになる。

「こんなことを言いたいな。」

 活動例　冬休みの経験の発表、修了式の思い出の言葉を考える　など

1年生入門期

新しい友だちとの出会いを楽しみながら、いろいろな友だちの話を聞こうとする。

楽しく話そう

 活動例　友だちと話しましょう（国語）　など

修了式の「思い出の言葉」を考えよう

修了式では、子どもたちが園の思い出を話す場面があります。どんなことを話したいか、どのような言葉で話せばよいか、学級全体、グループで話し合って決めていきます。

- わたしはボールは怖いから苦手だったな。でも、試合で勝った時はうれしかったな。
- ぼくはドッジボールが楽しかったな。
- 投げるのはあまりできなかったけど、逃げるのは上手だったよね。
- じゃあ、「ドッジボールが楽しかったです。ボールは少し怖かったけど、勝った時はうれしかったです。逃げるのが上手になりました。」って言おうよ。
- ドッジボールが楽しかったです。ボールは少し怖かったけど、勝った時はうれしかったです。逃げるのが上手になりました。
- 試合で勝った時は、「ボールから逃げる」かな。
- ボールを"避ける"っていう言い方もあるよ。
- それがいいね！
- 何で勝ったか言ったほうがお客さんに分かりやすいかな。何から逃げるのかな？
- ドッジボールが楽しかったです。ボールは少し怖かったけど、試合で勝った時はうれしかったです。ボールを避けるのが上手になりました。
- すごくよく分かるよ！
- ホールで話す時はもう少し大きい声だといいね。

子ども同士、相手の話を聞いて自分の思いを伝えたり、相手の話を受けて良いところを見つけて伝えようとしたりする姿が見られます。目的をはっきりさせ、どのような表現の仕方がよいかを考えられるようにしています。

友だちと話しましょう（国語）

身近なことを話したり聞いたりする活動を通して、話型を基にして、主述が整った文で相手に分かるように話したり聞いたりする中で、話し方や聞き方のルールを学びます。

- 話し合いをする時に、気を付けることは何でしょう？
- 話す時も、同じかな。
- 相手の目を見て聞くんだよ。

- 大事なことに、よく気付きましたね。それでは、向かい合って話してみましょう。
- わたしは、歌が得意です。
- Bさんの得意なことは何ですか？

- みなさん、上手に話し合いができましたね。次は、好きなことについて、聞いてみましょう。

新しい環境に慣れてきたころに、友だちに質問をしたり答えたりする活動は、子どもも楽しめる内容です。意欲的に話し合っている様子を見て、上手に話せている子どもたちを前に出して手本にしたり、ほめたりすることで、より良い話し方、聞き方が身に付いていきます。

⑮ 学び　表現編①

自信をもって、のびやかに表現しよう

5歳児　前半

色鉛筆、クレヨンなどを用意し、自由に描ける環境を設定する。

自由に描いてみよう

活動例　自分の顔の絵・遠足の絵・育てている植物の絵を描く　など

5歳児

いろいろな道具を使えるようになっている5歳児。それとともに、自信が表現されるようになる。絵だけではなく、その子自身の気持ちに寄り添うことで、その子の絵は大きく変わっていく。

描こう！自分の顔

　クレヨン、色鉛筆、絵の具、サインペンなどで描くことを経験しながら、楽しんで取り組んでいます。まずは、描くことの楽しさを経験することができるよう進めていきます。

「自分の顔を描いてみましょう！今日は、色鉛筆で描いてみましょう！」

「やった〜！わたし、お絵かき大好き！」

「わたしは、うまく描けないなあ。どうやって描こうかなあ。」

「あら、Aちゃんの顔、そっくりでとてもかわいいわね。色も丁寧に塗っていて素敵ですね。」

「大丈夫だよ。Bちゃんはどんな顔の形かな？目は、口は、どんな色で形かな？一緒に鏡を見てみようか！」

「う〜んと、こんな形。色は…。」

「Aちゃんの上手だから、まねっこしてみようっと！」

「うんうん、お友だちの良いところをまねっこすることも大切なことだよね。素敵なBちゃんの顔が描けましたね。」

「描けた！先生、わたしが描いた顔、見て！描いたよ。」

　クレヨンや色鉛筆など、様々なもので描くことを経験している5歳児。他児の絵との違いも少しずつ意識し始めていきます。少し自信がなく、なかなか筆が進まない子どももいます。その時には、友だちの絵を見ながら描くことの楽しさを覚えたり、自分の顔を描く時は鏡を見ながら輪郭、目や耳などの形や色を一緒に確認しながら描いたりしていきます。まずは、のびのびと描くように進めていきます。

描こう！楽しかった思い出を

　運動会、生活発表会などと大きな行事に取り組む子どもたち。たくさん、練習したり、作り物をしたり、子どもたちは本番に向けてがんばります。そして、当日を迎えて、後日、思い出して描きます。

　自分たちががんばり、そして「楽しかった」という達成感をもったことを絵にしていきます。一緒にその時の状況や気持ちなどを思い出しながら進めていきます。絵を描くことに抵抗のある子には、一緒にその時のことを思い出したりしながら進め、少しずつ自信をもてるようにしていきます。

幼稚園・保育園では

はじめて出合う素材や技法が多いため、まずは"楽しく"取り組み、そして「楽しかった」という経験を大切にしています。また、手やスポンジなど、様々な身近な素材も使って経験を積んでいきます。子どもたちの表現を認め、自信をもって描けることを大切にしています。

小学校では

小学校では生活環境や時間の流れが変化し、活動においても多様な面に直面します。そこで、小学校の図工科では、園で体験した道具を使用したり、体験したことを表現したりすることで、安心して学習活動に取り組めるようにします。そのうえで、様々な素材や表現の方法と出会わせるようにします。創造力を豊かにし、のびやかに表現できたことを実感し、内なる自信が高まっていきます。

後半

楽しかったことを思い出して描こう

 運動会や生活発表会の絵・遠足の絵・お休みの時の思い出を描く　など

1年生入門期

校外学習で行った動物園で見た動物や友だちなど、身近な題材を想像力豊かに描く。

のびやかに、見た物・好きな物を描こう

 動物園で出合った動物を描こう、粘土で宝物を作ろう（図画工作）など

描こう！ぼく・わたしと、動物（図画工作）

入学後の春に、2年生に連れられて、動物園に校外学習（遠足）に出かけます。班ごとに行動しながら、好きな動物を見てまわります。学校に帰ったら、楽しかった思い出をもとに、自由に動物を描きます。

楽しかった思い出をもとに、自分の好きな動物を自由に描くことで、意欲的に活動できました。様々な技法と出合いながら、幼児期ののびのびと楽しく描く経験をもとに、自信を高めることができました。

16 学び　表現編②

楽しく音を表現するために

5歳児1学期

曲想や歌詞などから、雰囲気を感じたり様子を思い浮かべたりして、表現することを楽しむ。

歌を感じてみよう

活動例　歌、手遊び、楽器遊び、竹太鼓、歌やリズムに合わせて体を動かす　など

5歳児2学期

いろいろなリズム楽器の音の違いや雰囲気を感じて楽しむ。

「いろんな音があるね！」

活動例　歌、楽器遊び、運動会のリズム表現、誕生会の出し物　など

どんな感じで歌うといいかな？

クラスみんなで歌う場面です。歌の雰囲気を感じ、雰囲気に合わせて歌うように進めていきます。

- 朝のミックスジュースはどんな感じかな？
- こんな感じ！
- 元気になる感じ！
- "やるぞ！"っていう感じ！

- 夜のミックスジュースは？
- ほんわかする感じ。
- ちょっと眠くなる感じ。
- ゆっくりになっていく…。
- じゃあ、そんな感じを込めて、歌いましょう。

歌詞やメロディから感じた歌の雰囲気を話し合い、その雰囲気を込めて歌うことを意識付けたことで、子どもなりに表情、動作、声の大きさ、強さ、速さなどで表して歌うようになりました。

これは楽しい音だね！

リズム楽器の導入として、どんな楽器があってどんな音がするかを聞き、感じたことを出し合っている場面です。まずは音をよく聞くこと、感じることを大切に進めています。

- これから楽器を鳴らすよ。どんな音が聞こえるか教えてね。
- トライアングルは「チーン」。
- 鈴は「リンリン」「シャンシャン」。
- カスタネットは「タンタン」。「かえるのうた」の「ケケケケ…」のところが合いそう！

- 踊ったりする気分！
- トライアングルと鈴はきれいな音！クリスマスの歌をやったらどう？
- 楽器は1つじゃなくて、混ぜてやればもっといいよ！
- いいね！

- これははじめて見る？木琴っていうんだけど。

- ドレミがある！
- やってみたい！

これまでにリズム楽器を鳴らして遊んだ経験があり、それぞれの楽器のイメージをもてるようになっています。友だちの感じ方にも耳を傾け、「次はこんなふうにやってみたい」と合奏への期待が高まっています。

| 幼稚園・保育園では | 小学校では |

幼児期の表現活動では、感じたことや考えたことを言葉、身振り・手振り、描くこと、作ることなどの様々な方法で表現し、自己を表出する楽しさを味わうことが大切です。

表現活動の中で、音楽については、音の雰囲気やおもしろさなどを感じながら、友だちと一緒に手遊びをしたり、歌を歌ったり、簡単なリズム楽器を鳴らしてみたりして音楽に親しみ、楽しむ心を養うように進めています。

幼児期に触れた曲を、友だちと楽しく歌ったり、体を使ってリズム遊びをしたりすることで、音楽の楽しさを感じ取り、共有できるよう指導しています。また、感じ取った音を「こんなふうに表現したい！」という意欲をもって伝え合う活動を通して、クラスや学年など、大人数の中でも表現する楽しさを味わえるよう指導しています。

5歳児3学期

これまでの経験をもとに、曲の雰囲気に合わせて、工夫して表現するようになる。

みんなで合わせてみよう

 踊り、歌、生活発表会の合奏、誕生会の出し物　など

1年生入門期

様々な楽曲の速度、リズム、いろいろな音色に気付きながら、自分なりに音楽表現をする。

聴いて、踊って、わくわく音楽

 体を動かしながら聴く、場面を想像しながら聴く、速度や曲調の違いに気付きながら聴く（音楽）　など

ここは、この楽器で鳴らそうよ！

生活発表会に向けて、グループで合奏の出し物の準備をしています。曲の雰囲気に合わせて楽器を分担し、演奏する部分を自分たちで決められるよう働きかけていきます。

これまでに曲の雰囲気を感じ取ってから歌ったり、楽器の音色を感じ取って遊んだりする経験などがあります。それらの経験をもとに、自分たちで曲の雰囲気を話し合い、楽器を選んだり、合わせた叩き方を考えたりしています。

受け止め、感じて、表現しよう（音楽）

1年生の入門期には、いろいろな曲を聴いたり歌ったりします。その中で、自分なりに曲調を感じ取って表現し、伝えることができる姿を目指します。

まずは、曲を「受け止め」ます。最初は、静かに聴いている児童も、何度か聴きながら曲を「感じて」いきます。そこで感じたことを、リズム遊びや身体表現を通してみんなで共有し、「表現」することを楽しみます。

コラム

公立保育園の「子ども同士の交流」について

学校ってどんなところ？

みなみだいら保育園　園長　寺原久美

　「明日ぼく、学校に行くんだ！」夕方、迎えにきたお母さんに話す子どもの声が聞こえてきました。担任から1年生との交流のため近くの学校に行く予定を聞き、楽しみで仕方がない様子でした。

　年長さんにとって、学校は憧れの場所。のぞいてみたくてうずうずする反面、「どんなところだろう？」とちょっぴり不安そうな顔をしながら出かけて行った子どもたち。帰ってくると、「学校って、すご～くおっきいんだよ。」「○○ちゃん（卒園児）がいたよ。」と、見たこと経験したことを、目をキラキラさせながら話してくれました。もちろん、とびっきりの笑顔での報告です。

　小学校入学というと、「一段高い階段を上がって…」というイメージがあり、構えてしまいがちでした。しかし、幼保小連携の取り組みを通して、幼稚園・保育園・小学校の互いの取り組みが見えるようになってきました。

　小学校入学で1からスタートするのではなく、幼児期の生活や活動の延長線上に学校がある、子どもたちが安心して1歩を踏み出せる、そんな交流と連携をこれからもしていきたいと思います。

小学校へ行っても安心

あらい保育園　園長　筒井敬子

　毎年2月になると、年長児が安心して小学校へ行けるようにと、学校見学を兼ねて1年生と交流をさせてもらっています。子どもたちにとって、はじめての小学校。「どんなところだろう？」「何をするのだろう？」と不安を抱えながら、担任と一緒に学校訪問に向かいます。学校へ着くころには緊張もピークに。そして、学校へ到着。元気に迎えてくれる1年生の中に何人か見覚えのある顔が…。「あっ、○○ちゃんだ!!」「△△くんもいたー。」と、保育園で遊んだお兄さん、お姉さんの顔を見つけて、ほっとした表情の子どもたち。一緒に遊んでもらったり、教室へ行き席に座らせてもらったりと、ちょっぴり小学校体験をさせてもらいながら、はじめて会う1年生とも顔見知りになりました。

　1年生との交流を通して、「学校へ行ったら、あのお兄さん、お姉さんたちがいる。」という安心感が子どもたちの中に芽生え、小学校への期待がまた1つ膨らむのでしょう。

学校訪問より

しんさかした保育園　前園長　石坂みどり

　年長児の学校訪問の時期が近くなると、1年前の年長さんのことが思い起こされます。なかなか会えない卒園児たち。「今、どうしているかな？」と気になります。そして小学校訪問日になり、年長児と学校へ。1年生たちによる歌や学校紹介のやりとりが始まります。ふと見ると、見覚えのある顔がちらほら。1年前よりも、ちょっとお兄さん、お姉さんらしくなった卒園児たちでした。

　その後、クラスに分かれて学校生活の紹介が行われますが、年長児1人につき1～2人の1年生がつきっきりで学校ですることを教えてくれます。「長く座って勉強できるかな？」と心配でしたが、子どもたちが少し大きないすにきちんと腰掛けて先生の話やお兄さん、お姉さんの声かけに耳を傾ける姿に、「1年生になっても大丈夫だな。」と感じたひと時でした。「1年生になって困らないように。」と送り出した子どもたちのその後を見る機会は少ないので、卒園児たちの元気な様子に安心します。また、こちらに気づいて呼んでくれたり、手を振ってくれたりする表情にうれしさとともに1年間の成長ぶりが感じられ、ひと回り大きくなった姿に感激を覚えます。1年生とのこのかかわりはほんの少しの時間ですが、子どもたちにとっては非常に貴重な「時」であると感じます。

第2節 接続期の実践事例

事例の見方

116〜157ページで取り上げた事例は、下記のように構成されています。

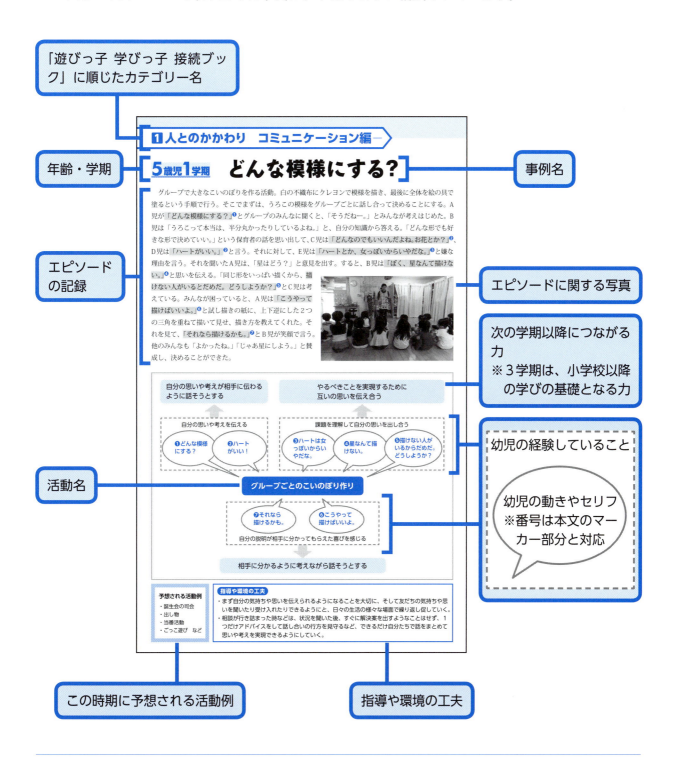

1 人とのかかわり　コミュニケーション編

5歳児1学期　どんな模様にする？

　グループで大きなこいのぼりを作る活動。白の不織布にクレヨンで模様を描き、最後に全体を絵の具で塗るという手順で行う。そこでまずは、うろこの模様をグループごとに話し合って決めることにする。A児が「どんな模様にする？」❶とグループのみんなに聞くと、「そうだねー。」とみんなが考えはじめた。B児は「うろこって本当は、半分丸かったりしているよね。」と、自分の知識から答える。「どんな形でも好きな形で決めていい。」という保育者の話を思い出して、C児は「どんなのでもいいんだよね。お花とか？」❷、D児は「ハートがいい。」❷と言う。それに対して、E児は「ハートとか、女っぽいからいやだな。」❸と嫌な理由を言う。それを聞いたA児は、「星はどう？」と意見を出す。すると、B児は「ぼく、星なんて描けない。」❹と思いを伝える。「同じ形をいっぱい描くから、描けない人がいるとだめだ。どうしようか？」❺とC児は考えている。みんなが困っていると、A児は「こうやって描けばいいよ。」❻と試し描きの紙に、上下逆にした2つの三角を重ねて描いて見せ、描き方を教えてくれた。それを見て、「それなら描けるかも。」❼とB児が笑顔で言う。他のみんなも「よかったね。」「じゃあ星にしよう。」と賛成し、決めることができた。

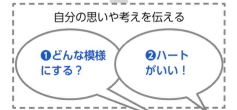

予想される活動例
- 誕生会の司会
- 出し物
- 当番活動
- ごっこ遊び　など

指導や環境の工夫
- まず自分の気持ちや思いを伝えられるようになることを大切に、そして友だちの気持ちや思いを聞いたり受け入れたりできるようにと、日々の生活の様々な場面で繰り返し促していく。
- 相談が行き詰まった時などは、状況を聞いた後、すぐに解決案を出すようなことはせず、1つだけアドバイスをして話し合いの行方を見守るなど、できるだけ自分たちで話をまとめて思いや考えを実現できるようにしていく。

5歳児2学期 船でお客さんを連れてくれば？

「お化け屋敷やる人集まれ！」❶とA児が声をかけると10人ほどが集まり、どんなお化け屋敷にしようかと話しはじめる。B児は「迷路みたいに道が分かれているのはどう？」❷、C児は「大きな積木で迷路を作ったらいいんじゃない！」❷と言う。A児が「ぼくは、お化けを作りたい。ドラキュラとか傘お化けがいいな。」❷と言うと、みんなも賛成する。D児が「ぼくは、お化け屋敷の中を船で回るのがいいな。」❷と言うと、「船も楽しそうだね。」❸とみんなが言う。B児が「みんなで迷路を最初に作ろうよ。誰か一緒に作ろうよ！」❹と言うと、C児・F児も迷路作りに入る。A児が「ぼくは、お化けを作りたいな。Dくんはどうする？」❺と聞くと、D児は「ぼくは、Eくんと一緒に船を作りたいな。」❺と言う。E児は「いいよ。船おもしろそうだね。」❺と応じ、他の子も、迷路・お化け・船の3つのグループに分かれて作りはじめる。途中で船作りの様子を見に行ったB児が、船が大きすぎて迷路の中を通れないことに気付き、「船が大きすぎるから無理だよ。」❻とE児に伝える。すると、E児「もう少し迷路を小さくしたらいいんじゃない？」❼、B児「えー、小さくしたらもっと通れないじゃん。」❼、E児「だって迷路の周りを船が通るんでしょ。」❼と揉めはじめた。そこで、保育者は「あれ、みんなはどんなお化け屋敷にしたかったのかな。BくんとEくんの考えている船の通り道は違うのかな？」と問いかける。しばらく考えた後、A児が「それじゃあ、船が迷路を通るんじゃなくて、廊下でお客さんを乗せてお化け屋敷まで連れてくればいいんじゃない？」❽と言うと、みんなも「それがいいね。」❾と賛成する。

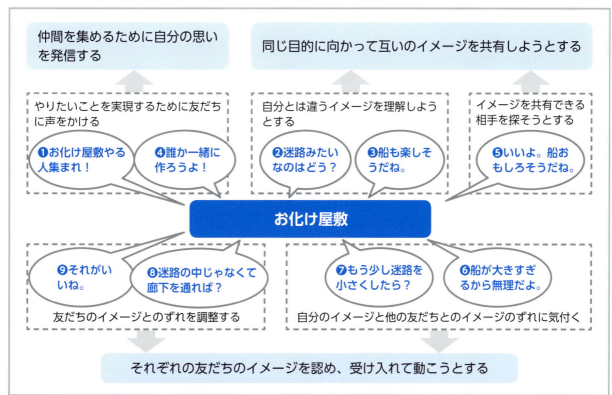

予想される活動例
・リレー遊び
・遊園地ごっこ
　　　　　　　　など

指導や環境の工夫
・「お化け屋敷をみんなで作ろう」という目的意識をもち、みんなで一緒に遊ぶ楽しさを感じられるよう、自分の思いを伝えたり友だちの思いを聞いたりして、力を合わせて取り組めるよう促す。
・子ども同士で話し合う時間や場を保障し、思いや考えを実現する喜びが味わえるようにする。

5歳児3学期　強い子ばっかりじゃない！

　A児が「ドッジボールをやろう！」❶と、園庭で遊んでいる友だちに声をかけて仲間を集める。10人ほど集まると赤と白のチームに分かれ、誰が外野になるか相談しはじめる。白チームに入ったB児が「そっちのチーム、強い子ばっかりじゃない？」❷と言うと、D児は「そっちは強い子が多いから、わたしすぐ当てられちゃうよ。やめようかな。」❷と言う。すると、C児が「そんなこと言わないで、わたしが守ってあげるからやめないで。」❸と言い、D児は「うん。」とうなずく。

　子どもたちの話し合いの様子を見ていた保育者は、「なかなか始まらないみたいね。」と話しかける。赤チームのE児は、「そうだよ。このままじゃ、ドッジボール始まらないよ。」と言う。それを聞いた赤チームのF児は「誰か呼んで来ようよ。」と言って周りを見渡す。周りの子どもたちも、「ドッジボール入る人！」❹と仲間になる友だちを探しはじめる。友だちの呼びかけに対し、「私も入る。」と言って近くにいた子どもたちが集まってくる。C児が「ねえ、Gくんこっちに入ってよ。強そうだもん。」❺と言うと、G児は「いいよ。」と答える。H児が「わたし当たらないように逃げるのうまいよ。」と言うと、D児が「えー、どうやったら逃げるのうまくなるの？　教えて！」と言う。H児は、「いいよ。じゃあ、そっちに入ってあげるね。」と言って、白チームに入る。それを見ていたI児が「ぼくは赤チームかな？」と聞いたので、みんなが「そうそう。」と言う。保育者が「始められるの？」と聞くと、A児とE児がそれぞれのチームの人数を数えて、「8人だ！」「人数も一緒だ！」と言う。その後、外野を決めて、ドッジボールが始まった。

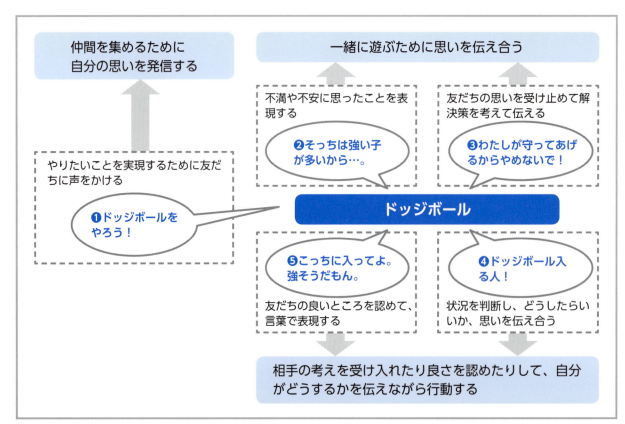

予想される活動例	指導や環境の工夫
・生活発表会の出し物 ・誕生会の出し物　など	・同じチームの友だちと仲間意識をもち、一緒に遊ぶ楽しさを感じられるようにしていき、状況を見ながら自分の思いを伝えたり友だちの思いを聞いたりして判断できるよう促す。 ・互いの良さを認め合える人間関係を築いていけるようにする。

小学校入門期　わけを話そう

学習活動例（国語）

時間	学習活動（○発問／●予想される児童の反応）	○指導上の留意点
15	1．話す時・聞く時のルールを確認する。 　○話し方・聞き方のルールを確認しましょう。	○今まで登場した話し方・聞き方、名人のキャラクターから想起させる。
15	2．気持ちやわけを話そう。 　○どのような気持ちでしょうか（笑顔・泣き顔・びっくりした顔の絵を示す）。 　　●うれしい　●たのしい　●かなしい 　　●なきそう　●おどろいた 　○どんな時に、このような顔になりますか。 　　●あさ、ともだちにあった時です。 　　●ほめられた時です。 　○気持ちを表す時と、わけを言う時に、話型を使って話してみましょう。	○表情の異なるキャラクターを掲示する。 ○ルールを意識させながらスモールステップで繰り返す。 ○話型の掲示 　A：どんな気持ちですか？ 　B：わたしは○○○です。 　A：なぜですか？ 　B：なぜかというと、○○だからです。
15	3．本時のまとめをする。 　○ワークシートで振り返りましょう。	○次時は話型を使って自分の経験を話すことを伝える。

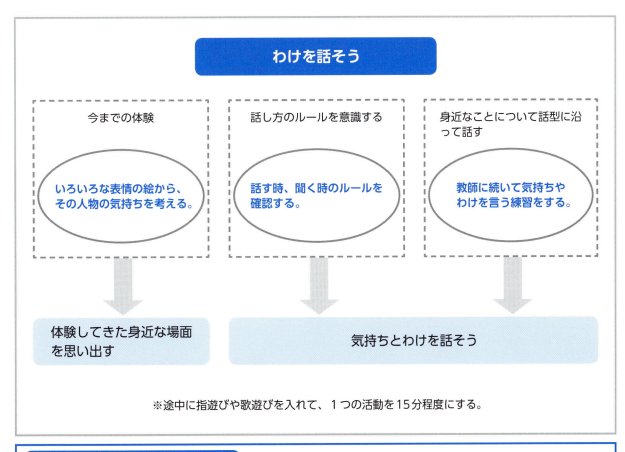

※途中に指遊びや歌遊びを入れて、１つの活動を15分程度にする。

接続を踏まえた指導の工夫（学びの連続性）

人とのかかわり：自発的な活動としての遊びの中から、友だちとのかかわりを積み重ねる。
学　　び：絵本の感想を話す。運動会での思い出を発表する。修了式の言葉を考える。
生　　活：１つの活動を15分程度として計画する。身近な場面を想定した絵カードを用意する。

❷人とのかかわり　共同⇒協同編

5歳児1学期　おいしいジャガイモを育てるためには？

　園の行事の1つである、カレーパーティーで調理をするジャガイモの種芋を植えた。6月に行われる調理活動を今から楽しみにしている子どもたち。植え終わった時に、保育者が「ジャガイモが大きくなるためにどうしたらよいかな？」と尋ねる。すると、子どもたちは「お水をあげよう。」「前のらいおん組さんもお水をあげていたよね。」❶と言う。「誰がお水をあげていこうか？」と、さらに尋ねてみる。「お当番さんがあげる。」「うん、前のらいおん組さんもお当番さんがあげていたよね。」❶と、子どもたちから意見が出る。

　毎年、年長児がジャガイモの水やりをしている姿を見ていた子どもたちは、種芋を植えたことをきっかけに、「自分たちが水やりをする時が来た。」と期待を膨らませていた。

　次に、当番活動をどのように進めていくかを決めた。「給食を食べるお友だちとやるのは、どう？」❷と提案するA児。すでに、簡単な当番活動をこのメンバーで練習をしているところだった。そこで、保育者から「お当番をする時に大切なことはなんだろう？」と聞くと、「みんなでやる。」「一緒にやるんだよね。」❸という意見が出てきた。

　毎朝、登園後にグループのメンバーが集まると、保育者と共に水やりをしている。子どもたちは責任感をもち、楽しみながら取り組んでいる。

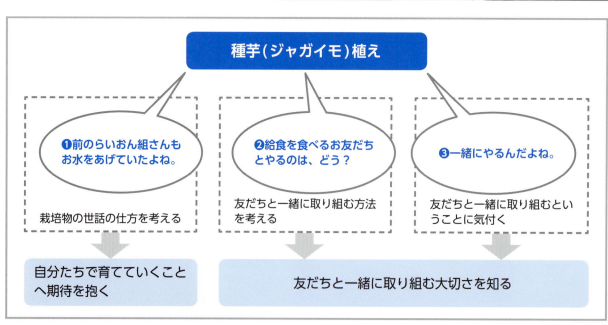

予想される活動例
・布団敷き当番
・給食当番
・ぞうきんがけ当番
など

指導や環境の工夫
・種芋を植えたことで、前年度の年長児が取り組んでいた当番活動を思い出せるようにして、子どもたち自らが水やりをしたいという気持ちになるよう促す。
・子どもたちが主体となって意見を出し、当番活動を楽しみながら、友だちと協力をして当番活動に取り組めるようにする。

5歳児2学期 みんなで進めるのが大切なんだよね

　ウサギのケージを掃除する当番が集まり、当番活動が始まる。ケージを開けてウサギを出し、A児がケージの掃除を始めた。B児とC児は「お水を替えなきゃ。」と言って水飲みの中の水を入れ替えはじめ、D児は「エサを入れなきゃ。」と言ってエサを入れはじめる。A児はケージの下に敷いてあった新聞紙にこぼれたエサや排せつ物の処理をし、次にケージを洗おうと思い持ち上げようとするが、大きくて持ちにくかったため、「誰か手伝って～。」❶と声をかける。B児とC児は、「今、水替えているから～。」と言って水飲みをケージに取り付けはじめた。D児はエサ入れが終わり、ウサギがエサを食べるのを見ていた。様子を見ていた保育者が「ウサギのおうちは大きいから、1人で運んだり洗ったりするのは大変だね。誰か手伝ってくれるといいね。」と言うと、A児は「うん。1人じゃ重くて、手伝ってほしいって言ってたんだけど…。」❷と戸惑っている。「そうか、それは残念だったね。当番のお仕事はみんなで一緒にするってクラスで話したけれど、それはどういうことなんだろうね。」と、保育者がA児と話していると、B児、C児、D児が、「Aちゃんケージ洗うの手伝うよ。1人でさせちゃってごめんね。」❸とA児に伝えに来る。A児は、「汚れているところをこするんだよ。」❹と手順を伝えて掃除を続ける。B児、C児はケージに敷いてあったスノコの掃除を始めた。ほどなくして掃除は終わった。「みんなで一緒にすると、早いね。きっと早くきれいなおうちに戻れてウサギも喜んでいるね。」❺と保育者が言うと、みんなは「うん！」と笑顔で答えた。

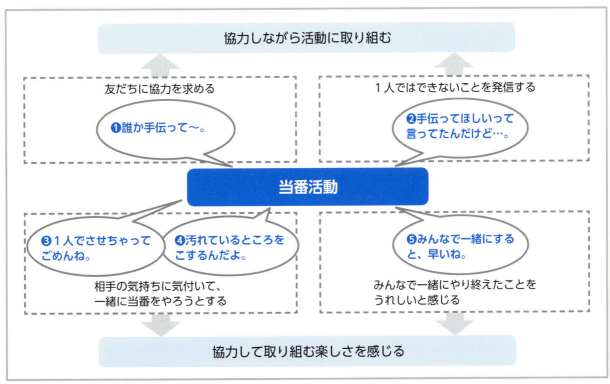

予想される活動例
・飼育・栽培物の世話
・挨拶・昼食時の準備
・保育室の掃除　　　など

指導や環境の工夫
・一緒に進めている当番活動の中でも分担して仕事を進めるところと、一緒に進めて行くところがあるため、一緒に進めたほうがよい活動に気付かせるようにしている。
・最後に「みんなでできた」ことを認めることにより、子どもたちが、みんなで進めることができた満足感を感じ、活動への意欲をもって次の取り組みにつなげていけるようにしている。

5歳児3学期　みんなに伝えようよ

　ザリガニ当番を始めたグループが、水槽の中に1匹しかいないはずのザリガニが2匹いることに気付く。しかも、1匹はまったく動かず死んでいるように見える。A児「あれっ、ザリガニが増えてる。」、B児「本当だ！こっちは動かないよ。」とのぞき込んでいると、C児、D児、E児が「本当だ！」と一緒に見はじめる。じっと見ていたE児が「これ、脱皮したんだよ。」と言うと、「脱皮か！」と、みんなも思い出したように答える。C児が「脱皮したら体が柔らかいんだよね。掃除していいかな？」❶と言うと、E児は「触るとよくないから、そのままにしようよ。前の時もそうだったよね。」❶と言う。みんなでそのことを保育者に伝えにきたので、「気が付いてくれてありがとう。今日は掃除しないのは分かったけれど、明日はどうしたらいい？」と聞くと、D児は「明日もだめだよ。柔らかいもん。」と答える。「じゃあ、ザリガニはそっとしておいてほしいことがみんなにも分かるようにするには、どうすればいいかな？」と聞くと、「う〜ん。」とみんなは考え、A児が「帰りの時に、ザリガニが脱皮したので、体が硬くなるまでザリガニ当番はお休みにしませんかって言ったらどう？」❷と提案した。「それいいね。」❸と、みんなが納得した。「それなら、帰りの会でみんなにお知らせしてね。」と伝えると、「はい。」と答えた。その日の帰りの会で、保育者が「今日の当番をしていた時に、気付いたことやみんなに知らせたほうがよいことはありますか？」と尋ねると、ザリガニ当番をしたグループのA児が、ザリガニの脱皮のことと、しばらく当番はお休みにしたほうがよいのではないかということを知らせた。それを聞いたF児は「わかった。じゃあ、体が硬くなるまで見るだけにするね。」❹と言い、みんなも同意して当番はお休みすることになった。

```
┌─────────────────────┐    ┌─────────────────────┐
│ 気付いたことや感じたこと │    │ 見通しをもって友だちと一緒に │
│ や自分の知っていることな │    │ 取り組もうとする          │
│ どを伝え合う         │    │                         │
└──────────▲──────────┘    └──────────▲──────────┘
           │                           │
┌──────────┴──────────┐    ┌──────────┴──────────┐
│ 状況を見て当番活動をどうしたら │    │ 当番のやり方について共通にする │
│ よいかをみんなで相談する    │    │                          │
│  ❶触るとよくないから、     │    │ ❷体が硬くなるまでザリガニ   │
│   そのままにしようよ。     │    │  当番はお休みにしませんかっ │
│                      │    │  て言ったら？   ❸それいいね。│
└──────────────────────┘    └──────────────────────┘
                    ┌─────────────────┐
                    │    当番活動       │
                    └─────────────────┘
┌──────────────────────┐    ┌──────────────────────┐
│ ❹わかった。じゃあ、体が硬 │    │ クラス全体で取り組む活動を意識し、│
│  くなるまで見るだけにするね。│ →  │ みんなで考える必要性や大切さを感じる │
│ 話を聞いて、当番活動のやり方について、│    │                          │
│ クラス内で共有する       │    │                          │
└──────────────────────┘    └──────────────────────┘
```

予想される活動例
- それぞれの当番活動の連絡
- 一日の活動の振り返り
など

指導や環境の工夫
- 子どもたちの気付きを受け止め、自分たちだけでなくみんなにも伝えたほうがよいことに気付かせている。
- 情報が共有されることにより、今後の当番活動をどのようにするかを考える機会をつくる。
- みんなで情報を共有し、クラスの活動としてどうするかを考える機会をつくる。

小学校入門期　みんなで協力して

学習活動例（スタートカリキュラム＋道徳）

時間	学習活動（○発問／●予想される児童の反応）	○指導上の留意点
15	1．園での当番活動を振り返る。 　○お当番さん、出てらっしゃい。 　　どんなお仕事したのかな？ 　　●あいさつ、きゅうしょく、ウサギの世話など	○園での活動の様子の写真や映像を用意して振り返る。 ○どのような発表も肯定的に受け止める。
15	2．学級でどんな当番活動があるかを確認する。 　○当番活動は、みんなが生活していくうえで大切な仕事です。 3．当番活動では自分の仕事をしっかりやることが大切であることを知る。	○学校探検などで発見した、他の学年の様子も思い出させる。 ○当番、係の区別はせずに出させる。 ○当番活動は必要な仕事であることを知らせる。
15	4．より良く学級生活をしていく活動（係活動）を考えよう。 　○園でやっていたウサギやザリガニの世話などは、あると生活が楽しくなる仕事です。	○係活動はより良く生活していくための仕事であることを知らせる。 ○いずれの仕事も、責任をもつとともに、友だちと協力しながら進めていくことを大事にする。

みんなで協力して

視聴覚資料から膨らませて、身近な経験や生活から振り返る

- 園での活動を振り返る
  - 当番活動（小動物の世話、給食の手伝い、あいさつなど）の経験を発表する。
- 活動は責任をもって最後まで行おう
  - 先生の手伝いや当番は、生活していく中で必要な仕事だと思います。
- 新しい当番活動・係活動を考える
  - 学級を楽しくする仕事を考えたいな。

↓ 遊びや生活の中で、経験した当番活動の経験を生かす

↓ 自信をもって、当番活動・係活動に取り組ませる

接続を踏まえた指導の工夫（学びの連続性）

人とのかかわり：写真や映像を用意して、視覚的に分かるようにする。他の園の話も興味をもって聞く。
学　　　び：園での当番活動の経験を生かし、自分たちでできる係活動を考えて、活動していく。
生　　　活：視聴覚資料を多く用意して、振り返りや新しい活動への意欲につなげる。

③ 生活　基本的生活習慣編

5歳児1学期　道具箱の中をきれいにしたら気持ちがいい

　道具箱の中には、自由遊びで遊んだ折り紙やぬりえ、工作途中の切り紙などが煩雑に入っており、必要な教材がすぐに取り出せないことがあった。そこで、保育者が「道具箱の掃除しよう。」と声をかけると、掃除が始まった。「いる物といらない物を分けて整理してみたら？」と声をかけると、Y児「ぬりえは、がんばって塗ったから捨てたくない。」❶、A児「おうちに持って帰ると弟に破られるから、保育園に置いておきたい。」❷という声があがった。また、T児は「片付けしたくないな。」と言って、やる気がない姿を見せる。「ぬりえは糊付けして本にしたら？」❸とY児が提案すると、B児は「本にしたら、自分だけの本ができるね。」❹と応じた。Y児とB児の会話を聞いていた周りの子も、「それいいね。」「一緒にやろうよ。」と同意し、A児も作りはじめた。みんなでぬりえの本を作りはじめたため、片付けが一時中断した。そこで、保育者が「この折り紙どこに片づけるの？」とつぶやくと、T児が、空き箱で仕切りを作り、折り紙入れを作った。❺「それいいね。見せて！」と友だちから認められたので、片付けが嫌だったT児も、楽しそうに片付けを続けた。❻しばらくして、T児が「ごみが入っていて汚いよ。」❼とぞうきんを絞ってロッカーの中身を出し、拭き掃除を始めた。❽片付け終わって、T児「きれいになると気持ちがいいね。」❾と保育者に伝えにきた。

```
                どうやって身の回りを整理するか考える
                         ↑                    ↑
    自分にとって大事な物だということを訴える      片付けが楽しくなるような方法を考える
      ❶捨てたく      ❷保育園に置          ❸ぬりえは糊      ❹自分だけの
      ない！         いておきたい。       付けして本に      本ができるね。
                                          したら？

                         ロッカーや道具箱の掃除

      ❺折り紙入れ    ❽拭き掃除を      ❻友だちに認め   ❼ごみが入っ   ❾きれいになる
      を作る。       始める。         られ、楽しみな   ていて汚いよ。 と気持ちが
                                     がら掃除をする。                いいね。
      片付けるためにどうしたら              積極的に片付けようとする気持ちをもつ
      いいか考えて動く
                         ↓                    ↓
        気持ちよく生活するために、身の回りのことを自分でしようとする
```

予想される活動例
- 読んだ本の整理
- おもちゃの片付け
- 朝夕の身支度　など

指導や環境の工夫
- 物を大切にする気持ちを大事にし、整理整頓を意識しながら、自分にとって必要なものかどうかを判断する力を育て、身の回りの片付けを自分からできるように活動を進めている。
- 子ども同士で話し合う時間や場を保障したり、必要な教材を提供したりするなど、思いや考えを実現する喜びを味わえるようにする。

5歳児2学期　ウサギ当番はいつするといいのかな？

　A児は登園し所持品の始末を終えると、同じグループのB児とC児に、ウサギの当番活動を始めようと声をかける。❶だが、同じグループのD児はすでに遊びに行っていたり、E児は友だちと所持品の始末をしたりしている。A児は時計を見ながら、「遊ぶ時間がなくなるから3人で始めよう。」❷と提案するが、B児とC児は「グループのみんなでやろうよ。」と言い、他の2人を呼びに行く。❸しかし、B児とC児は呼びに行ったきり戻ってこない。

　保育者は、「早く当番活動に取りかかり、それから遊びたい。」というA児の気持ちを受け止めながら、「同じグループのみんながすぐに集まれたら、すぐに取りかかれるのね。」と言葉をかけ、グループのメンバーが全員集まったところで、A児の思いを伝える機会をつくる。

　保育者が、「いつだったらみんながすぐに当番を始められるのかな？」と問いかける。すると、D児は「お弁当を食べた後だったら、みんながすぐに集まって始められるよ。」❹、E児は「お弁当が終わるのが長い針が6だから7になったら、すぐにやろうよ。」❹と提案し、他児も同意する。

　次回の当番の日、A児たちは、お弁当を終えると、「7になったから始めよう。」と声をかけ合い、当番の仕事に取りかかっていた。❺

```
生活を進めていくうえで          見通しをもって生活を進めていこうとする
必要なことが分かる
      ↑                    ↑                        ↑
当番活動を行うためにグループ   遊ぶ時間をもてるように当番を   自分が考えた、当番活動を
の友だちを集める              行いたい気持ちを伝える        始めたい時間を伝える

❶ウサギの当番活動を          ❷遊ぶ時間がなくなる          ❹長い針が7になったら、
始めようと声をかける。         から3人で始めよう。          すぐにやろうよ。

                          当番活動

生活をしていくうえで         ❸グループの友だちを          ❺7になったから
しなければいけない            呼びに行く。                始めよう。
ことが分かり、
見通しをもって              グループのみんなで当番を      友だちと一緒に
自分で生活を進める            しようと友だちを集める        当番活動を進める

                      自分たちで生活を進めていこうとする
```

予想される活動例
・身支度と確認
・足りない物への気付き　など

指導や環境の工夫
・一日や週の流れを掲示し、表示を見ながら見通しをもって生活を進められるようにする。
・生活を進めていくうえで必要なことが分かり、必要性を感じて行動に移せるようにしていく。
・自分のしたいことやしなければならないことに、自らすすんで取り組めるように、時間の過ごし方を意識させていく。

自分で伝えられるよ

5歳児3学期

　降園前の集まりの時間に、保育者が、明日は誕生会であることを伝える。「明日は、1月に生まれたお友だちの誕生会ですね。みんなでお祝いしましょうね。そして、誕生会のおやつはケーキです。ケーキを食べる時に使う物を家から持ってきてほしいんだけど、何を持ってきたらいいと思う？」と子どもたちに問いかける。子どもたちから「お皿！」と声があがる。保育者は、「そうだね、落としたら大変だから割れないお皿を持ってきてくださいね。」と言って、ホワイトボードにお皿の絵を描く。A児「お楽しみ会の時にもみんなでケーキを食べたよね。その時にも、お皿とかフォークとか持ってきたよね！」、B児「そうだよね！手でケーキは食べられないからフォークを持ってきたほうがいいよね。」、C児「お皿を持ってくる時に袋も必要だね。」と言うのを聞いて、保育者はフォーク、お皿を入れる袋の絵を描く。Y児が「コップも！」と言うのを聞いて、保育者は「そうだね、お茶を飲むのに必要だね。」と答え、コップの絵を描く。保育者が「年少さんの時のお楽しみ会でケーキを食べた時のことを覚えていたんだね。では、明日の誕生会でケーキを食べることと、家から持ってくるものがあることをお母さんたちに伝えてくれるかな？」と話すと、M児は「大丈夫！自分で言えるよ！」❶、S児「ぼく、忘れそうだから、お母さんに会ったらすぐに言おう！」❷と答える。保育者が「先生から、『みんなから伝えたいことがあります。』って言ったほうがいいかな？」と問いかけると、M児は「大丈夫だよね、みんな！自分で言えるよね！」❸と言い、S児が「今日帰ったら自分で準備しちゃおう！」❹と答える。保育者は、「さすが年長組だね。じゃあ、みんなで持ってくるものを確認してみようね。」と言い、ホワイトボードに描いた絵を指しながら確認していく。

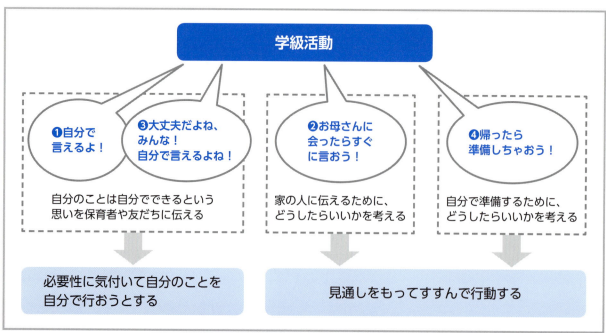

予想される活動例
・予定や持ち物などの連絡を伝達する
・園から配布される手紙を渡す　など

指導や環境の工夫
・子どもたちから何を持ってきたらよいのかを聞き出していき、子どもたちの発言を受け止めながら、自分たちで考える力を育てていくとともに、必要なものを自分で準備したり、保護者に伝えられるよう促したりする。
・言葉でイメージがしにくい子どもには、視覚的な物も使いながら確認していく。

小学校入門期　がっこうたんけん　ともだちいっぱい

学習活動例（スタートカリキュラム＋生活科）

時間	学習活動（○発問／●予想される児童の反応）	○指導上の留意点
15	1．今日の学校探検計画を立てる。 　○今日はどこの探検に出かけるか、班で相談しましょう。 　○探検のルールをもう一度言ってみましょう。 　　●他の教室に入る時は静かにしよう。 　　●危ないので探検してはいけない場所もあるよ。	○毎日、短い時間で探検に出かけるよう計画する。 ○安全面での配慮、迷惑をかけないための配慮をルールとして示す。
15	2．学校探検に出かける。 　○いろいろな発見をしてきましょう。 　○園と違うところや同じところをたくさん見つけましょう。 　○帰ってきたら、他の班の人に発見したことを話しましょう。	○園と比較して発見してくるようにさせる。
15	3．発見したことや自慢できることを伝え合う。 　○他の班の発表を聞いて、次に探検に行く場所を考えましょう。 　○明日も、班で相談した場所の探検をしましょう。	○次回は他の班の自慢の場所でも新しい場所でも探検できることを伝えて、意欲をもたせる。

```
遊びや生活の中で、経験した              自信をもって、楽しい
探検ごっこを生かす                      学校生活を送らせる

            がっこうたんけん　ともだちいっぱい

    自分たちで              園での生活と比べて、        他の班の報告を
    行きたい場所を          発見したことを              共有して、
    考えて計画する。        まとめる。                  新たな探検場所を
                                                        見つける。

    学校探検に出かける      学校の自慢の場所を発表する  新たな探検計画を立てる

    出会う人から            学校生活を知り、学校でのきまりについて考えさせる
    きまりを学ぶ
```

接続を踏まえた指導の工夫（学びの連続性）

人とのかかわり：最低限のルール以外は、校内で出会う人たちとのかかわりで学んでいく。
学　　　び：園での経験を生かして、自分たちで計画して探検に出かける。
生　　　活：学校生活を知ることで、学校でのきまりについて考えさせていく。

④生活　規範意識編

5歳児1学期　一緒に片付けよう

　室内での自由遊び中に、O児とN児がはさみ将棋をして遊んでいた。O児が片付けの時間になっていることに気付き、N児に「片付けをしよう。」❶と言うと、N児は将棋が勝負の途中だったため、片付けることを渋っていた。O児がどうしようかと困っていたため、保育者がそばに行き、「片付けが終わったら次は何をすることになっていたかな。」と声をかけると、O児がN児に「片付けが終わったら、次は園庭でドッジボールだよ。将棋はまた今度一緒にやろう。」❷と話す。すると、N児もうなずいて、2人で片付けを始める。❸

　一方、S児は自分が使っていた物の片付けが終わったことを保育者に伝えに来た。保育者が「みんなはどうかな？」と声をかけると、周りを見て、まだ将棋が片付いていないことに気付く。S児は、自分から「片付け手伝おうか？」❹と、O児とN児に声をかける。それを聞いてO児もN児も「手伝ってくれるの？ありがとう。」とうれしそうに言う。その後、3人で「きれいに並べて入れよう。」「こっちの引き出しに『歩』の駒を入れておくと、次やる時に分かりやすいよ。」❺など、話し合いながら協力して片付けをする。

```
┌─────────────────────┐   ┌─────────────────────────┐
│ 状況に応じて、必要な │   │ 生活に必要なきまりを守ろうとする │
│ 動きをしようとする   │   │                         │
└─────────▲───────────┘   └────────────▲────────────┘
          │                            │
┌─────────────────┐   ┌────────────────────────────────┐
│片付けの時間を守ろうとする│   │どうして片付ける必要があるのか、次の活動に向けて│
│                 │   │どうしたらいいのかを考えて行動する。      │
│  ❶片付けを     │   │  ❷次はドッジボールだよ。   ❸片付けを │
│   しよう。      │   │   将棋はまた今度やろう。     始める。 │
└─────────────────┘   └────────────────────────────────┘
                    ┌──────────┐
                    │  片付け  │
                    └──────────┘
          ┌────────────────────────────────┐
          │  ❹片付け          ❺きれいに並べて │
          │   手伝おうか？       入れよう。     │
          └────────────────────────────────┘
              友だちと協力して片付けを行う
                        │
          ┌─────────────────────────────────┐
          │ 相手の気持ちを感じ取り、協力して取り組もうとする │
          └─────────────────────────────────┘
```

予想される活動例
・ごっこ遊び
・新入園児歓迎会の準備や製作　など

指導や環境の工夫
・相手の気持ちを感じ取ったり、状況に応じて動いたりすることの大切さや必要性に気付けるよう促す。
・自分たちの生活に見通しをもつことの必要性に気付いて行動できるよう、環境づくりをする。

5歳児2学期 みんなの部屋も掃除しようよ

　大掃除をすることになり、自分たちが遊んだ場所を分担して掃除をしようと相談が始まる。
　A児がグループの仲間に「みんなはどこを掃除したい？」❶と尋ねると、「ままごとの所。」「ロッカー。」「床も拭きたい。」❷と様々な意見が返ってきた。そして、いくつか掃除をする場所が挙げられたところで、日常的に共有スペースとなっている"みんなの部屋"が挙げられていなかったことを保育者から提案した。すると、「みんなが使う場所だからやりたい！」「年長がきれいにしたほうがいいよ！」「きれいにしたほうが気持ちがいいよ！」❸と、同意する意見が挙げられた。保育者が、「では、みんなの部屋もお願いします。」と頼むと、B児が「みんなで分かれて掃除しよう！」❹と、みんなに向かって声をかけた。

　すると、それを聞いて「みんなでやっていこう！」「みんなでやると早くきれいになるよ。」「いろんな人が使う所だから、きれいにしたら喜ぶよ。」「じゃあ、みんなでやろう！」❺と、他児からも声があがる。話がまとまると、子どもたちはぞうきんを持ってみんなの部屋へ向かい、掃除をしはじめた。

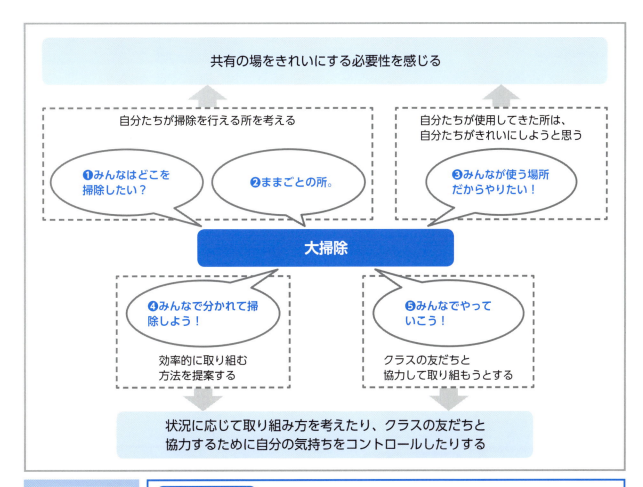

予想される活動例
・共有の場の片付け
・当番活動　など

指導や環境の工夫
・子どもたちが意欲をもって取り組んでいけるように、やりたい所を聞き出して取り組んでいく。
・共有スペースに気付かせることで、みんなのためにできることがあることを知ったり、掃除をすることでみんなの役に立っていることを感じたりできるようにする。

第2節　接続期の実践事例

5歳児3学期　年少さんが危なくないようにしたよ

　発表会に向けて、グループ活動で人形劇の練習をしている。練習が終わった後、人形や劇で使う大きな台の片付け場所についての相談が始まった。A児が「時間になったから、片付けを始めよう。」と言うと、E児は「人形はここに（棚の上）置けるよ。」と、人形を置く。A児が「いいね。」と言って、一緒に人形をしまいはじめた。次にE児「この台はどこに片付けたらいいと思う？」❶、S児「大きいからどこに置いたらいいかな。」❶と話しはじめる。すると、T児が棚の横を指さし、「あそこはどうかな？」と言うと、E児が「年少さんもここで遊ぶから邪魔にならない所がいいよね。」❷と言う。A児は、部屋を見渡してから壁側に行き、「ここも置けるんじゃないかな。」❸と手を広げてみせる。すると、E児は「いいね。」と言い、S児は「ちょっと置いてみる？」❸と提案してきた。みんなで台を運んでみると、壁に付けて置くことができた。A児が「置けたよ！ここなら年少さんの邪魔にならないね。」❸と言うと、T児は「うん。いいね。先生に言ってくるね。」と、S児と一緒に保育者を呼びに来た。

　T児、S児が保育者と共に戻ると、E児は「先生、人形はここで、台はここに片付けたらいいと思うんだけど、いいかな？」❹と聞いてきた。保育者が「いいよ。でも、どうしてそこにしたの？」と尋ねると、A児は「ここならみんなの邪魔にはならないし、あんまり見えないから年少さんも触らないと思うよ。」❺と言う。保育者に「いい場所を見つけたね。」と言われて、子どもたちは顔を見合わせて笑った。

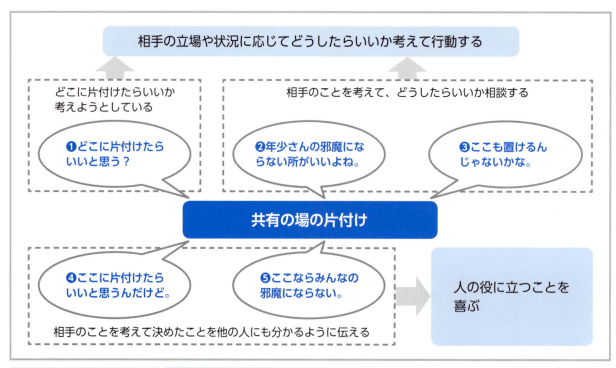

予想される活動例
- 保育室内のコーナーなどの用具の置き場所決め
- 巧技台などの外遊びの遊具の片付け場所決め
  　　　　　　　　　　など

指導や環境の工夫
- 保育者から片付けの場所を提案するのではなく、子どもたちに任せて、主体的に行うようにしていく。
- 片付けに選んだ場所の理由を聞き出し、子どもたちなりに相手のことを気にかけて考え、行動したことを認めていく。
- 片付けられるスペースの確保をしておく。

小学校入門期 べんきょうが はじまりますよ

学習活動例（スタートカリキュラム＋道徳）

時間	学習活動（○発問）	○指導上の留意点
10	1．なかよしタイム（心ほぐしの活動） 　○「はじまるよ」などの手遊びをしましょう。 　○「まねっこ」遊びをしましょう。	○チャイムで休み時間との切り替えをするのが難しい時期なので、楽しい手遊びから始めて、参加したくなる雰囲気をつくる。
15	2．校庭で遊んでいる挿絵から、場面の共有をする。 　○楽しく遊んでいる場面 　○教師が休み時間の終わりを告げている場面 　○決められた時刻（チャイム）に集まることの大切さを考える。	○学校探検などで他の学年の様子も思い出させる。
5	3．時間を守ってよかった経験を共有する。	○場面を決めて発問する。
15	4．ロールプレイングで気持ちのよさを味わわせる。	○全員が揃って始められる気持ちよさを味わわせる。 ○できたことをほめて、日々の生活につなげる。

遊びや生活の中で、経験した時間を守る経験を生かす　　自信をもって、日々の生活を送らせる

べんきょうが はじまりますよ

- 休み時間との切り替えが、まだ十分にできていない。
  - 手遊び　まねっこ遊び
  - → 参加したくなる雰囲気をつくる

- 時間を守ってよかった経験の発表。
  - 絵を見て場面の様子を共有する

- 時間を決めて帰りの用意をする。
  - 揃って始められると気持ちいいね

→ 時間を守り、揃って始めると気持ちがよいことを味わう

接続を踏まえた指導の工夫（学びの連続性）

人とのかかわり：相手の気持ちを感じ取ったり、状況に応じて動いたりすることの大切さや必要性に気付いた経験を生かす。
学　　　　び：園での遊びや生活の中で、事前に予告され決められた時刻を守ろうとする経験を生かす。
生　　　　活：15分単位の活動内容も、手遊びやロールプレイングなど動きのある活動になるよう工夫する。

5 学び　興味・関心編①

5歳児1学期　どうやってやろうか！

　学級のみんなで鬼ごっこをして遊ぶことになった。鬼役をしたい子が10名ほど集まって、ジャンケンで鬼を決める。T児とK児がジャンケンに勝ち、2人が鬼になった。鬼役は黄色の帽子、逃げ手はオレンジ色の帽子に分かれて、鬼ごっこが始まる。

　T児は逃げる友だちを捕まえようと思いきり走る❶が、逃げ手の子どもたちはT児に捕まらないように、思い思いの方向に走っている。❷T児はB児にねらいを定め、全力で追いかけて❸、「Bちゃん捕まえた！」とタッチする。❺B児は「あ〜、捕まっちゃった。」と言いながら、かぶっていた帽子を素早く裏返して黄色に変える。❹T児も素早く帽子をかぶりなおし、鬼役を交替して❹B児から離れる。K児は逃げる友だちを捕まえても鬼役を交替せず、次々と友だちを捕まえていく。2つのルールが混在していることに気付いたT児が、「Kくんがタッチしても鬼を交代していないよ。」と保育者に伝えに来る。そこで、もう1度みんなで集まるよう保育者が子どもたちに声をかけ、鬼ごっこのルールを確認する。

　K児は、「ぼくは捕まえるのが楽しいから、鬼が増えていくのがいい！」❺と言う。すると、T児は「鬼が増えたら、逃げる子が大変だよなー。」と言い、T児の発言に賛成する子が増えていく。A児が「それじゃあ3人はどう？」と提案する。「いいねー。」と全体で決まり、もう1人鬼を選出して再開した。

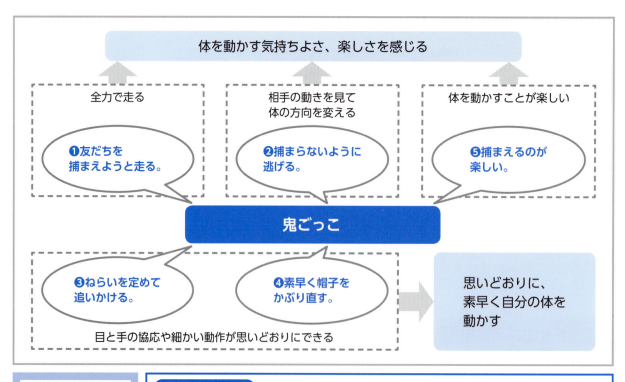

予想される活動例	指導や環境の工夫
・お店やさんごっこ ・高鬼 ・色鬼　　など	・みんなで一緒に遊ぶ楽しさを感じながら、ルールを共有できた達成感を感じられるようにしていく。 ・自分たちで考えて遊びを発展させられるように、たっぷり時間をとり、また、思いきり走ることのできる場所も確保して行う。

5歳児2学期 今度は誰か助けてあげる！

「氷鬼しよう。」と、A児がY児を誘い、さらに友だちを集める。10人ほど集まり、鬼と逃げ手に分かれて遊びはじめる。

鬼にタッチされたA児が、「捕まって固まっちゃった。誰か助けてー。」と言うが、Y児は「助けたいけど、ぼくも捕まったら固まっちゃうから、いやだ。」と言って、遠ざかろうとする。その時、鬼が他の子を捕まえようとして、A児から離れた。それを見たM児が、「Aちゃん！助けてあげる。鬼がいなくなった。」❶と言いながら素早く走り寄り、タッチをして助ける。助けられたA児はY児の所に走り寄り、「Mちゃんみたいに鬼の動きをよく見て、早くタッチしに行くと助けられるんだね。」❷と伝える。

しばらくして、Y児が捕まって固まっていると、またM児が「Yくん！助けたいけど、鬼がいるから待ってて。」❸と声をかける。Y児が、「あっ！鬼がいなくなった。今だ！助けてー。」❹と声を出すと、M児が「よし、今だ！行けー。」❹と言いながら走り寄り、Y児をタッチして助ける。Y児は、「Mくんありがとう。助けてもらってうれしかったから、今度はぼくが誰かを助けに行こう！」❺と、笑いながら言う。

その後、Y児は、固まっている友だちを助けに行こうと、鬼の動きをよく見ながら動くタイミングを計っている。❻鬼が友だちから離れたすきを見て助けに行こうとするが、鬼がY児に気付き、急いで戻ってきて捕まえようとする。❼鬼が手を伸ばしてY児に触ろうとした瞬間に、Y児は体をひねりながら身をかわして友だちに走り寄り、助けることができた。❽

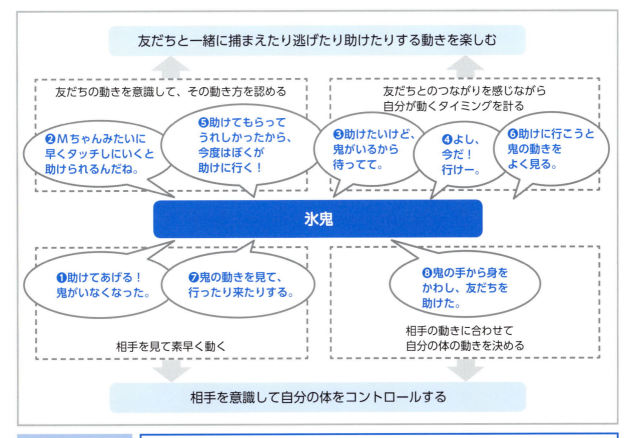

予想される活動例
- みつどもえ
- 氷鬼
- ドッジボール　など

指導や環境の工夫
- 自分たちの遊びとして、友だちと必要なことを伝え合いながら遊びが進められるように促す。
- 捕まえ方や逃げる動きのコツに気付いたり、友だちを助ける楽しさを味わえたりできるようにする。
- 遊びを通して、いろいろな動きに自分なりに挑戦し、できた達成感を味わえるようにする。

5歳児3学期 Rくん、そっちを守って！

　学級のみんなで「開戦ドン」を始めようと、赤白の2つのチームに分かれて集まる。赤チームのI児が手をグーにして「えいえい…。」と言うのを見て、そばにいた保育者が「みんなで『えいえい、おー！』しようか？」と赤チームの子どもたちに聞くと、みんなが「うん！」と答える。保育者が「赤チーム、がんばるぞ！」と言うと、他児も一緒に「えいえい、おー！」と拳を上げる。その様子を見ていた白チームも、「おれたちもやろうぜ。」「えいえい、おー！」❶とかけ声をあげる。

　保育者の「開戦ドン！」のかけ声で、両チームが一斉に相手の陣地に向かって走りはじめる。少しすると、赤チームのK児は止まって、白チームの子どもたちの動きを目で追いはじめる。❷A児が仲間を助けようと近づいてきたことに気付いたK児は、そばに走りより、行く手をはばんで「ジャンケンポン！」と大きな声で挑む。❸K児とA児がジャンケンをしているすきに、白チームのO児が仲間を助けにきたことに気付いたK児は、近くにいたR児に向かって「Rくん、そっちを守って！」❹と声をかける。K児の声を聞いたR児は、すばやくO児に近づき、行く手をはばんでジャンケンを挑む。❺

　1回戦が終わった後、保育者はK児に、「Kくんは、Aくんに仲間を連れていかれないようによく見て、動くのが早かったね。」と伝えると、K児「だって、見張ってないと仲間が助けに来ちゃうんだもん。」❻と答える。保育者は、「なるほど。赤チームが勝つためによく考えて動いているんだね。」と伝える。2回戦目は、他児も牢屋の周りに立って、捕まえた敵を逃がさないようにする❼姿が見られた。

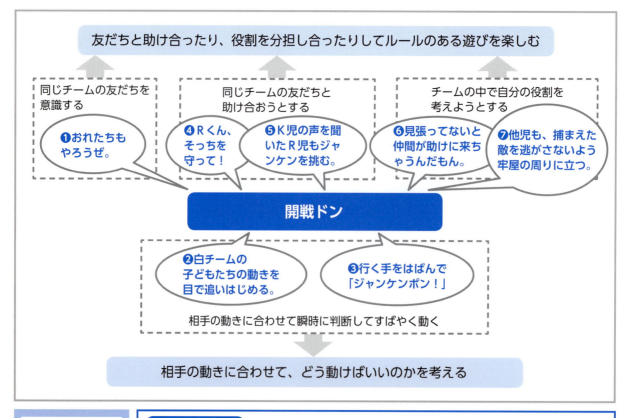

予想される活動例
- ドッジボール
- 助け鬼
- など

指導や環境の工夫
- 声をかけ合ったり、力を合わせて攻めたり守ったりしている姿を全体で取り上げ、チームの仲間と協力して戦おうとする姿が見られるようにしている。
- 子どもたちが試している作戦をその都度取り上げ、その友だちの良さとして認めたり、他児も試してみようとする姿につなげたりしている。

小学校入門期 いろいろな鬼遊びをしよう

学習活動例（スタートカリキュラム＋体育）

時間	学習活動（●予想される児童の反応）	○指導上の留意点
15	1．知っている鬼遊びで遊ぶ（幼稚園の先生から）。 ●ぼくの保育園でも遊んだよ。 ●そんな鬼ごっこ知らないよ。 ●一緒に遊びたいから教えてほしいな。	○それぞれの園での鬼遊びを紹介して、グループごとに遊ぶ。 ○各園のルールの違いを交換して遊ぶ。
20	2．バナナ鬼ごっこをみんなでやろうよ。	○いちばん知られている鬼遊びをする。 ○共通する約束を確認する。
10	3．一小バナナ鬼ごっこの完成だ。	○自分の学級の鬼遊びのルールを確認する。 ○登校したら、みんなで鬼遊びをして遊ぶことを伝えて、次時への期待を高める。

いろいろな鬼遊びをしよう

※遊びや生活の中で、経験した鬼遊びを楽しむ。

鬼遊びをする
同じ鬼遊びでもルールが違うぞ。

共通のルールを決めよう
同じルールでないとつまらない。

新しいルールで鬼遊びを楽しむ
登校後、新しい友だちと、今までの経験を生かして鬼遊びを楽しむことへの期待感。

↓

鬼遊びの違いを交換して、新たなルールを考える

明日から新しいルールの鬼遊びや学校生活を楽しもうという気持ちをもつ

接続を踏まえた指導の工夫（学びの連続性）

人とのかかわり：いろいろな園での鬼遊びのルールを知り、違いを交換して新たなルールを考えていく。
学　　　び：園での遊びや生活の中で、経験した鬼遊びを楽しむ。
生　　　活：学校でも鬼遊びを楽しめることを知り、明日からの学校生活への期待につなげる。

6 学び　興味・関心編②

5歳児1学期　何の種かな？

　5月にプランターに種まきをした。子どもたちに蔓なしインゲンの種を見せ、何の野菜の種かを尋ねた。昨年、オジギソウの種をまいて育てた経験から、小さな種を見たA児は、「きりん組の時に育てたオジギソウの種と似ている。」❶と思い出して話す。周りにいたB児たちも、うなずいた。C児は「ミニトマト？この前おうちで植えた。」❷と言う。保育者が苗から育つ野菜であることを伝えると、D児が「へえー、野菜には苗と種があるんだ。」❸と驚いた様子で話した。そして、蔓なしインゲンであることを知らせると、D児は「つるなし？つるがないってこと!?」❹と笑いながら話す。E児は、「どんなふうになるかなあ？できたら給食で食べたいね。」❺と、周りにいた友だちに同意を求めるように顔を見て言った。

　次に綿の種を見せた。（種は一昨年の年長児が育て、綿から種を収穫したものを使う。）種を見たG児は、「種の周りに、ふわふわしているのが付いているよ。」❻と友だちに伝える。H児も、「本当だ！やわらかい。クッションみたい。」❼と言う。保育者がこの種はクッションの中に入っている綿になることを知らせると、H児は「（綿は）お布団の中にも入っているね。」❽、K児は「えっ?!綿って、できる（育てられる）んだ。」❾と、"自分たちで育てられる"ということに魅力を感じたようだった。

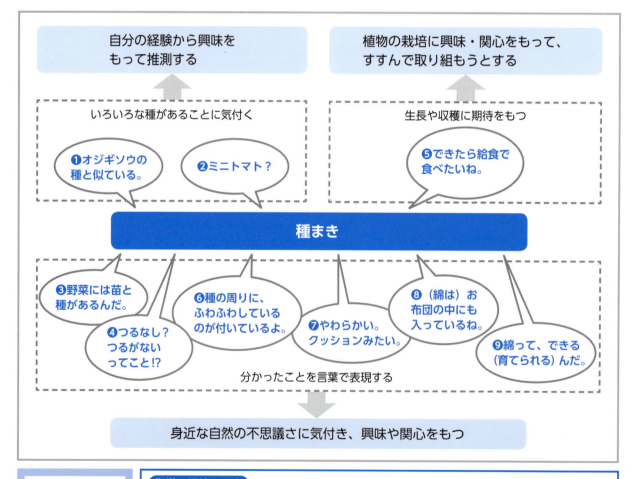

予想される活動例
・当番活動
・散歩
・遠足　など

指導や環境の工夫
・どんな種かを聞くことで種に興味や関心をもてるようにし、生長に期待をもち収穫を楽しみにできるようにした。
・自分の思いや考えを言葉で表現するとともに、友だちの言葉を聞き、自分なりに理解して受け入れられるようにした。

5歳児2学期 いろいろな色のバッタがいるんだね

園外保育で、バッタを捕まえてくる。その後、園に戻り、「見て、こんなに捕まえたよ！」「ぼくも、捕まえた。」と言って、保育者や友だちと捕まえたバッタを見せ合う。その時に、A児が「ねえ、見て。ぼくのバッタ、黒いんだよ！強そうなんだよ。」❶と見せる。保育者が「え〜っ!?黒いの？どれ、…本当だ。」と応じると、B児は「わたしのバッタは緑！」❷、C児は「ぼくのは茶色が入っている。」❷と、他の子にも見せたり、伝えたりする。B児が「いろいろな色のバッタがいるんだね。種類がいろいろなのかな？」❸と言うと、A児が「でも、BちゃんとCくんのバッタは、形は似ているよね。色はちょっと違うけど…。」❹と答える。保育者が「絵本の部屋にバッタのことが載っている本があったよ。」と伝えると、A児が「見てみよう！」と言い、B児とC児も「うん。」と一緒に見に行く。❺

そして、A児「ぼくが捕まえたのは、コオロギっていうんだ。」❻、B児「わたしとCくんが捕まえたバッタは、ショウリョウバッタかな？バッタって、他にもいろいろな種類がいるんだって。」❻、C児「へえ。草に隠れやすいように、こんな色をしているんだ…。」❼、B児「バッタって緑もいれば、茶色が混じっているのもいるんだ。」❽など、本を見て知ったことを言い合う。

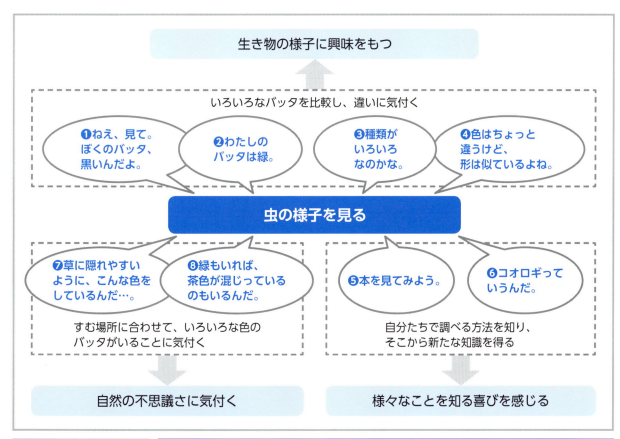

予想される活動例
- 生き物の飼育をする
- 木の実や落ち葉を拾う
- 植物を見たり、世話をしたりする　など

指導や環境の工夫
- まずは、保育者が共感したり受け止めたりしながら、子どもが自然の様子に驚いたり不思議に感じたりする体験を大切にし、より"知りたい""調べたい"という気持ちがもてるようにしていく。
- 子どもが興味をもったことを調べられるように、具体的な方法を提示したり、一緒に調べたりしていく。

5歳児3学期　どこなら氷ができるかな？

　A児たちは、登園後すぐに「凍っているかな？」❶と言って、前日、氷を作るために置いて帰った水入りのプリンカップを見に行く。A児は「あれ？凍っていない。何でだろう？」❷と、氷ができていなかったことに驚く。B児「寒さが足りなかったんじゃない？」❸、C児「もっと寒い所に置いたら凍るんじゃない？」❸など、凍っていなかった原因を考え、言い合う。そして、「今日は、もっと寒い所に置いて氷を作ろう。」ということになる。A児は「裏のほうはいつも日陰で、行くと寒いから…。」❹と園舎の裏手に、B児は「この前、あそこの水道は凍って出なくなったから水道の所にしよう。」❹と外の水道の所に、C児は「花壇に霜柱ができていたから、あそこなら凍るんじゃないかな？」❹と花壇へというように、それぞれ自分が考えた場所に水を入れたプリンカップを置いて、その日は帰った。

　次の日、「やったあ、大成功だよ。」「うん。ぼくのも凍ったよ。」「ぼくも！」❺と、A児たちは凍った氷を見て喜んでいた。

```
自然の事象の変化に興味・関心をもつ        自分なりに考え、試す

予想した結果を      不思議に思ったことの原因を    氷ができそうな場所を
確かめる           自分なりに考え、伝え合う      自分なりに考える

                                          ❹花壇に霜柱が
  ❶凍っている    ❷凍ってい  ❸寒さが         できていたから、
    かな？        ない。何で  足りなかったん   あそこなら凍るん
                 だろう？    じゃない？      じゃないかな？

                        氷作り

                    ❺やったあ、
                    大成功だよ。

             自分が考えたとおりになったことに満足する

         やりたいことを実現するために、
         試したり工夫したりする楽しさを感じる
```

予想される活動例
- 霜柱探し
- 植物の世話
- 影踏み　　など

指導や環境の工夫
- （子どもの様子に応じて、共感したり一緒に行ったり見守ったりしながら、）まずは、子どもが自然の様子に驚いたり不思議に感じたりする体験を大切にし、考えたり試したりする姿につながるようにしていく。
- 正解をすぐに教えてしまうのではなく、子どもなりに体験を生かして、考えたり試したりできるように促す。

小学校入門期　あめのひたんけん

学習活動例（生活科）

時間	学習活動（●予想される児童の反応）	○指導上の留意点
10	1．読み聞かせ（心ほぐしの活動） ・『おじさんのかさ』に出てくる雨の音は、本当に聞こえるかを考える。 2．雨の音探し探検の計画を立てる。 　●木の下、水たまり、傘に当たる音、葉っぱの音など	○絵本に描かれている「ポツポツ」や「ポンポロリン」は、雨が何に当たった音なのか、興味や関心を高める。
20	3．校庭探検をしながら、音探しをする。 ・計画を立てた場所を全員で聞きに行く。 ・自分で聞いてみたい場所で音を聞く。 　●音だけでなく、自然園には雨の日の湖があるよ。 　●長靴で歩いた場所が、雨の日は迷路みたいに見えるよ。	○当たる物によって、音が違うことに気付かせる。 ○音探しの発展で、天候によって校庭の様子が違うことに気付かせる。
15	4．学習のまとめ ・見つけた音を共有する。 ・もっといろいろな音を聞くための計画を立てる。	○雨の日の外の様子に興味をもたせる。 ○次の授業の見通しをもたせる。

あめのひたんけん

※遊びや生活の中で、経験した自然への関心を生かす。
※日々の生活の中で、雨の日でも外に出て自然とかかわってみたいという関心を高める。

読み聞かせ
　雨の日の外の様子を知らない。

雨の日の校庭探検
　雨の日の校庭は、楽しい音がたくさん聞こえて、普段の様子とは違うことに気付く。

見つけた音の共有
　探検や遊びを通して、今まで見たり聞いたりしたことのない自然の様子に関心をもつ。

↓　参加したくなる雰囲気をつくる
↓　探検をしながら、雨の日の外の様子に興味をもたせる

接続を踏まえた指導の工夫（学びの連続性）
人とのかかわり：相手の気持ちを感じ取ったり、状況に応じて動いたりすることの大切さや必要性に気付いた経験を生かす。
学　　　び：園での遊びや生活の中で、雨の日の過ごし方や興味をもったことを生かす。
生　　　活：15分単位の活動内容も、手遊びやロールプレイングなど動きのある活動を工夫する。

7 学び　興味・関心編③

5歳児1学期　何本倒せるかな？

　S児がY児に「ボーリングやろう！」と声をかける。近くにいたH児も「ぼくも仲間に入れて。」と言って、3人でボーリング遊びが始まった。S児は「ボーリングって、ピンが10本立っているんだよね。」❶と言って、「1、2、3…8、9、10」と数えながら10本ピンを並べる。ピンを並べ終えると、S児が「Yくん、1番にやっていいよ。」と声をかける。Y児がボールを転がすと、S児とH児が「1、2、3、4、5」と倒れたピンを数える。そして、「Yくん、5本倒したよ。」❷と言って、2人でまた数えながらピンを10本並べる。S児が「今度は、Hくんやっていいよ。」と言うと、H児がボールを転がす。今度は、S児とY児で倒れたピンをそれぞれに数える。「1、2、3、4、5…。わからなくなっちゃった。」そこで、保育者が「2人で一緒に、もう一度ゆっくり数えてみたら？」と声をかけると、2人一緒に「1、2、3、4、5、6、7、8、9。」と数え、Y児が「すごい、Hくん9本も倒した！」❸と言う。S児が「よーし、今度はぼくの番だぞ！」と言ってボールを転がす。倒れたピンを見て、H児が「Sくんすごいや。全部倒したよ！全部だから、Sくんは10本倒したんだね。Sくんが1番だ。」❹と言うと、S児が「ヤッター！じゃあ、今度は誰がいちばん多く倒せるか勝負しよう。」と言う。H児が「前にお父さんとお母さんとボーリングに行った時、得点表があったよ。何回戦にする？」と問いかけ、S児が「3回。」と答えると、H児とY児が「いいよ。3回戦ね。」と言い、紙とサインペンを持ってきて得点表を作りはじめた。❺

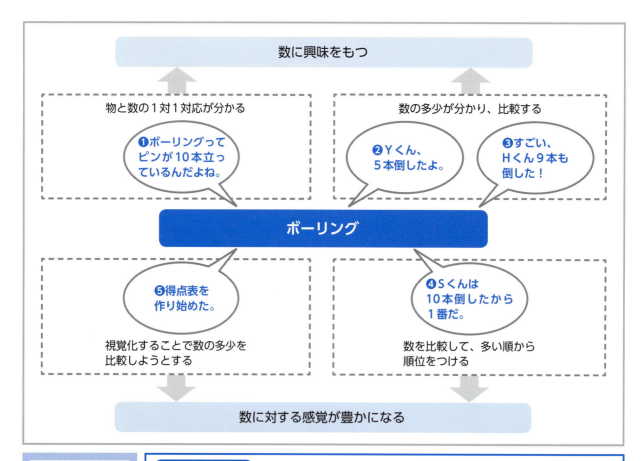

予想される活動例	指導や環境の工夫
・なわとび ・虫捕り ・鬼ごっこ　など	・数を数える必然性のあるゲームを繰り返し楽しむことで数に対して関心がもてるようにしていく。 ・繰り返し数を数えることで、数の多少に興味・関心をもてるようにしていく。

5歳児2学期　何個あるのかな？

　10月中旬、園の庭にある柿が色づいている。それを見ていた子どもたちは「先生、柿がたくさんなっているよ。もうとってもいいんじゃない？」「早く食べたい。」「鳥が食べちゃうよ。」と話している。保育者は「そうだね、そろそろとってみようか。」と子どもたちの声を受け止め、収穫することになった。

　用務員さんにもいでもらった柿を一人一人受け取り、笑顔で見つめていたので、保育者が「ハンカチで柿を磨くとピッカピカになるんだよ！」と伝え、実際に磨いてみせた。子どもたちは「ピカピカだ！」「宝石みたい！」「やってみる！」と目を輝かせ、真似して磨きはじめる。柿の実を磨いては、机の上にランダムに並べていく。しばらくして机いっぱいになった柿を見た子どもたちは、「いっぱいだ〜！」「何個あるの？」❶と大騒ぎになる。子どもたちは「1、2、3…」❷と数え始めるが、ランダムに置いた柿を数えていると、途中で「あれ、何個？」「これ数えたっけ？」❸と混乱し始める。そこで保育者は、「バラバラだと数えにくいね。」とつぶやく。その言葉を聞いていたA児が、「並べたらいいのかな？」❹と、そばにいたB児に話しかけ、「やってみよう！」と2人で並べはじめた。しばらく様子を見てから、保育者が1列に10個ずつ並べはじめると、2人で顔を見合わせ、10個の列を作りはじめる。❺保育者が、「10個ずつ並べると数えやすいね。」と、周りの子にも聞こえるようにつぶやくと、みんなも10個の列を作る。全部並べ終えたところで保育者と一緒に数え、全部数えられたことを、みんなで喜んだ。

予想される活動例
- ドッジボール
- トランプやかるたを数える　など

指導や環境の工夫
- 収穫した柿をハンカチで磨くと光るという不思議さや、柿を並べて「たくさんある」という感覚を味わうだけに終わらせないために、意図的に数に興味をもつように働きかけていく。
- 保育者が「数えてみようか。」と主導するのではなく、「何個あるの？」「数えたい！」「分からなくなった。」という子どもが抱く気持ちを大事にしながら援助する。

5歳児3学期　同じ人数にしようよ

　2学期から始めたドッジボールは、毎回10人以上が集まって繰り返し遊んでいたが、人数が奇数になると、保育者の援助なしに遊びはじめるのが難しかった。冬休み明け、久しぶりにドッジボールをしようと15人の子どもが集まった。A児「わたし、ピンクチームがいい。」、B児「わたしもAちゃんと一緒のピンクチームがいい！」、C児「ぼくは、黄色チームが少ないから入ってあげる！」、D児「Cくん当てるのうまいから、一緒がいい！」❶など、思い思いに自分が所属したいチームを言い合うため、なかなか人数が揃わずゲームを始められない。いつまでも遊びはじめられないことに不満をもったE児が、「早くやろうよ。」と言う。それを聞いた保育者が、「なんで始められないの？」と問いかけると、子どもたちは口々に「同じ人数にならないから。」❷と答えた。「人数が同じじゃないとダメなの？」とさらに問いかけると、子どもたちは「同じじゃないと勝負にならないよ。」❷と言う。E児が「みんな手をつないで並べばどう？」❸と提案すると、C児が「リレーの時も、今までのドッジボールの時も、2人組になったよね。」❸と言い、みんな手をつないで並びはじめた。E児が「1、2、3…。」と数えはじめると、F児は「ぼく、手をつなぐ人がいない。」、E児は「ピンクが1人足りない。」❹と言う。すると、A児が「じゃあ、友だちを1人呼んでくるね。」❺と言って、友だちを連れてくる。E児は2人組が何組あるかを数え、「ピンクも黄色も8だから、同じになったね。」❻と言い、ゲームが始まった。

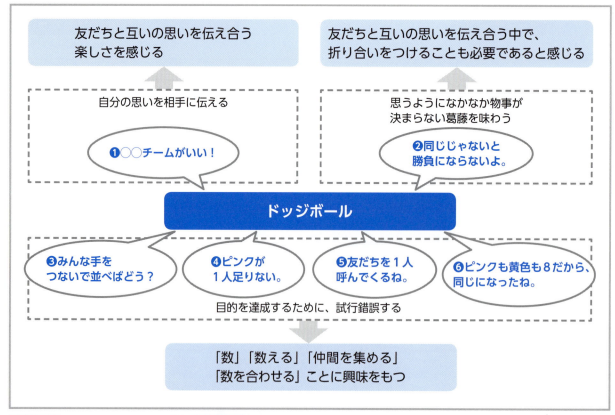

予想される活動例
・その他の集団ゲーム
・トランプやかるたを数える　など

指導や環境の工夫
・保育者は、人数を合わせることにこだわるのではなく、一人一人の「どのチームに所属したい」という思いを大事にして、友だちと伝え合えるようにする。また、人数を合わせたいという子どもの思いが出てきた時に、どうすればよいのかを考えさせるようにする。
・人数を合わせることに時間がかかり、「遊びはじめられない。」という葛藤や焦りを感じる経験を通して、遊びはじめるために、どうしたら効率的に人数を合わせられるかを考える機会を大切にする。

小学校入門期 なかまづくりと「あいうえお」

学習活動例（スタートカリキュラム＋算数的活動＋国語的活動）

時間	学習活動（●予想される児童の反応）	○指導上の留意点
10	1．オープン遊び（心ほぐしの活動） 　●リズム遊び 　●なかまづくり遊び（算数的活動） 　●百玉そろばん　など	○教室の机といすを移動してスペースをつくり、友だちとかかわる活動を通して、気持ちを切り替えて学習への参加意識を高める。
5	2．声集め（集団遊び） 　●「あいうえお」のおはなし遊び（国語的活動）	○いろいろな方法で「あいうえお」を発音する。口形を意識しながら、遊びを楽しむようにする。
10	3．ひらがな「て」（学習タイム1） 　●ピコピコテレパシー（導入） 　●「て」のつくことば集め 　　（算数的＋国語的活動） 　●「て」を書く時の目当て決め	○保育者と遊んだ「ピコピコテレパシー」で集中させる。 ○「て」のつく言葉を集める。 ○友だちの発表に、「て」がいくつ入っているかを数える。 ○みんなで目当てをつくる。
5	●「て」の空書き遊び（リラックスタイム） 　指で空書き、体で空書き、目の運動	○立ったり座ったりしながら、「て」の体で空書き遊びを楽しむ。 ○目で形を捉えることが苦手な児童が数名いるので、目で動きを追う運動を入れる。
5	●「て」練習タイム（学習タイム2） 　合言葉 　「2本でパックン　中指　まくら」（鉛筆の持ち方） 　「ぐー　ぺた　ぴん　さっ」（学習時の姿勢） 　「気持ちを整え（先生）」「さあ書こう（児童）」	○持ち方、姿勢は全体で合言葉を唱えながら意識させる。 ○消しゴムは使わず、とにかくほめる。
5	●個別指導（ほめほめタイム） 　できたら先生に見せる。	○「て」の添削指導をしながら、がんばりを認め、とにかくほめる。 ○個別に次時の目標を伝える。
5	4．本時のまとめ 　●学級としてのがんばりについて	○「みんなで勉強してよかった」と思えるようなまとめにする。

接続を踏まえた指導の工夫（学びの連続性） は、151ページへ

8 学び　興味・関心編④

5歳児1学期　聞いて聞いてぼくの話

　進級して1か月が過ぎ、年長として張り切る気持ちや、園でいちばん大きいクラスだという自覚が芽生え、いろいろな思いが膨らんできた子どもたち。ゴールデンウィークを楽しく過ごし、久しぶりに友だちと園で会い、うれしくにぎやかな朝。会話を聞いていると、休み中の出来事を友だちに話し、盛り上がっている。❶友だちの話を聞くより、とにかく自分がやったことを話したい感じである。朝の会の時間になっても、おしゃべりが止まらないA児。「Aちゃん、おしゃべりが止まらないね。」と声をかけ、静かにすることに気付かせた。「だっていっぱい休んでいたでしょ。キャンプに行ったことをしゃべっていたんだよ。」❷という返事が返ってきた。「ぼくもね、家族でキャンプに…。同じだね。」❸と言うB児の声も聞こえた。み

んなに伝えたい気持ちがあると感じたので、「これから、みんなの前で、お休みの時の楽しかったことを発表してみない？」と提案した。「うん、やろう。」❹とM児。「え〜、いやだ。」❹というY児。「じゃあ、どうする？」と投げかけると、「しゃべりたい子が手を挙げて、やればいいんじゃない？」❺とK児。「そうしよう。」とみんなが言って、発表タイムが始まった。「ぼくもやっぱり話したい！」❹とY児。そして、Y児は休み中に公園で遊んだことを楽しそうに話した。❻

```
           自分の考えや経験したことを
           伝え合う楽しさを感じる
                    ↑
        友だちに自分の経験を話したいと思う

  ❶休み中の出来事を    ❷いっぱい休んでいた      ❸ぼくもね、
  友だちに話し、       でしょ。キャンプに       家族で
  盛り上がっている。    行ったことを          キャンプに…。
                    しゃべっていたんだよ。

              経験したことを友だちに話す

  ❹うん、やろう。    ❺しゃべりたい子が       ❻休み中に公園で
  え〜、いやだ。     手を挙げて、やれば       遊んだことを楽し
                  いいんじゃない？        そうに話した。

   個々に伝えることと発表することの違いが分かる    みんなの前で発表したい
                                              と思う
                    ↓
        大勢の前で発表して、受け入れられる喜びを感じる
```

予想される活動例
- グループの名前を決める
- 発表会での出し物や役割を決める　　など

指導や環境の工夫
- 久しぶりにクラスの仲間と会ったうれしい気持ちを受け止め、クラスの友だちに関心をもつことや、自分が経験したことを友だちに伝えたいという気持ちを育てていく。
- 聞く子も興味をもち、イメージがもてるように、後で質問タイムなどをつくり、簡単なやりとりにつなげられるように進めていく。

5歳児2学期 夏休みに体験したことを話す

　夏休み明け、みんながどのような夏休みを過ごしていたのか知るために、絵や写真も貼って楽しかった夏休みの思い出を記した「夏休み帳」を見ながら、順番に発表し合う時間をつくることを伝える。自分の夏休みの体験の中でみんなに伝えたいことを話すこと、また、友だちの話は最後まで聞くこと、質問の時間には手を挙げて聞いてみたいと思ったことを聞くこと、という発表のルールを子どもたちに伝えた。

　A児は緊張しながらも、「夏休み、お父さんと一緒にプールに行って遊んで楽しかったです。いろんなプールがあって、おもしろかったです。」❶と自分の経験をみんなの前で話した。保育者は、A児にどこのプールに行ったのかを質問し、次に、他の子どもたちに聞いてみたいことがあるか尋ねた。すると、B児が「どんなプールがあったんですか？」❷と質問した。A児は「園のみんなで走って作った流れるプールがありました。」❸と答えた。それを聞いて、C児は「わたしも流れるプールに行った。」、D児は「ぼくは、波が出るプールにも行ったよ。」❹と、A児の体験に近い自分の体験を発言した。

　それを機に、質問をしたい子どもたちの手が挙がり、A児が指名し、質問に答えるというやりとりが続く。❺子どもたちは質問する友だちの話をよく聞いていて、D児「Bくんがこの質問をしたから、違う質問をしよう。」❻と言って、手を挙げる姿が見られた。

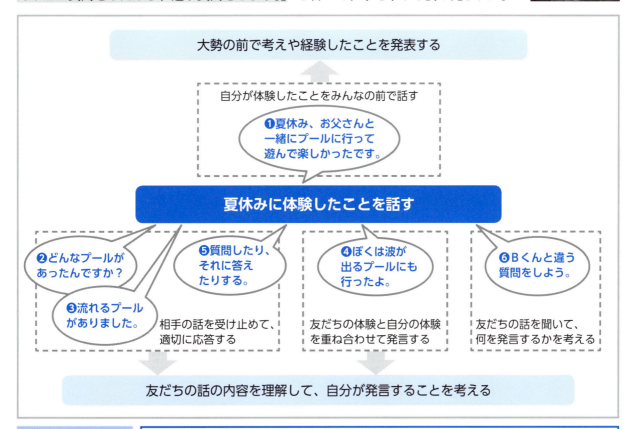

予想される活動例
- リレーやドッチボールのチーム決め　など

指導や環境の工夫
- 何を話したらいいのかヒントが得られるように話を引き出していく。
- 友だちの話を関心をもって聞くことができるように、絵や写真を示したり、言葉を補足したりしていく。
- 自分の体験を学級のみんなの前で発表することを通して、自分の話を聞いてもらううれしさを味わえるようにする。
- 友だちの話を聞いて、自分の体験と重ね合わせて考えたり、様々なことを感じ取ったりできるように、共感したり伝わりにくい点を補足したりしていく。
- 学級という集団の中で、自分の思いを言葉で表現したり聞いたりする楽しさを味わいながら、話すこと、聞くことに対する意欲や望ましい態度が身に付くようにしていく。

5歳児3学期　それいいね！よくわかる

　修了式の「思い出の言葉」をグループに分かれて考える。あるグループでは、「2学期に楽しかったことやがんばったことは何か」について、グループの友だち6人で話し合いを始める。A児は「ぼくは、運動会が楽しかった。」❶と言い、それを聞いたK児は「竹馬や跳び箱をがんばったよ。」と言う。さらに、T児は「リレーや踊りも楽しかったよね。」❷と言う。M児はそれぞれの思いを聞き、「じゃあ、運動会では、『竹馬や跳び箱をがんばりました。リレーや踊りも楽しかったです。』って言おうよ。」❸とグループの友だちに向かって言う。話し合いの様子を見ていた保育者は、「どんなことをどんなふうにがんばったのか、楽しかったのかを言ったほうが聞いている人が分かると思うよ。」と助言する。保育者の話を聞いたK児は「何回も転んだけど、チャレンジしたよね。」と答え、A児は「そうそう。あきらめないで、がんばってできた時はうれしかったよ。」❹と言う。A児が「Tくん、リレーと踊りはどう？」❺と尋ねると、T児は「友だちと力を合わせてがんばったって言いたい。」❻と答え、Y児は「気持ちも合わせてたから、それも入れたいね。」❼と賛成する。その言葉を聞いたM児は、「『運動会では、竹馬や跳び箱をがんばりました。あきらめないでチャレンジして、できた時はうれしかったです。リレーや踊りも、気持ちと力を合わせてがんばりました。』でいい？」❽とグループの友だちに向かって言う。M児の話を聞いたグループの友だちは、「それいいね！よくわかる。」❾と賛成し、この言葉をグループで言うことを決めた。

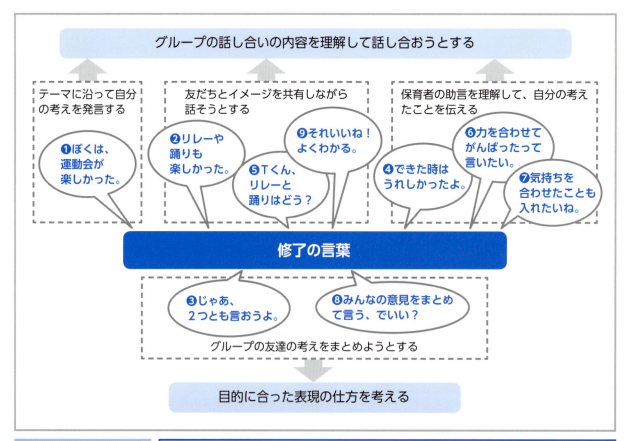

予想される活動例
- 冬休みの経験の発表
- 修了式の思い出の言葉を考える
  など

指導や環境の工夫
- 話し合う目的をはっきりさせ、どのような表現の仕方がよいかを考えられるよう促す。
- 相手の話を聞いて自分の思いを伝えたり、相手の話を受けて良いところを見つけて伝えようとしたりするよう促す。
- 子どもたちが自分たちで話し合う時間や場所を保障し、思いや考えを伝え合いながらやりとりをできるようにする。

小学校入門期　ひらがなの学習「み」

学習活動例（国語）

時間	学習活動（●予想される児童の反応）	○指導上の留意点
5	1．本時の学習の流れを知る。 2．「あさのおひさま」を音読する。	○授業の見通しを示す（UDの視点）。 ○声のものさしで大きさを指示する。
10	3．既習のひらがなでことば集めをする。 　●一音、二音、三音、四音のことば集めをする。	○発表する時の約束を確認する。 　挙手、指名されたら返事をして立つ。
15	4．「み」のつくものクイズ 5．「み」の形パズル 6．「み」のつくことばを考え、発表する。 　●読みながら、リズム打ちをする。	○答えを絵で示す。 ○予想させて並べ直す。 ○出てきたことばを板書する。
5	7．「み」の書き方を知る。	○練習用プリントを配布する。 ○むすび、とめ、はらい、おれに注意させる。 ○書く時の姿勢、鉛筆の持ち方について確認する。 ○個別に、始点・終点の助言をする。
10	8．「み」がつくことばの絵を色鉛筆で塗る。 9．本時の振り返りをする。	○運筆練習として色塗りを丁寧にさせる。

ひらがなの学習「み」

- 読みながらリズム打ちをする
  - 知っていることばを発表する。
    - 学習につまずきのある子どもへの多層指導モデル
      ・MIM（ミム）
      ・特殊音節の習得

- 絵本の読み聞かせなどから、文字に対する興味や感覚を養っている
  - 「み」のつくものクイズ、形パズル、ことば探しをする。

- 空書きなど動作することで集中している
  - 練習用プリントで「み」の練習をする。

ことばへの興味・関心を高めている

友だちとのかかわり、教師とのかかわりが深まるようなクイズやゲームを中心に、意欲的に学んでいる

接続を踏まえた指導の工夫（学びの連続性）

- **人とのかかわり**：友だちや保育者との信頼関係やつながりを深めるような、ゲームやクイズを用意する。
- **学　　び**：知っていることばを使ったクイズやことば集めで、ことばへの興味・関心を高める。
- **生　　活**：リズム打ちや空書きなど動作化することで、学びに集中させる。

9 学び　表現編①

5歳児2学期　描こう！運動会の楽しかったことを

　10月、子どもたちは、"運動会"という共通の目的に向かって、リズム表現、リレー、かけっこ、個人種目（竹馬、鉄棒、縄跳び）などに取り組んだ。特にリレーが大好きなA児は、勝ったり負けたりする経験を通して、喜んだり悔しさで泣いたりするなどの感情体験をしていた。❶また、チームの友だちと力を合わせてがんばりたいという気持ちをもっていて、順番を待っている間も、友だちを大きな声で応援していた。❷

　運動会の後、楽しかった思い出をパステルで描く活動を行う。A児は、「リレーが描きたい！」❸と保育者に話す。同じテーブルにいたB児も「わたしも、リレー描くんだ！」と話している。保育者が水色と黄土色の2色の画用紙を提示すると、A児は「土の色にしよう！」❹と黄土色を選び、リレーの様子を描きはじめる。A児は「友だちを抜かそうと思って力いっぱい走ったんだ！」、B児は「わたし、アンカーだった。1位でゴールできたんだ。」❺と思い出を話しながら、楽しそうに描いていた。保育者が「Bちゃんは、友だちをたくさん描いているね。」と声をかけると、B児は「みんなを描きたいの。」❻と話す。その会話を聞いていたA児は「みんなでがんばったもんね。」❼と話し、走る自分を描いた後、一緒に走った友だち、順番を待つ友だちを描きはじめた。A児は、「全員を描くのけっこう大変〜！」と笑顔でB児と話している。その日の活動が終了した後、A児「まだ描きたいから続きにする。」❽と言うので、保育者は「楽しい絵になりそうね。」と期待する気持ちを伝えた。2日後、A児は「できた〜！」❾と喜んでいた。

```
          自分の体験を表現したいという気持ちをもつ         自分のイメージを表現する
                                                          楽しさを感じる

  様々な感情体験    仲間意識をもつ    場面や感情体験を    満足するまで      仕上げた満足感
  をする                            思い出し、情景を    やろうとする      を味わう
                                    イメージする

  ❶勝敗の経験      ❷友だちを       ❺1位でゴール    ❽まだ描き       ❾できた〜！
  を通して感情     大きな声で      できた。         たいから続
  体験をする。     応援する。                       きにする。

                            運動会の絵を描く

  ❸リレーが       ❹土の色に       ❻みんなを       ❼みんなで
  描きたい！      しよう！        描きたいの。     がんばったもんね。

  何を描くかのイメージ    描く場面をイメージし    どのように描くかイメージをもつ
  をもつ                  て紙の色を決める

              自分の描きたい場面をイメージしながら取り組む
```

予想される活動例
- 遠足の思い出を描く
- 秋の収穫物の絵を描く　など

指導や環境の工夫
- 楽しかったこと、がんばったことなど、その時に見た状況や気持ちを思い出している姿を認めながら進めていく。友だちと会話したり、友だちが描く絵を見たりする中で、刺激を受けたことを自分なりに絵に取り込んでいけるような雰囲気をつくっていく。また、思いを十分に表現できるように時間を保障する。
- 絵を描く楽しさを味わえるように、2色の画用紙、水色（空の色）と黄土色（地面の色）を提示する。

5歳児3学期　劇の大道具を作ろう！

　2月中旬の生活発表会に向けて、クラスで「未来の自分を見に行ってみよう！」というテーマで創作劇を行うことにする。保育者は、まず"未来に行くための道具"についてクラスで考える時間を設けた。「どこでもドア！」「どこでもドアは、いろんな場所に行けるけど、未来へは行けないよ。」「空飛ぶ電車は？」「タイムマシン！」❶など、様々な考えが出てくる。「ドアにダイヤルをつけるのはどう？」❷というA児の考えに対して、他の子どもたちは「それだったら、大きくなった時代にダイヤルを回せばいいんだよ。」❸と盛り上がり、"ダイヤルタイムドア"で未来に行くことになる。

　話の内容が決まり、いよいよ表現遊びを行う。しばらくはダンボールをドアに見立てて遊んでいた。ある日、保育者が「ダイヤルタイムドアは何色かな？」と尋ねると、子どもたちは「ピンク！」「赤がいい！」「黄色！」❹と、思いつくままに自分のイメージを話す。保育者が「みんなの願いを叶えてあげたいけど…。」とつぶやくと、B児が「虹色は？いろんな色が入っているよ。」❺と言う。そこで保育者は、「そうだね。みんなの願いも叶うし、いろいろな時代に行けそうだね！」と考えをまとめていく。

　後日、ダイヤルタイムドアにクラス全員で交替しながら絵の具で色付けを行う。保育者は友だちと協同で取り組みやすくなるように、実際の虹の配色を伝えた。子どもたちは、それを受け止め、「いちばん上は赤にしよう。」「青はいっぱい塗りたい！」「黄色の場所、少なかったかな？」❻と、友だちの動きを意識しながら色を塗る。そして、完成をクラスのみんなで喜び、翌日からの表現遊びに使って遊ぶ。❼

予想される活動例
- 発表会の背景、小道具作り
- 修了制作

など

指導や環境の工夫
- 劇遊びで表現を楽しむために、物語のイメージを膨らませる活動や、必要な道具を子どもたちと一緒に考える時間を大切にしていく。
- 大道具を協同作業で作る時は、「やること」や「めあて」を絞って伝えることで、友だちとやり遂げたという満足感を味わえるようにする。自分たちで作ったものを使うことで、身体表現への意欲も高めていく。

小学校入門期　すなばであそぼう

学習活動例（スタートカリキュラム）

時間	学習活動（●予想される児童の反応）	○指導上の留意点
10	1．砂場遊びの注意を聞く（保育者から）。 ●保育者が、来てくれてうれしい。 ●幼稚園、保育園と同じように遊んでいいんだ。	○砂場で使う道具は園から借りて、砂場の周りに準備しておく。
30	2．自由に砂場で遊ぶ。	○砂場での約束が園によって異なる場合は、子ども同士の情報交換を促す。 ○小学校での約束づくりにつなげる。
5	3．片付けをする。 4．保育者にあいさつをする。 学習のまとめ	○遊んでもらったお礼を伝える。 ○次の日から、登校したら、砂場で遊んでよいことを伝える。

すなばであそぼう

遊びや生活の中で、経験した造形活動を楽しむ

- 幼稚園の先生の話を聞く
  - はじめて小学校の砂場で遊ぶことへの不安感。
- 幼稚園の先生と一緒に砂場で遊ぶ
  - 小学校でも砂場遊びしたいな。
- 登校後、砂場で遊ぶことを知る
  - 登校後、新しい友だちと、今までの経験を生かして造形活動を楽しむ。

↓ 安心して活動する雰囲気をつくる

↓ 明日から新しい友だちと学校生活を楽しもうという気持ちを育てる

接続を踏まえた指導の工夫（学びの連続性）

人とのかかわり：以前いた園の保育者と砂場遊びをすることで、安心して友だちと表現することを楽しむ。
学　　　び：園での遊びや生活の中で、経験した造形活動を楽しむ。
生　　　活：小学校でも砂場で楽しく遊んでよいことを知らせ、明日からの学校生活への期待につなげる。

接続を踏まえた指導の工夫（学びの連続性）

「日野第一小学校スタートカリキュラム」の概要　※152・153ページも参照

入学当初の一日の流れ

> のんびりタイム・ぐんぐんタイム・わくわくタイム

　子どもたちが、園などでの遊びや生活の経験を十分に発揮し、新しい学校生活を学級のみんなでつくりだしていくことができるように、安心感、期待感、達成感を大切にした生活になるように進めている。入学当初は一日の流れをほぼ固定して、見通しをもって生活できるように工夫している。

ねらい	時間	時間割上の名称	どのように・例
園などでの朝の自由遊びに似た時間。自分のペースで1日をスタートする。	朝 1校時	のんびりタイム	朝の支度が終わった児童から、お絵描き、本読み、ブロック、外遊びなどを自由に楽しむ。
新しい人間関係を築き、安心感ややる気を育てる時間。集団遊びをメインに行う。			みんなで決めた遊びを行い、楽しむ時間。トラブルなどをみんなで考え、学級の約束をつくる。
児童の思いや願いを生かして活動を展開する時間。生活科が中心となるが、学習への期待感に応じて、教科を中心とした時間も行う。	2校時 3校時	ぐんぐんタイム	みんなで約束を決めて、学校探検をしたり、校庭で遊んだり、算数や国語の学習をしたりする。
1日の振り返り（達成感）や次の日への期待感を育む。	4校時	わくわくタイム	楽しかったことや見つけたことなどについて子どもたちが話したり、1日の活動を保育者が認めたりして、達成感を味わわせる時間。また、次の日の見通しをもたせ、期待感をもって下校できるようにする時間。

入学してからではない!? ゼロからではない!? ひのいち スタートカリキュラム

　日野第一小学校では、「ゼロからのスタートではない」というスタートカリキュラムを見直し、幼保小の連携をより密に深めながら、入学前からの接続カリキュラムを実践しました。

① 「小学校って、こんなことをするんだ!」という安心感と見通し
② 「小学校って、おもしろそう!!」という期待感
③ 「勉強って、おもしろい!!」「やってみたらできた!!」という達成感

　就学前の子どもたちが、安心感・期待感・達成感を持って入学できるように、昨年度は、日野市立第三幼稚園、日野駅前かわせみ保育園との交流を、3学期に行いました。以下は、活動計画と大まかな内容です。

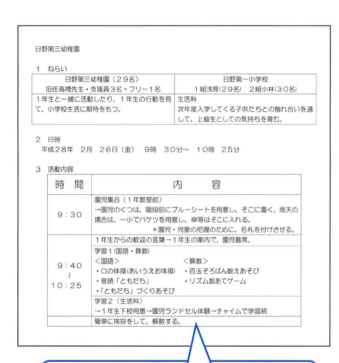

> 1つの活動でも、園児と1年生でねらいを明確にして交流を行いました。

> 園長先生や年長組の先生と、打ち合わせをしながら、子どもたちの思いに合わせた交流活動を計画しました。園によって、活動内容が異なるのは、そのためです。

〈交流学習を終えて、園児の感想〉
・お勉強って楽しかった。
・早く小学校に行きたい。
・ランドセルは、予想よりも重かった。でも、がんばりたい。
・百玉そろばんが、おもしろかった。　　　　　　　　　　　　　　　　　　　　　　　など

> 従来の昔遊び交流や学校案内のような交流は、就学前の子どもたちの思いや願いに即していないのではないか。

　そのほか、園児の保護者が、「小学校の先生の話を聞いて、言われたとおりに動けたので、安心した。」「小学校に行って楽しかったと子どもがたくさん話をしてくれた。」と話していたことも伺いました。

第三幼稚園との交流活動

　昨年度は、各学級で週に１回、朝30分程度、園長先生をはじめ、幼稚園の先生方に小学校へ来校いただき、教室の中でできる読み聞かせや手遊び、簡単なゲームなどのゆったりとした楽しい時間をつくっていただきました。

　2016（平成28）年度は、４月11日（月）～19日（火）の毎日、各学級で楽しい時間をつくっていただきました。

　以下が交流活動の概要です。

日にち	内容
４月11日（月）	学年合同：園長先生の紹介と１週間の活動の見通し 手遊び歌、読み聞かせ、ゲーム
４月12日（火）	１年生を迎える会のため、お休み
４月13日（水）	各学級 手遊び歌、読み聞かせ、ゲーム
４月14日（木）	１組：砂場遊び（ゲーム） ２組：『おおきなかぶ』読み聞かせ、手遊び歌、ゲーム
４月15日（金）	１組：『おおきなかぶ』読み聞かせ、手遊び歌、ゲーム ２組：砂場遊び（ゲーム）
４月18日（月）	学年合同：幼稚園の保育者と小学校の先生のコラボ劇『おおきなかぶ』 先生たちの『おおきなかぶ』の劇を楽しむ→でも、カブが抜けない ☆どうやったらカブが抜けるかな？（学年での話し合い活動） 〈子どもたちの考えた手立て〉 ・みんなのかけ声で応援する。 ・抜く前に、みんなで準備運動をする。 ・特別な助っ人を呼ぶ。 　→孫、相撲取り、力持ちのゴリラ、進撃の巨人、ゾウさん、サッカー選手 次の日の劇遊びへの期待を膨らませて終わる。
４月19日（火）	学年合同：幼稚園の保育者と小学校の先生のコラボ劇『おおきなかぶ』 抜けなかったカブを抜こうと、前日に考えた手立てで、子どもたちも参加してつくる劇遊び 　→大きなカブが抜けると…。カブの正体は、なんと！校長先生！ ☆抜けたカブはどうする？（学年での話し合い活動） 〈子どもたちとの話し合いの結果〉 ・校長先生カブを、お味噌汁に入れておいしく食べました。 ☆どんな味がしましたか？ ・校長先生の味がした。 ・いっぱい汗をかいたから、少ししょっぱかった。 ・甘くておいしいカブの味がした。　　など

　劇遊びの道具など、園長先生をはじめ幼稚園の先生方に完全に甘えながらの劇づくりでした。

　「抜けないカブをどうしよう？」などと話し合い、オリジナルキャラクターを登場させる考えを出すなど、園で経験してきたことを、小学校でも同じように話し合えることに安心した子どもたちがたくさんいました。みんなで考えた活動で、校長先生がカブをおいしく味わう姿が、達成感につながりました。

10 学び　表現編②

5歳児1学期　やってみたいね。どんな音かな？

　年長組になって保育室を移動した子どもたち。部屋の片付けを進めていると、A児がハンドベルを見つけて、「これ何？」❶と保育者に尋ねてきた。すると、そばにいたB児が、「ハンドベルだよ。ドレミファ…ときれいな音が出るんだよ。こうやってやるんだよね。」❷と、しぐさで楽器の鳴らし方を教える。子どもたちから「やってみたいね。」「みんなで歌をやろうよ。」❸という声があがる。

　Y児は「難しいからやりたくない。」と表情が暗い。それに気が付いたB児が「わたし、ピアノ習っているんだ。ドレミ分かるから教えてあげるよ。」と誘うと、Y児は「うん、やってみる。」と答える。

　保育者は、ハンドベルにはドレミファソラシドの音があることを伝え、8名の子どもを前に呼び、1人に1つずつベルを渡した。ハンドベルを手にすると、子どもたちはすぐに音を出しはじめた。音が混ざり合ってうるさくなることを感じたB児が、「ドレミの順番に並んでやってみよう。」❹と提案し、1人ずつ順番に鳴らした。すると、1つ1つの音が響き、「わあ〜！」❺という感動の声があがった。

　誕生会ではハンドベルの演奏を発表し、みんなから拍手をもらって演奏することの楽しさを感じた。❻その後も、きれいな音を意識しながら、いろいろな曲を演奏することを楽しんだ。❼

楽器を使って表現する楽しさを感じる

- 楽器の名前や鳴らし方を伝え合う
  - ❶これ何？
  - ❷ハンドベルだよ。こうやってやるんだよね。
- 楽器に興味をもつ
  - ❸やってみたいね。
- きれいな音が響き合うことや、友だちと音を奏でる楽しさなどに気付く
  - ❻拍手をもらい演奏の楽しさを感じた。
  - ❼きれいな音を意識しながら、演奏を楽しんだ。

ハンドベルの演奏

- 鳴らす音と音階を確かめる
  - ❹ドレミの順番に並んでやってみよう。
  - ❺わあ〜！（感動の声）

音楽の楽しさや表現する楽しさを感じる

予想される活動例
- 合唱
- 合奏
（誕生会、発表会、朝の会などで）　など

指導や環境の工夫
- はじめて触れる楽器のワクワク感。「どんな音なのか？」という期待感を膨らませた。
- 音階があることや、音の響きにも気付かせ、友だちと一緒にハンドベルを使って曲になっていく喜びを感じられるようにした。
- 美しい音を出すためには、正しい楽器の扱い方や扱う時の約束があることをみんなで確認し、気持ちのよい「音」を感じられるようにした。

5歳児2学期 クリスマスに似合う音だね！

保育者が「ここにいろいろな楽器があるから、鳴らしてみるね。どんな音が聞こえるか教えてね。」と、楽器を鳴らす。保育者がトライアングルを鳴らすと、Y児が「トライアングルだ。"チーン"だよね。」❶と答える。次に、「じゃあ、他の楽器はどうかな？」と鈴を鳴らした。Y児が「鈴は"リンリン"でしょ？」と言うと、それを聞いたH児が「えっ、"シャンシャン"って聞こえるよ。」❷と言う。T児は「トライアングルは早く鳴らすと"チリチリ"っていうよね。」❸と友だちに向かって言う。保育者が「同じ楽器でも、鳴らし方で変わるね。」と声をかける。

K児が「トライアングルってきれいな音！クリスマスの歌をやったらどう？」❹と言う。H児が「えー、なんで？クリスマスの歌は鈴のほうがいいよ。Tくんは？」。と聞くと、T児は「鈴かなぁ。」と答える。それを聞いたK児が「じゃあ、楽器は1つじゃなくて、まぜてやればもっといいんじゃない？」❺と言い、それを聞いたK児とH児が「いいね！」「それでやろう！」と賛成する。

保育者が「クリスマスに合う楽器をいくつか使って合奏すると楽しそうだね。」と声をかけると、「うん、やってみよう。」とクリスマスの曲に合わせて、トライアングルや鈴などを鳴らしはじめた。

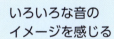

```
いろいろな音の              友だちと音のイメージを
イメージを感じる            共有する楽しさを感じる
        ↑                           ↑
聞いた音を自分なりに         鳴らし方で違う音が
感じた言葉で表現する         出ることに気付く

❶トライアングルだ。  ❷"シャンシャン"って    ❸トライアングルは
  "チーン"だよね。      聞こえるよ。            早く鳴らすと
                                              "チリチリ"っていうよね。

                    楽器遊び

❹トライアングルって                  ❺楽器は1つじゃなくて、
  きれいな音！クリスマス                 まぜてやれば
  の歌をやったらどう？                   もっといいんじゃない？

音のイメージから曲を選ぶ      楽器を合わせて鳴らす楽しさに気付く

            音や曲のイメージを表現する楽しさを感じる
```

予想される活動例
・楽器遊び
・誕生会の出し物
　　　　　など

指導や環境の工夫
・リズム楽器を鳴らして遊ぶ経験を重ね、それぞれの楽器のイメージをもてるようにしておく。
・楽器の音を聞いて感じたことを伝え合う機会をつくり、友だちの感じ方も受け入れながら、「次はこんなふうにやってみたい。」と合奏への期待を高めていく。

5歳児3学期　他の楽器も一緒に鳴らそうよ！

　みんなで合奏をするために決めた曲を聞きながら、「どの楽器をどのように鳴らしていこうか。」と子どもたち同士で話し合っている。Ａ児が「はじめは、歩いているみたいだから、カスタネットで１、２、３、４ってやったらいいんじゃない！」❶と言うと、Ｂ児が「そうだね。次のところは、だんだん元気になってくるみたいだから、タンブリンで強くたたいたら、いいね！」❷と答える。Ｃ児も「そうだね。」と賛成し、Ｄ児は「その次のところは優しい感じだから、トライアングルで鳴らしたらどうかな！」❸と提案した。すると、Ｃ児は「いいね。トライアングルはここを鳴らすと優しい感じだけど、こことここを一緒に鳴らせるよ。」❹と言って、実際に２通りの鳴らし方をやってみる。そして、Ｄ児が「本当だ！チリチリってやると急いでいる感じがするね。」❺と言うと、Ｃ児は「そうそう。前のお誕生会の時に２つの鳴らし方をやったよね。」と答え、Ｄ児も「そうだ、前にやったね。」と同意する。Ａ児は「次は、鈴が合うんじゃない？」❻と案を出し、Ｄ児は「鈴だけじゃなくて、他の楽器も一緒に鳴らそうよ。」と提案した。みんなはＤ児の意見に賛成して、どの楽器を鳴らそうか、考えはじめた。❼

　Ｅ児が「わたしは、鉄琴が合うと思うな。」と言うと、Ｆ児は「わたしも鉄琴で、♪○○○○♪のところがやりたいな。」と思いを伝えた。すると、Ｅ児が「いいね。一緒にやろう！」と答え、Ｃ児も「そうだね。みんなでやってみようよ。」❽と盛り上がった。そして、曲をかけて、みんなはやりたい楽器を持って合奏を始めた。

```
          曲のイメージに合う楽器や鳴らし方などの表現を考える
                              ↑
   ┌─────────────────────────┐  ┌─────────────────────────┐
   │   楽器の音色がもつイメージが分かる    │  │  同じ楽器でも鳴らし方によって      │
   │                              │  │  雰囲気が変わることに気付く        │
   │ ❶歩いている  ❷だんだん  ❸優しい感じ  │  │ ❹トライアングルは              │
   │  みたいだから、 元気になる  だから、トラ  ❻鈴が合うん│  │  ここを鳴らすと   ❺チリチリって │
   │  カスタネットで！ みたいだから、 イアングルは じゃない？│  │  優しい感じ。    やると急いでいる│
   │          タンブリンで！ どう？       │  │              感じがするね。 │
   └─────────────────────────┘  └─────────────────────────┘

                          ┌──────────┐
                          │  楽器遊び   │
                          └──────────┘

   ┌─────────────────────────────────────────┐
   │ ❼鈴だけじゃなくて、     ❽わたしも鉄琴で、            │
   │  他の楽器も一緒に       ♪○○○○♪の              │
   │  鳴らそうよ。          ところがやりたいな。           │
   │     曲調に合わせるために、いろいろな楽器を使おうとする     │
   └─────────────────────────────────────────┘
                              ↓
             友だちとイメージを共有し、表現することを楽しむ
```

予想される活動例
・誕生会の出し物
・生活発表会の合奏
　　　　　　　　など

指導や環境の工夫
・やりたい時に友だちと一緒に楽器遊びができるように、ＣＤプレーヤーや楽器のコーナーを用意しておき、曲の雰囲気や楽器の音色を感じ取りながら楽器遊びが楽しめるようにしておく。
・生活発表会でグループの出し物として行えるように、課題意識をもたせ、友だちと話し合ったり、曲の雰囲気に合わせて楽器を分担したりして演奏する楽しさを味わい、「みんなでできた。」「いい音が奏でられた。」という達成感がもてるようにする。

小学校入門期　わくわく りずむ

学習活動例（音楽）

時間	学習活動（●予想される児童の反応）	○指導上の留意点
15	1．リズム遊び（心ほぐしの活動） ・貨物列車、なべなべそこぬけ、おちゃらかほい など	○友だちとかかわり合って音楽を楽しむ雰囲気をつくる。
20	2．リズム連想ゲームを楽しむ。 ・学習のルールを知る。 ・お題に対する音や鳴き声をリズムに合わせて発声する。 　●ネコ→「ニャーニャー」、イヌ→「ワンワン」 　●学校→「キンコンカンコン」、先生→「カキカキ」　など	○学級全員の顔が見えるように円になって活動する。 ○どんな音にするのか話し合いながら、人と感じる音が違うこともあることに気付かせる。
10	3．学習のまとめ ・お題を次々に出していき、クラスのみんなでリズム連想ゲーム１周チャレンジをする。	○遊びを楽しみながら、学級全体で活動に取り組んだ達成感を味わわせる。

わくわく りずむ

歌ったり、リズムに合わせて踊ったりする楽しさを味わう

いろいろな音楽表現があることに気付き、友だちと共有しながら活動する楽しさを味わう

リズム遊び
　活動をしながら、新しい友だちと仲良くなりたい。

リズム連想ゲーム
　自分が感じたり想像したりする音と、友だちの考えが違うことがあることに気付く。

リズム連想ゲーム１周チャレンジ
　みんなで話し合って作った連想リズムで、全員が活躍したり、話し合って作り上げたりすることの楽しさを味わう。

→ 参加したくなる雰囲気をつくる

→ 友だちとイメージを共有し、活動することは楽しいことだと気付く

接続を踏まえた指導の工夫（学びの連続性）

人とのかかわり：友だちと一緒に活動した手遊び、歌、リズム楽器の演奏などの楽しい経験を生かす。
学　　　び：遊びや生活の中で、友だちと共通の目的やイメージをもって表現して楽しんだ経験を生かす。
生　　　活：15分単位の活動内容も、手遊びやゲームなど動きのある活動を工夫する。

コラム

「こんな時どうしよう」
―― 幼稚園児に経験させたい防災教育の研究

日野市立第四幼稚園
園長　國栖　章子

　日野市立第四幼稚園では、2014・2015（平成26・27）年度の園内研究主題を「こんな時どうしよう」とし、防災教育に取り組んできました。近年、幼児の生活を脅かす事件やニュースを頻繁に目にすることが増え、ましてや東日本大震災の未曾有の被害は他人事ではなく、「いかに幼児の生命を守るか」が幼稚園教職員の大きなテーマとなりました。これまでも教育課程の中に防災教育を位置付けて、毎月避難訓練や安全指導を実施してきました。これを園内研究として取り組むことで教職員の意識変化を促し、"自分の身を守る"ということが、幼児にとってより具体的で分かりやすいものとなるようにしたいと考えました。

　2014（平成26）年度は、踊りを通して身の守り方を覚えられるような教材を利用したり、ひと目で理解できそうな教材を作って保育室や廊下に貼り出したりしました。また、園旗やクラスの旗も作りました。これらは、視覚で捉えることができ、自分の身を守ることやおとなに守ってもらえることにつながっていることが、幼児にも理解できるようでした。

　2015（平成27）年度は1歩進めて、幼児が緊急時に必要なスキルを身に付けさせるとともに、教職員がより連携を意識して行う避難訓練の在り方を探っていくことにしました。訓練当初は幼児に声をかけるのは担任だけでしたが、アンケート形式で訓練時に各自どのような対応をしたかを問うようにしていくと、変化が見られるようになりました。園舎内を見回った教職員同士が、出会った所で幼児の避難確認や園舎の安全確認ができたことを報告し合い、素早い幼児の避難誘導へとつながっていきました。

　防災教育の研究を2年間実施したことによって、幼児は"自分で自分の身を守る"ことを体で覚えていきました。非常サイレンの音に身を固くして動けなくなっていた姿から、自分がとるべき行動に気付いて動いていく姿へと変化しました。家庭で地震に遭遇した時も、踊りから覚えた"ダンゴムシのポーズ"の姿勢をとっていたという報告がありました。このポーズは、年長児から年少児へと毎年受け継いでもらう機会をつくっています。そこでは、しっかり自分の頭を守る手の位置をほめられて、はにかむ年長児の表情も見られます。また、ダンゴムシのポーズをとる前には天井を見上げ、そこは物が"おちてこない・たおれてこない・とんでこない"場所かどうかを確認する姿も見られています。

　他の日野市立の幼稚園では、中学校と合同で実施した避難訓練の際に幼児が中学生に手を引いてもらい、幼児の安心感につながったり中学生が幼児を守ろうという気持ちを抱いたりすることにつながるという報告もありました。

　今後も、いろいろな訓練形態や環境の工夫を取り入れて、幼児の防災意識を育み高めていくことを心がけていきたいと考えています。

第5章

幼児・児童の交流と子どもの育ち

あさひがおか幼児園と旭が丘小学校の交流
——2010（平成22）年度の交流から

[1] 互恵性のある交流活動へ

　日野市には公立幼稚園が5園在園し、そのうちの4園は、小学校に隣接しています。八王子市と日野市の境にある第七幼稚園は、旭が丘地区に1985（昭和60）年に開園した幼稚園で、公立幼稚園では唯一、小学校が隣接していない幼稚園です。第七幼稚園に最も近い日野第六小学校でも幼稚園から徒歩10分程度で、旭が丘小学校は徒歩15分ほどの距離にあります。幼小連携を進めていくには決して恵まれた環境とはいえない場所にある幼稚園ですが、就学前教育と小学校教育の接続や連携の必要性が求められ、日野市でも幼保小連携教育推進委員会が立ち上がり、幼・小の連携を教育課程に位置付けられる以前より、5歳児が就学を間近に控えた時期に日野第六小学校や旭が丘小学校を訪問し、小学校の授業の様子を見たり、学校内の施設を見学したりする交流を行ってきました。2005（平成17）年度に、隣接するあさひがおか保育園と第七幼稚園が、カリキュラムを同じくするあさひがおか幼児園となってからは、幼稚園と保育園が一緒に、小学校との交流を行っています。

　筆者は、1994（平成6）年から1999（平成11）年度までの6年間と、2010（平成22）年から2012（平成24）年度までの3年間の2度、第七幼稚園で勤務しました。1度目の勤務時に行われていた第七幼稚園と旭が丘小学校の交流では、市内の他の公立幼稚園と同様に、5歳児が小学校を訪問し、施設や授業の様子を見学する「小学校見学」を行っていましたが、5年生が小学校内を案内するという点が他の幼稚園と異なっていました。5歳児たちは5年生と2人組になり、手を引かれながら、はじめは緊張した面持ちで小学校内を見学していましたが、5年生から小学校の様子や授業の内容を聞くうちに5年生と打ち解け、かかわりを楽しみながら小学校生活への期待を膨らませていました。5年生は来年度に入学する5歳児と交流することで、最高学年としての役割を意識する機会となっていたと思います。

　2010（平成22）年度に2度目の赴任をした時には、以前の勤務時には年間に1度だけ行われていた交流活動を土台とし、5歳児と5年生との交流が年間を通して複数回行われるようになっていました。第七幼稚園と旭が丘小学校の交流活動は年月を経て、それぞれの保育者や教師が変わっても交流が途絶えることなく行われ、形式だけの交流活動ではなく、互いの子どもたちが育ち合える互恵性のある交流活動に発展していました。筆者が勤務していた3年間は、5歳児が小学校の給食を体験する「給食交流」や、小学校のプールを借りて5歳児たちがプール遊びを楽しんだり、5歳児が小学校で行われる学習への期待や意欲がもてるように小学校の先生方による「出前授業」が行

われたりと、交流活動の内容がより充実した年となりました。幼稚園、保育園、小学校の保育者や教師たちが、幼児期の教育と小学校教育とをつなげる目的や意味を互いに理解して交流活動に臨み、交流を通して互いの子どもたちが成長することを実感できたことが、さらに交流に積極的に取り組む力となって、互恵性のある交流活動を積み重ねられているのだと思います。

日野市では、教育課程に幼・小の連携計画が位置付けられ、毎年、それぞれの幼稚園や小学校で年度末に教育内容の評価を行った後、幼保小連携教育推進委員が中心となって次年度の幼（保）・小連携に関する年間計画案を作成し、互いに連絡を取り合って内容や日程を合わせた計画を立てています。2010（平成22）年度は、あさひがおか幼児園の保育者と旭が丘小学校の教師で、交流の目標やねらい、活動の内容などを明記した交流計画や指導案を作成し、実践に臨みました。

[2] あさひがおか幼児園と旭が丘小学校との幼（保）・小連携に関する年間計画

ステップ	連携の主な内容	具体的な内容	日時など（打ち合わせも含む）
ステップ1	●幼稚園・保育園の保育者と小学校教師が互いの行事や授業を参観	●入学式 ●学校公開 ●運動会 ●学芸会 ●卒業式	
ステップ2	●行事を通した交流	●運動会：未就学児の種目参加	10月
		●学芸会	11月
ステップ3	●5歳児と5年生の合同活動	●5年生が幼児園を訪問し、交流活動	10月・11月
		●学校給食交流	10月
		●5歳児が小学校を訪問し、交流活動	1月
ステップ4	●幼稚園・保育園の保育者と小学校教師の協議的活動	●卒園児の入学後の様子について情報交換	1学期
		●園内研究テーマから聞き取り調査を実施：5歳児および5年生の指導内容の相互理解	1～3学期
		●入学予定児の口頭による申し送り ●指導要録、就学支援シートおよび個別の指導計画による申し送り	3学期
ステップ5	●保育者と教師の交流的活動	●保育者による児童への読み聞かせ	1学期
		●小学校低学年担任による園児への読み聞かせ	3学期

[3] 旭が丘小学校とあさひがおか幼児園　5年生と5歳児の交流実施内容

小学校	教科：総合的な学習の時間	単元名：年長さんと仲良くなろう	指導時間：20時間
幼稚園・保育園	領域：人間関係	活動名：5年生のお兄さん、お姉さんと仲良くなろう	

交流の目標

小学校	幼稚園・保育園
●5歳児との交流を通して、園児への理解を深め、自分たちでできることを確認し、自信をもって自主的にかかわる。 ●5歳児と遊ぶことを通して、自分の成長に気付く。	●5年生と一緒に遊ぶことを通して、小学生に憧れや親しみの気持ちをもつ。 ●5年生とかかわりながら、自分の気持ちを言葉で伝えていったり、遊びを広げていったりする。

交流計画

	小学校			事前事後指導または交流	幼稚園・保育園		
指導時間	授業日場所	ねらい 学習活動	配慮事項		指導日場所	ねらい 活動内容	配慮事項
1H／20H	10/12（火）小学校	ねらい ●5歳児に対するイメージを考え、実態を知る。 学習活動 1．学習の流れを把握 2．イメージを考える	●事前に園児のＶＴＲを見せる。	事前指導	10/13（水）幼稚園保育園	ねらい ●5年生との交流の内容や交流時のグループ名を知り、交流に期待をもつ。 活動内容 ●5年生との交流に対する動機付け	●不安や緊張をもたないように流れを伝えたり、同じグループの友だちが一緒であることを知らせたりして、安心感をもたせる。
2・3H／20H	10/13（水）小学校	ねらい ●第1回目の交流内容を考える。 学習活動 1．交流計画の作成 2．名札作成 3．配慮点の確認	●活動の目的意識をもたせる。	事前指導			
4H／20H	10/14（木）幼稚園	ねらい ●5歳児に積極的に話しかけ、かかわりを深める。 学習活動 1．5歳児にあいさつ 2．自己紹介 3．5歳児との交流 4．まとめ	●安全に気を付けて交流するよう指導する。	第1回目の交流（p.164参照）	10/14（木）幼稚園	ねらい ●一緒に遊んでくれる5年生やグループ名を知ったり、遊んだりすることを楽しむ。 活動内容 ●顔合わせ ●グループの遊び	●交流会の流れを伝え、見通しがもてるようにする。 ●保育者もグループの輪に参加し、園児と5年生が触れ合えるようにする。
5H／20H	10/14（木）小学校	ねらい ●第1回目の交流を終え、良かった点や改善点を考える。 学習活動 1．交流後の反省会 2．改善点の発表 3．意見交換	●自分たちの交流を振り返らせる。	事後指導	10/14（木）幼稚園保育園	ねらい ●今日の楽しかったことやグループの名前を振り返る。 活動内容 ●振り返り ●感想の発表	●楽しかったことや、5年生と話したり遊んだりして仲良くなったことを認め、次の交流に期待をもたせる。
6・7H／20H	10/19（火）小学校	ねらい ●交流後の反省点を生かした第2回目の交流内容を考える。 学習活動 1．交流計画立案 2．遊び計画立案 3．注意事項の確認 4．意見交換	●本校の施設を利用した活動を考えさせる。	事前指導	10/21（木）幼稚園保育園	ねらい ●5年生と一緒に、小学校の中のいろいろな場所で遊ぶことや、給食について聞き、次回の交流に期待をもつ。 活動内容 ●給食交流についての説明	●事前に給食のメニューを知らせたり、苦手なものなどを聞いたりして対応する。 ●小学校と連絡をとり、食べられる量を配膳してもらうようにする。
8H／20H	10/22（金）小学校	ねらい ●5歳児に積極的に話しかけ、かかわりを深める。 ●学校の様子を伝える。 学習活動 1．あいさつ 2．計画を実行する 3．5歳児と遊ぶ 4．5歳児と給食を食べる 5．まとめ	●5歳児が楽しく食べられるよう、事前に配膳の仕方や食事中のマナーなどの指導を行う。	第2回目の交流（p.165参照）	10/22（金）小学校	ねらい ●小学校を訪問し、5年生と一緒に遊んだり、給食を食べたりして、就学への期待をもつ。 活動内容 ●給食交流	●就学に期待をもつ幼児や、給食に不安を感じている幼児にも、「自分も食べられた。」という経験や自信となるように援助する。
9H／20H	10/25（月）小学校	ねらい ●第2回目の交流を終え、良かった点、改善点を考える。 学習活動 1．交流後の反省会 2．改善点の発表 3．意見交換	●自分たちの交流を振り返らせる。	事後指導	10/22（金）幼稚園保育園	ねらい ●楽しかったことや5年生とのかかわり、給食などの感想を話し合い、次回の交流に期待をもつ。 活動内容 ●振り返り ●感想の発表	●5年生と楽しく遊んだことや給食を楽しく食べられたことなど、交流時の姿を認め、自信をもたせる。

時数	日付	ねらい・学習活動（小学校）	事前/事後指導内容	指導区分	日付	ねらい・活動内容（幼稚園・保育園）	備考
10・11H／20H	11/8（月）小学校	ねらい ●交流後の反省点を生かして第3回目の交流内容を考える。 学習活動 1．交流計画立案 2．遊び計画立案 3．注意事項の確認 4．意見交換	●幼稚園でできる内容を考えさせる。	事前指導	11/11（木）幼稚園保育園	ねらい ●ゲームを5年生と一緒に行うことやグループでいろいろな遊びを行うことなどを聞き、次回の交流に期待をもつ。 活動内容 ●交流に対する動機付け	●前回までのかかわりを思い出させて、さらに5年生とのかかわりが深められるようにする。
12H／20H	11/15（月）幼稚園	ねらい ●2回の交流の反省点を生かし、5歳児がしたい遊びを考え実行する。 学習活動 1．あいさつ 2．計画を実行する 3．5歳児と遊ぶ 4．まとめ		第3回目の交流（p.166参照）	11/15（月）幼稚園	ねらい ●5年生との再会を喜び、グループの友だちや小学生と一緒に遊ぶことを楽しむ。 ●5年生に自分の考えや思いを言葉で伝えようとする。 活動内容 ●グループで好きな遊びをする。	●5年生とのかかわりの中で、自分の思いや考えが伝えられているか見守り、思いが受け止められた嬉しさを感じられるようにする。
13H／20H	11/15（月）小学校	ねらい ●第3回目の交流を終え、良かった点、改善点を考える。 学習内容 1．交流後の反省会 2．改善点の発表 3．意見交換	●自分たちの交流を振り返らせる。	事後指導	11/15（月）幼稚園保育園	ねらい ●楽しかったことを取り上げて話したり、いろいろな遊びを紹介したりして5年生とのかかわりを振り返り、次回の交流にも期待をもつ。 活動内容 ●振り返り ●感想の発表	●楽しんでいた姿や5年生とのかかわりで見られた姿を認め、次の交流に期待がもてるようにする。
14・15H／20H	11/15（月）小学校	ねらい ●次回第4回の交流（学校案内）に向けての計画を考える。 学習活動 1．交流計画立案 2．学校案内図作成 3．注意事項の確認 4．意見交換	●小学校にしかないような施設を案内させる。	事前指導	1/24（月）幼稚園保育園	ねらい ●学校探検でどんなことをするのかを知り、幼稚園と小学校の違いに気付き、学校探検に期待をもつ。 活動内容 ●学校探検の説明	●親しくなった5年生が、学校の中を案内してくれることを話し、安心感がもてるようにする。
16H／20H	1/25（火）小学校	ねらい ●小学校内を紹介する。 学習活動 1．あいさつ 2．計画を実行する 3．学校案内 4．まとめ	●5歳児にも分かる言葉で説明させる。	第4回目の交流	1/25（火）小学校	ねらい ●小学校の中のいろいろな教室などを見て親しみをもつ。 活動内容 ●学校探検	●5年生と教室やいろいろな場所を見てまわり、各教室の役割などを知ったり、授業を見たりして、小学校生活への期待がもてるようにする。
17H／20H	1/25（火）小学校	ねらい ●第4回目の交流について、良かった点や改善点を話し合う。 学習活動 1．交流後の反省会 2．改善点の発表 3．意見交換	●良かった点を多く発表させる。	事後指導	1/25（火）幼稚園保育園	ねらい ●学校探検をした感想を話し合い、小学校生活に期待をもつ。 活動内容 ●振り返り ●感想の発表	●絵本を見せながら学校の施設などについて思い出せるようにする。
18H／20H	1/25（火）小学校	ねらい ●来年度に入学してくる5歳児にしてあげる活動を考えて決める。 学習活動 1．計画立案 2．意見交換 3．計画修正	●今までの活動から、自分はどのようなことができるかを考えさせる。	事前指導			
19H／20H	1/25（火）小学校	ねらい ●それぞれのグループで準備し、実践する。 学習活動 1．発表準備 2．作品作り	●5歳児の目線に立った表現方法を使わせる。	事前指導			
20H／20H	1/25（火）小学校	ねらい ●各グループで今までの活動内容について発表する。 学習活動 1．話し合い 2．グループ発表 3．まとめ		事前指導			

【交流活動指導案（第1回目の交流）】

小学校	単元名：年長さんと仲良くなろう （4H／20H） 児童：5年生（2組・3組）69名	日時 場所	2010（平成22）年10月14日（木） 9：30～10：15　於：第七幼稚園
幼稚園	活動名：5年生のお兄さん、お姉さんと仲良くなろう 園児：幼稚園5歳児46名・保育園5歳児26名	指導者	メイン：小学校教師 サブ　：幼稚園・保育園の保育者

ねらい

小学校	幼稚園・保育園
●幼稚園を訪問し、交流を始めることを楽しみにする。 ●5歳児に話しかけ、かかわりを深めることができる。	●一緒に遊んでくれる5年生やグループの名前を知る。 ●5年生と一緒に遊び、親しみを感じる。 ●これからの交流に期待をもつ。

子どもの実態

小学校	幼稚園・保育園
●男女とも仲が良く、トラブルもなく穏やかである。 ●5歳児との交流を楽しみにしている子もいれば、接し方が分からず、不安を抱いている児童もいる。	●人懐っこく、友だちに優しい子が多い。 ●いろいろな人とのかかわりを楽しみにする子が多い。

内容

○児童（5年生）の活動 ◇教師のかかわり、および配慮事項	活動の流れ	○幼児（5歳児）の活動 ◇保育者のかかわり、および配慮事項
●園庭で園児の踊りを見る。 ●ホールに移動する。	●園庭に集まり、5年生が5歳児の踊りを見る。	●運動会で踊った「空に響け！ヒノソング」を踊る。 ●ホールに移動する。
	「始まりの会」を行う	
○「始まりの会」に参加する。 ●進行する。 ●目当てを立てる。 ●積極的に話しかける。 ●歓迎の言葉を言う。		○「始まりの会」に参加する。 ◇はじめてのことに緊張している子には個別に声をかけ、流れを伝える。
	一緒に活動をする	
○グループに分かれて活動する。 ◇困った時は、グループで協力して解決させる。 ◇5歳児も5年生も楽しいと感じることができるよう声をかける。	●自己紹介をし合う。 ●5年生が5歳児に名札を付ける。 ●一緒に遊ぶ。 ●トランプ　●固定遊具 ●ハンカチ落とし ●だるまさんがころんだ ●鬼ごっこ	○グループに分かれて活動する。 ◇5年生に自分の名前や思いを伝えられるように援助したり仲介したりする。 ◇分からないことは5年生に聞くよう促し、かかわりをもつ機会を意図的につくっていく。 ◇それぞれのグループの遊びの場所は、安全を配慮した配置にする。
	「終わりの会」を行う	
○「終わりの会」を行う。（園庭） ●運動会で踊った踊りを踊る。 ●5歳児の感想を聞く。 ●お礼を言う。		○「終わりの会」に参加する。 ●5年生の踊りを見る。 ●楽しかったことを話す。 ●お礼を言う。

評価

- 互いにはじめて会うため、緊張の中で始まった第1回目の交流会では、自身から声をかけて自己紹介できる児童は少なかった。一緒に遊ぶ時間が長くとれず、「もっと遊びたかった。」という児童もいた。次回の交流を楽しみにしている児童が多かった。
- はじめての交流に緊張する5歳児もいたが、5年生が優しく声をかけてくれたり、話を聞いてくれたり、遊びを教えてくれたりしたことを喜び、次回の交流を楽しみにする様子が見られた。

＜小学校＞
- 5歳児に積極的に話しかける児童は少なかったが、安全に気を付けて、楽しく交流することはできた。
- 次回の交流をとても楽しみにしている児童が多い。

＜幼稚園・保育園＞
- グループに分かれて活動を行う際に、自分の思いを話せない5歳児もいたが、5年生が話せるまで待ってくれたり、遊びが分からない5歳児に教えてくれたりして、自分の思いを受け止めてもらい、安心する様子や、すぐに打ち解けてかかわることを楽しむ様子も見られた。
- 「終わりの会」で、「次はみんなが学校に来て、一緒に給食を食べようね。」と言われて、「どんな給食かな？」と期待をもつ幼児と、「食べられるかな？」と少し不安をもつ幼児がいた。

【交流活動指導案（第2回目の交流）】

小学校	単元名：年長さんと仲良くなろう （8H／20H） 児童：5年生（1組・2組・3組）104名	日時 場所	2010（平成22）年10月22日（金） 11:25～12:15 於：旭が丘小学校
幼稚園 保育園	活動名：旭が丘小学校で給食を食べたり、5年生と遊んだりしよう 園児：幼稚園5歳児46名・保育園5歳児26名	指導者	メイン：小学校教師 サブ　：幼稚園・保育園の保育者

ねらい

小学校	幼稚園・保育園
●5歳児に積極的に話しかけ、かかわりを深める。 ●学校の様子を5歳児に伝える。	●小学校を訪問し、5年生と一緒に遊んだり、給食を食べたりして、就学への期待をもつ。 ●5年生と一緒に遊ぶ楽しさを感じ、親しみや憧れの気持ちをもつ。

子どもの実態

小学校	幼稚園・保育園
●第1回目の交流を楽しんでいた児童がいた一方で、緊張したまま終えた児童もいたが、全体として、5歳児との交流を楽しみにしている。	●5年生に踊りをほめてもらったり、遊んでもらったりしたことを喜び、緊張していた子も5年生の優しいかかわり方に表情が和らいだ。

内容

○児童（5年生）の活動 ◇教師のかかわり、および配慮事項	活動の流れ	○幼児（5歳児）の活動 ◇保育者のかかわり、および配慮事項
●体育館に集合する。		●体育館に集合する。
	「ようこそ旭が丘小学校への会」を行う	
○「ようこそ旭が丘小学校への会」を行う。 ●進行する。　●目当てを立てる。 ●積極的に話しかける　●歓迎の言葉を言う。		○「ようこそ旭が丘小学校への会」に参加する。 ◇5年生と再会を喜び合えるよう、前回の感想を伝え合ったり触れ合ったりできるような援助をする。
	一緒に活動をする	
○グループに分かれて活動する。 ◇困った時はグループで協力して解決させる。 ◇5歳児も5年生も楽しいと感じることができるよう声をかける。	●跳び箱　●鉄棒　●ボール遊び ●わらべうた　●鬼ごっこ ●フラフープ など	○グループに分かれて活動する。 ◇グループの遊びに参加してかかわりの様子を見守ったり、保育者も一緒に楽しんだりする。
	給食を一緒に食べる	
○給食を一緒に食べる。 ●各教室に分かれ、交流のグループごとに給食配膳の準備を行う。		○給食を一緒に食べる。 ◇給食前の排泄、手洗い、うがいは5年生と一緒に行うよう援助する。 ◇給食に対して不安をもつ子がいるので、個別に声をかけたり様子を見守ったりして不安を解消し、みんなで楽しく食べられるようにする。
	「終わりの会」を行う	
○「終わりの会」に参加する。 ●5歳児に感想を聞く。 ●5年生の感想を述べる。		○「終わりの会」に参加する。 ◇遊びで楽しかったことや給食で感じたことが言えるよう援助する。 ●遊んでくれた5年生にお別れやお礼を言って帰る。

評価

- ●第1回目の交流と比べ、同じグループの5歳児の名前や顔を覚え、名前で呼ぶ姿が見られた。
- ●小学校の遊具や用具を使って5年生と一緒に遊び、5歳児は小学校や5年生に憧れや親しみの気持ちを深めた。
- ●5年生が5歳児に食べられる量を聞いてくれたり苦手なものは少なめにしてくれたりして、5歳児も楽しく給食を食べることができた。

＜小学校＞
- ●同じグループ内の5歳児の名前と顔を覚え、積極的に話しかけている児童が多かった。
- ●自分たちが考えた遊びを5歳児と一緒に楽しみ、安全に気を付けて交流することができた。
- ●食事のマナーを守り、5歳児と仲良く給食を食べることができた。

＜幼稚園・保育園＞
- ●小学校の施設や遊具を使い、いろいろな遊びをして、5年生と触れ合うことを楽しんでいた。給食体験では、自分も食べられたという満足感をもち、小学校生活に対して期待をもつことができた。
- ●5年生に絵本を読んでもらったり、高い跳び箱を跳ぶのを見せてもらったりして、親しみや憧れの気持ちを抱く様子が見られた。

【交流活動指導案（第3回目の交流）】

小学校	単元名：年長さんと仲良くなろう （12H／20H） 児童：5年生（1組・2組・3組）104名	日時 場所	2010（平成22）年11月15日（月）10:00～10:50 於：第七幼稚園
幼稚園 保育園	活動名：5年生のお兄さん、お姉さんと仲良くなろう 園児：幼稚園5歳児46名・保育園5歳児26名	指導者	メイン：小学校教師 サブ　：幼稚園・保育園の保育者

ねらい

小学校	幼稚園・保育園
●5歳児に積極的に話しかけ、かかわりを深めることができる。 ●5歳児がしたい遊びを考え、実行することができる。	●5年生との再会を喜び、グループの友だちや小学生と一緒に遊ぶことを楽しむ。 ●5年生に自分の考えや思いを言葉で伝えようとする。

子どもの実態

小学校	幼稚園・保育園
●2回の交流を終え、5歳児との交流を楽しみにしている児童が多く、第3回目は、交流内容に園児のやりたいと思えるものを取り入れることを考えはじめた。	●5年生の名前や顔を覚え、交流することを楽しみにしている。5年生に、自分の思いを聞いたり受け入れてもらったりする喜びを感じている。

内容

○児童（5年生）の活動 ◇教師のかかわり、および配慮事項	活動の流れ	○幼児（5歳児）の活動 ◇保育者のかかわり、および配慮事項
●園庭に集合する。		●園庭に集合する。 ●グループに分かれて並ぶ。

「お久しぶりですの会」を行う

| ○「お久しぶりですの会」に参加する。
●進行する。
●目当てを立てる。
●じゃんけん列車をして遊ぶ。 | | ○「お久しぶりですの会」に参加する。
●今日の流れを聞く。
●じゃんけん列車をして遊ぶ。 |

一緒に活動をする

| ○グループに分かれて
活動する。
◇困った時はグループで協力して解決させる。
◇5歳児も5年生も楽しいと感じることができるよう声をかける。
 | ●だるまさんがころんだ
●リレー
●鬼ごっこ
●マジック
●わらべうた
●竹馬
など | ○グループに分かれて活動する。
●5年生が決めた遊びや遊びたいことを一緒に行う。
 |

「終わりの会」を行う

| ○「終わりの会」に参加する。
●5歳児に感想を聞く。
●5年生の感想を述べる。
●次回の話をする。
●お別れのあいさつをする。 |  | ○「終わりの会」に参加する。
●グループごとに集まる。
●感想を話す。
●お礼の言葉やお別れのあいさつをする。
●5年生を見送る。 |

評価

- 第3回目の交流会を終え、ほとんどの児童が同じグループ内の5歳児の顔と名前を覚えていた。今まで不安を抱いていた児童も5歳児も、楽しんで交流をすることができていた。交流後、「もっと交流をしたかった。」という児童の声が聞かれた。
- 5歳児がよく幼稚園で遊んでいるゲームをすることで、自分を十分に出せた。また、体と体が触れ合うゲームだったので、より親しみを感じることができたようだった。
- 第3回目の交流でとても親しくなり、グループごとの活動では互いに思いを伝え合って遊ぶ様子が見られた。

＜小学校＞
- 同じグループ内の5歳児の顔と名前をほとんどの児童が覚えていたため、積極的に話しかけ、安全に気を付けて楽しく交流することができた。
- 事前に計画を立てた遊びをきちんと実行することができた。また、5歳児が喜んで遊んでくれた。

＜幼稚園・保育園＞
- 5年生が5歳児に合わせて遊びのルールを考えたり変えたりして、一緒に楽しもうとする姿が見られた。5歳児も5年生の心遣いに気付き、一緒に遊ぶことや触れ合うことを楽しんでいた。
- 第3回目の交流でとても親しくなり、終わりの時間になると、「もっと遊んでいたい。」という気持ちをもっていることが感じられた。
- 5年生と一緒に行ったドロケイなどの遊びを、5歳児同士で遊ぶ姿が見られ、5年生に刺激を受けて遊びを広げていくきっかけになっていた。

[4] それぞれの連携──幼児、児童、保育者、教師、園、小学校

●子ども同士をつなぐ

「あさひがおか幼児園と旭が丘小学校との幼（保）・小連携に関する年間計画」（p.161参照）のステップ3の連携として行っている、あさひがおか幼児園の5歳児と旭が丘小学校の5年生の合同活動は、保育者と教師が計画し、主導して進める活動の中で交流するのではなく、5年生が5歳児と一緒に遊ぶ遊びの内容を計画し、交流するところに大きな特徴があります。5歳児と5年生の10名ほどで構成した交流グループをつくり、毎回、同じグループで交流し、グループごとに5年生が計画した遊びを一緒に楽しむ中で、互いに言葉や行動で相手に思いを表したり、思いを感じ取ったり、受け入れ合ったりしながら、かかわりを深めていけるようにしていきます。

2010（平成22）年度の交流では、5年生を担当する教師が、あさひがおか幼児園を訪れ、「それぞれの園で5歳児がどのように生活しているのか」「どのように遊びや活動に取り組んでいるのか」「保育者はどのように子どもたちとかかわっているのか」を参観しました。5歳児が生活する様子をVTRにおさめて小学校に持ち帰り、5年生が遊びの内容を考える際の手がかりとしたり、次回の交流の内容をグループで考えたり話し合ったりしながら、5年生が主体的に取り組む合同活動となるように交流に取り組みました。毎回の交流活動を通して育てたい互いのねらいを、指導案を作成していく中で共有し、5年生が計画した遊びの中で子どもたちがいろいろな感情を体験できるように、そして互いの思いが伝わるよう、5歳児と5年生をつなぎます。はじめは5年生に対して不安な気持ちをもっていた5歳児も、5年生が話しかけてくれたり手をつないだりしながら一緒に遊んでくれたりすることで、毎回の交流に期待をもつようになりました。そして、5年生の顔や名前を覚え、再会をとても喜ぶ姿が多く見られました。5歳児は5年生に優しく受け入れられる喜びを味わい、人とかかわることの楽しさを感じ、「大きくなったらお兄さんやお姉さんのようになりたい。」という憧れや親しみの気持ちを抱くとともに、就学することへの期待を高めていました。

5年生は、5歳児になつかれ、頼りにされることから自己有用感をもち、5歳児への思いやりやいたわりの気持ちを素直に表していました。5歳児の喜ぶ姿を見て、「自分も大きくなった。」という思いをもち、自分の行動を振り返る力を育むことができる機会となっていたと思います。

筆者のクラスに、聴覚に障害のある幼児が在籍していました。その子は口をゆっくりと動かしたり、身振り、手振りで伝えることで、周りの人の話を理解することができましたが、教師や友だちの言葉を手話にして伝えたり、その子の思いを周りに伝えたりする役割の支援員も配置されていました。その子と同じグループになった5年生が、交流活動の際に、自分の思いやその日に伝えたいことを伝えるために、文字を書く紙を用意したり、手話を調べたりして毎回の交流に臨んでいることを知りました。幼児と児童の交流がイベントのような交流で終わらず、互いに主体的に取り組む交流であったからこそ見られた姿だと感じています。

●おとな同士をつなぐ

　2010（平成22）年度より、「あさひがおか幼児園と旭が丘小学校との幼（保）・小連携に関する年間計画」（p.161参照）のステップ3の連携として計画した合同活動は、保育者や教師が話し合いの場をもちやすい夏休み期間中に、どのような内容で交流を行うのかを具体的に話し合ってきました。保育者は、合同活動を通して、5歳児に就学への期待や、人とかかわる力、自分の思いを表現する力を育てたいと考え、交流活動に臨んでいます。一方、小学校の教師は、児童に、人に積極的にかかわろうとする力や、すすんで考え行動する力、自ら課題を見つける力を育てたいと考え、交流活動に臨んでいます。保育者や教師は、幼児と児童が交流することでいろいろな力を身に付けていくことを理解するとともに、互いの子どもたちの中に育てたいねらいや力を理解し合い、その力を身に付けることができるような指導や援助を考えることで、自身の力を高めることができるのだと思います。保育者と教師が、互いが行っている保育内容や教育内容、指導の方法を知り、互いの子どもたちの姿を理解し、成長を喜び合える関係を築くことも、幼保小の連携であると思います。

　長い間、途切れることなく行われてきた、あさひがおか幼児園と旭が丘小学校の交流活動ですが、公立の幼稚園・保育園や小学校では職員の異動があるため、年度始めは、連携や交流活動の意義・内容が、それぞれの小学校や園になかなか広がらないことが課題となっています。日野市内の公立幼稚園では、年中・年長クラスが単学級であることが多く、保育者が5歳児担任となる機会が多くあります。そのため、交流活動については経験がある保育者が多いのですが、1年生から6年生の教育を行っている小学校の教師や、乳児から5歳児までの保育を行う保育園の保育者は、交流活動を行う学年を担任する機会が少なく、交流活動の内容についての理解が深まるまで時間を要することが多々ありました。筆者が5歳児の担任として5年生との交流活動を行った時も、交流活動の内容を知っているのは、自分だけということもありました。日野市において、公立幼稚園の保育者は、交流や連携の意義や重要性を伝える役割を多く担っていることを自覚して、今後も取り組みを進めていきたいと思います。

●幼稚園・保育園をつなぐ

　あさひがおか幼児園は、「幼稚園、保育園にかかわらず、同じ年齢の子どもたちが同じ教育を受ける」という理念のもとに、隣り合った第七幼稚園とあさひがおか保育園が同じ教育目標とカリキュラムで教育や保育を行い、行事や活動を合同で行うとともに、4歳児と5歳児が交流しています。筆者が異動した時には、すでに行事や交流活動の目的や内容が定着し、合同活動は4歳児、5歳児の担任が中心となって行っていました。

　第七幼稚園は4・5歳児とも複数学級のため、あさひがおか保育園の子どもたちと合わせると、多い時は90名近くの4・5歳児が一堂に会して活動に取り組むことになります。人数が多く、一人一人がどのように取り組んでいるのかを見とることが難しいこともありましたが、幼稚園と保育園の担任や支援員が連携をとって子どもたちを見守り、子どもたちが5歳児になると協同で取り組む機

会を多くつくってきました。取り組むまでの期間や準備に時間を要しましたが、幼・保の子どもたちが互いを知り、共に育ち合える機会となるように、同じ目標に向かって話し合ったり、作業したりする時間を大切にして活動を進めてきました。

　幼稚園も保育園も、同じ就学前の子どもたちを預かる保育・教育機関ですが、保育時間や環境、保育や教育の目的や方法が異なり、文化が違っていることも、第一幼稚園に勤務している際に、たまだいら保育園との交流や、幼児園分科会のメンバーとして保育園の保育者と話す機会を通して、理解していました。その違いを理解し合いながら一緒に行事や活動を進めていくためには、「互いに話す時間をもつこと」「それぞれの園の子どもたちの育ちを理解すること」が大切であると感じました。生活時間が異なる中で時間を合わせるのは容易ではありませんでしたが、「自分の考え方が一方的な見方になっていないか」「内容が共通理解できているか」という視点を忘れずに話し合う場をもつようにしてきました。保育者同士が互いの園を頻繁に行き来するよう努め、互いの状況を思いやりながら歩み寄ったことで、その距離は次第に近くなっていったと思います。

　園ごとに保育内容や形態は異なりますが、どの保育者も保護者も、子どもたちが小学校への就学に期待をもち、楽しく小学校生活を送ってほしいという気持ちは同じです。それぞれの園に通う子どもたちや保護者をつなぎ、安心して就学を迎えられるように、幼稚園と保育園の保育者もつながっていくことの大切さを、あさひがおか幼児園の実践で実感しました。あさひがおか幼児園からは離れましたが、今後も子どもたちの体験が豊かになる交流を行いながら、地域の幼稚園や保育園とつながっていきたいと思います。

あさひがおか幼児園と旭が丘小学校の交流
——2014(平成26)年度の交流の中での子どもの姿

　2014(平成26)年度のあさひがおか幼児園(第七幼稚園、あさひがおか保育園)の5歳児と、旭が丘小学校5年生の交流は、6回行いました。交流を重ねたことで、5歳児は5年生に対して、親しみとともに「すごい！」という憧れの気持ちをもちました。また、5年生に、かわいがってもらう心地よさを感じました。さらに、入学前から学校生活の一部を体験したり、小学生と親しんだりすることを通して、小学校に対する期待感が大きく膨らみました。また、交流で顔を合わせていた5年生や先生、小学校に行くたびに迎えたり見送ったりしてくださっていた用務主事さん、校長先生、副校長先生とも顔見知りになりました。

　筆者は第七幼稚園に異動してきて2年目で、それまで、旭が丘小学校の様子や先生方を、ほとんど知りませんでした。そのため、この交流のために旭が丘小学校に行くことはもちろん、5年生の先生方と顔を合わせることがとても新鮮でした。打ち合わせをしたり何度か顔を合わせたりするうちに、先生方に対して親しみをもちました。そして、旭が丘小学校には、以前よりずっと気軽に行くことができるようになりました。

　また、今の小学校や5年生の様子を知ることができました。5年生は、5歳児たちと同じように鬼ごっこやゲームに夢中になり、「キャーキャー」騒ぎながら遊ぶ面をもちながら、言い方に配慮しながらいけないことを注意したり、思いやってかかわったり言葉をかけたりする面が見られました。交流活動の"ねらい"からも、5年生の様子を知ることができました。

　さらに、5年生の先生だけでなく、給食でアレルギー児に対して配慮してくださった栄養士さん、小学校を訪れるたびに園児を出迎え、見送ってくれていた用務主事さんと副校長先生、そして、学校探検で5歳児一人一人にかかわってくださった校長先生など、園児たちのために気を配ってくださる方々がたくさんいることに、保育者もありがたく、心強く思いました。そして、交流を重ねて見知ったり親しくなったりした5年生が、入学後には6年生になり、新入生を温かく迎え入れてくれます。交流を積み重ねたことが、園児たちの不安や戸惑いを減らし、期待を膨らませて就学を迎えることにつながったと思います。

> **5年生の育ちの姿を理解することができたエピソード1：交流を重ね、仲良くなってきたころ**
> 　Dくんは、5年生にかまってほしくて、5年生にまとわりついて、じゃれていました。それが、だんだんエスカレートしてきて、叩いたり押したりしはじめました。5年生が「痛いから、やめろ！」と何度か言いましたが、Dくんは聞きません。
> 　すると、その5年生は、Dくんを自分の前に止め、視線をしっかり合わせながら、「いいかげ

んにしないと俺だって怒るぞ。痛いから止めろ！」と伝えました。ようやくDくんに伝わったようで、Dくんは「ごめんなさい。」と言いました。5年生が「分かったならいいよ。」と言ってDくんを抱え、ぐるぐる回しながら遊びはじめました。

5年生の育ちの姿を理解することができたエピソード2：給食体験にて

5歳児の中に、乳製品と卵のアレルギーをもったCちゃんがいました。給食体験のひと月以上前に、栄養士さんがCちゃんの様子を詳しく聞いてくださいました。そして、「給食を体験するせっかくの機会だから、その子もなるべく食べられる献立がよいですよね？」と、和食中心の献立を考えてくださいました。

また、Cちゃんは接触でもアレルギー反応が出る可能性があることを5年生の先生に伝えると、アレルギーへの対策をしつつ、Cちゃんが交流グループの子たちと一緒に食べられるように配慮してくださいました。さらに、当日、同じクラスの5年生が、「わたしも、アレルギーなんだよ。同じだね。」とCちゃんに声をかけてくれました。おかげで、Cちゃんは、終始ニコニコと給食を食べたり、5年生と会話したりしていました。

5歳児の保護者にも、交流の意図や様子について、降園時や、右のようなクラス便りなどを通して、随時知らせてきました。

また、5歳児の保護者から、5年生との交流について、こんな話がありました。

先日、スーパーに行ったら、我が子が小学生に親しげに手を振っていました。聞いたら「交流グループのお兄さんだよ。」とのこと！"そんなに親しくなっているんだ"と驚きました。

給食体験の際、アレルギーをもった我が子に応じて、献立や対策を考えてくださり、とてもありがたかったです。

最後の交流会でもらった5年生からのプレゼントに、わたしも感激♥しました。我が子へのメッセージを読み、ペアの5年生だけでなく、グループの5年生も、我が子を見ていてくれたんだなぁ…とうれしく思いました！プレゼントを飾り、眺めながら、親子で入学を楽しみにしています。

保護者からの話を聞いて、「小学校には、我が子が見知っている5年生がいる。」「小学校には、丁寧に対応してくれる先生たちがいる。」「我が子が、小学校入学を楽しみにしている。」ということを保護者も感じていることが分かりました。小学校との交流を通して、保護者も小学校の様子を知って不安も減り、少し親しみや信頼感をもちながら、我が子の就学を迎えることにつながったようです。

コラム

幼保小連携――公立保育園の保育者の視点

みんなで考え・感じる素晴らしさ
ひらやま保育園　園長　佐藤由美子

　幼保小連携教育推進委員会に参加させていただき、5歳児担任は単数担任であることが多く、就学に向けて年間保育計画を立て保育を進めています。同じ年齢について園内で話すことはありますが、同じ年齢集団を見ることはほとんどありません。そのような時、春の小学校の授業参観にて就学したばかりの子どもたちの姿に成長を感じ、3月の子どもたちの姿をイメージし、保育に生かすことができます。幼稚園では、同じ年齢の子どもたちの姿から保育を見つめ直し、その後の保育に生かすことができます。そして、保育園の参観を通して計画的に保育を考え、教員、教諭という違う視線から意見をいただくことで保育を振り返り見つめ直すことができるなど、子どもたちを考える有意義な時間がもてます。この保育者と教師の交流により、同じ子どもたちをいろいろな側面から見て考えることは、みんなで考える素晴らしい時間を共有できる良い機会であると思います。子どもの成長に関するいろいろなことを、職種を越えて考え、意見交流ができる場として職員にとって大切な研修であると考えています。

人と人とのかかわりを大切に
みさわ保育園　園長　島﨑佳美

　みさわ保育園は小学校が隣接し、その隣には幼稚園、前には児童館・学童があり、中学校も徒歩3分と、子育てには最高の立地条件にあります。保育者と教師がスープの冷めない距離でいられることが何よりで、身構えがちな交流に対してもオープンで話し合いができるようになっています。幼保小連携教育推進委員会は、情報交換したり、他の職種を理解（ある意味、人間ウォッチング）したりする場となり、また、自校・自園をアピールする良い機会となっています。保護者も含め人とのかかわりをもちづらくなっている今、交流を通して子ども同士が関心をもつきっかけづくりができたら素敵だなと思います。そして、地域の子育て支援につながる発信へと。子どもたちが地域を元気にしてくれるような存在になってくれることが理想です。園長は、次につなげていく温かいアドバイザーになれるといいなと思います。おとなも子どもも、人とかかわることで、"思いやり"に接し！感じ！もつ！みんなから笑顔を引き出せるような交流が大切かなと実感しています。

幼保小連携教育推進委員会への参加から
とよだ保育園　園長　馬宮万里子

　幼保小連携教育推進委員会に、毎年5歳児の担任が参加しています。参加した5歳児の担任は、研修会やそれぞれの参観など、交流や連携につながる企画がたくさんあり、多くの学びになっていると話します。その中でも、地域ブロックで協議などを進めることや担任交流会での意見交換は、何よりも得るものが多いのではないかと感じています。実際に、地域の幼・保・小の担任同士が顔見知りになり情報交換ができることで小学校との距離感がなくなり、地域の保育園などとのつながりも広がっていくと思います。例えば、1年生と5歳児の交流会では、細かな調整やねらいなどの話し合いが、担任同士安心した様子で行われています。さらに、地域の保育園と一緒に参加するなどの広がりが自然です。また、就学までに留意しておくことなどについても質問がしやすく、互いの指導の考え方を知ることもできます。そして、就学を前にして、個々の状況をしっかり伝えていくことにもつながっています。それぞれが進める授業や保育ですが、互いに理解を深め、子どもたちの健やかな発達と実り多い学習を願う連携を進めるために、教職員同士の交流はとても大切であると実感しています。今後も、積極的な交流に期待しています。

あとがき

　今では当たり前に使われていますが、13年前に研究を始めたころは、「アプローチカリキュラム」や「スタートカリキュラム」という接続に関する用語はありませんでした。「なめらかな接続」や「適度な段差」などという表現で懸命に就学前後の学びと育ちを考えようとしていたことを懐かしく思い出します。

　本書は、日野市の12年間の集大成であるだけでなく、日野市内のすべての公立幼保小から事例を集めたものになっています。そのため、1園1校の事例のように系統だったつくりにはなっておらず、育ちの時期や活動が前後している部分もあります。小学校就学までに経験させたい内容と大まかな育ちの流れを見ていただけたら幸いです。なお、第4章第2節の「接続期の実践事例」は、第4章第1節の「遊びっ子 学びっ子 接続ブック」の内容の抜粋になっています。

　本書をまとめるにあたり、たくさんの方々にお世話になり、ご協力いただきました。研究を進めるにあたりご指導してくださった東京学芸大学教授の岩立京子先生、コアカリキュラム作成をご指導してくださった東京学芸大学教授の倉持清美先生をはじめとする多くの先生方に感謝を申し上げます。本当にありがとうございました。

　今までの研究で得られた成果を生かし、これからも日野市だけでなく、全国の幼保小連携教育が推進されるよう期待します。

日野市教育委員会「遊びっ子 学びっ子」編集委員会
代表　井上 宏子

編著・執筆・編集者紹介

【編著者】（50音順）

石田 恒久
日野市立日野第一小学校校長
編集箇所：第3章
（第4章事例編集担当）

井上 宏子
前 日野市立第七幼稚園園長
現 明星大学 教育学部 教育学科
特任准教授
執筆箇所：第2章、第3章コラム
（第4章事例編集担当）

齋藤 政子
明星大学 教育学部 教育学科 教授
執筆箇所：第1章
（全体編集担当）

比留間 千草
日野市立第五幼稚園園長
執筆箇所：第5章第1節、第1章コラム
（第4章事例編集担当）

【執筆者】（50音順）

渥海 知子（第五幼稚園）

有水 洋一（南平小学校）
執筆箇所：第3章

五十嵐 俊子（平山小学校校長）

江藤 愛（第三幼稚園園長）

榎本 恭子（第七幼稚園）
執筆箇所：第5章第2節

岡田 和枝
（私立 しせい太陽の子保育園副主任）

小野 祥子（おおくぼ保育園園長）

菊池 英子（仲田小学校）
執筆箇所：第3章

工藤 彰雄
（私立 欣浄寺みのり幼稚園園長）

高橋 紘（私立 至誠第二保育園顧問）

富川 準子（日野第六小学校）
執筆箇所：第3章

【接続ブック編集ワーキングチーム】（50音順　所属は担当当時のもの）

〈平成25年度〉

渥海 知子（第二幼稚園）
阿部 幸恵（たかはた台保育園）
荒川 公重（みなみだいら保育園）
飯島 加奈子（日野第三小学校）
石川 星子（第四幼稚園）
今井 純子（もぐさ台保育園）
上原 直実（あさひがおか保育園）
江口 菜麻子（平山小学校）
遠藤 慧（旭が丘小学校）
大石 美穂（みさわ保育園）
岡野 晶子（おおくぼ保育園）
小沼 由紀子（東光寺小学校）
小俣 三佳子（夢が丘小学校）
神谷 夏海（旭が丘小学校）
菅野 瑞保（日野第八小学校）
北原 聖子（日野第一小学校）
小林 理恵子（しんさかした保育園）
佐伯 紀子（第三幼稚園）
佐藤 学（七生緑小学校）
清水 早苗（ひらやま保育園）
下川 和子（第七幼稚園）
鈴木 佐斗美（仲田小学校）
武田 宏美（日野第六小学校）
塚田 未来（滝合小学校）
成田 聡子（とよだ保育園）
野濱 由紀子（日野第七小学校）
濱本 真理（日野第五小学校）
平石 香奈子（第五幼稚園）
廣田 奈津子（南平小学校）
藤原 恵（あらい保育園）
前川 里民（日野第四小学校）
水島 幸子（たかはた保育園）
満留 淳子（日野第四小学校）
宮田 浩美（たまだいら保育園）
矢島 優子（潤徳小学校）
吉野 奈津子（日野第二小学校）

〈平成26年度〉

相賀 佑香（もぐさ台保育園）
渥海 知子（第五幼稚園）
飯島 加奈子（日野第三小学校）
五十嵐 和加（日野第二小学校）
石井 尚美（たまだいら保育園）
石川 星子（第四幼稚園）
石田 依理如（あらい保育園）
伊東 文子（日野第一小学校）
岩井 美保（旭が丘小学校）
上原 聡子（みさわ保育園）
小川 久恵（第七幼稚園）
長部 富枝（ひらやま保育園）
小俣 みゆき（とよだ保育園）
北里 浩一（旭が丘小学校）
木本 拓（日野第五小学校）
小林 みゆき（日野第四小学校）
佐伯 紀子（第三幼稚園）
佐藤 学（七生緑小学校）
志村 友里（東光寺小学校）
須藤 利伸（夢が丘小学校）
相馬 春奈（平山小学校）
高倉 陽子（あさひがおか保育園）
高橋 裕愛（しんさかした保育園）
高橋 類子（日野第六小学校）
中迫 洋一郎（旭が丘小学校）
橋本 佐世子（みなみだいら保育園）
花木 未紀（おおくぼ保育園）
原田 直子（滝合小学校）
土方 佳那（日野第七小学校）
平石 香奈子（第二幼稚園）
廣瀬 和哉（南平小学校）
藤田 真人（潤徳小学校）
藤本 直子（日野第八小学校）
三井 由紀（たかはた台保育園）
森山 雅貴（仲田小学校）

【コラム執筆者】(50音順)

赤塚 文子(あさひがおか保育園園長)
石坂 みどり(前 しんさかした保育園園長)
小野 早苗(しんさかした保育園園長)
國栖 章子(第四幼稚園園長)
小宮 広子(第二幼稚園園長)
佐藤 由美子(ひらやま保育園園長)
島﨑 佳美(みさわ保育園園長)
下田 真弓(前 たまだいら保育園園長)
筒井 敬子(あらい保育園園長)
寺原 久美(みなみだいら保育園園長)
深澤 幸子(たかはた台保育園園長)
馬宮 万里子(とよだ保育園園長)

【イラスト】

接続ブック 江藤 愛(第三幼稚園)
表紙 石川 星子(第四幼稚園)
その他 石田 恵美子

【事例提供者】

(50音順 所属は担当当時のもの)

相賀 佑香(もぐさ台保育園)
浅見 美之(日野第一小学校)
渥海 知子(第五幼稚園)
安藤 美雪(日野第五小学校)
石川 星子(第四幼稚園)
石田 依理如(みなみだいら保育園)
榎本 恭子(第七幼稚園)
大沼 佳子(みさわ保育園)
大原 伸子(第七幼稚園)
岡田 江奈実(平山小学校)
長部 富枝(ひらやま保育園)
恩曽 德一(日野第八小学校)
木下 朋子(日野第三小学校)
近藤 里恵子(豊田小学校)
佐伯 紀子(第三幼稚園)
堺 彩菜(第七幼稚園)
坂野 教子(あらい保育園)
佐藤 利子(とよだ保育園)
塩澤 由美(あさひがおか保育園)
下川 和子(第七幼稚園)
杉山 由佳(第二幼稚園)
高倉 陽子(ひらやま保育園)
高頭 志枝(第五幼稚園)
高野 智津子(しんさかした保育園)
高橋 早苗(おおくぼ保育園)
高橋 吉美(第三幼稚園)
野島 紗世子(みなみだいら保育園)
籏野 裕子(たかはた台保育園)
平石 香奈子(第二幼稚園)
堀内 渚(潤徳小学校)
牧野 真佐子(たまだいら保育園)
森 陽子(第五幼稚園)
若林 十和田(たまだいら保育園)

ひのっ子カリキュラム関係報告書一覧 (日野市教育委員会発行)

報告書作成年度	内 容	備 考
2005(平成17)年度	文部科学省研究指定「新しい幼児教育の在り方に関する調査研究」実践資料集 ひのっ子就学前コアカリキュラムに基づく事例と保育カウンセラーの事例	平成16・17年度文部科学省研究指定調査研究
2006(平成18)年度	文部科学省研究指定 幼児教育支援センター事業 ひのっ子幼小連携カリキュラムの編成 幼児期から小学校入門期へのなめらかな接続をめざして	平成18・19年度文部科学省研究指定幼児教育支援センター事業
2007(平成19)年度	文部科学省研究指定 幼児教育支援センター事業 ひのっ子幼小連携カリキュラムの編成 幼児期から小学校入門期へのなめらかな接続をめざして(小学校入門期における指導)	
2009(平成21)年度	文部科学省研究指定幼稚園教育理解推進事業 幼稚園・保育所・小学校との連携 「就学前教育と小学校教育の連携〜学びの連続性、育ちの連続性を目指して〜」 つなごう のびよう ひのっ子のわ	文部科学省研究指定幼稚園教育理解推進事業
2010(平成22)年度	幼保小連携教育推進委員会の取組について(報告) 就学前教育と小学校教育の連携〜ひのっ子カリキュラム「つなごう のびよう ひのっ子のわ」の活用を通して	日野市教育委員会幼保小連携教育推進委員会
2011(平成23)年度	幼保小連携教育推進委員会の取組について(報告) 就学前教育と小学校教育の連携〜小学校教育への接続を考慮した実践及び各園・小学校における連携事例の紹介	
2012(平成24)年度	遊びっ子 学びっ子 接続ブック〜遊び(幼児教育)から学び(小学校教育)への滑らかな接続を目指して〜【人とのかかわり(コミュニケーション)編】(幼稚園版)	日野市立幼稚園教育研究会
2013(平成25)年度	遊びっ子 学びっ子 接続ブック〜遊び(幼児教育)から学び(小学校教育)への滑らかな接続を目指して	日野市教育委員会幼保小連携教育推進委員会
2014(平成26)年度	遊びっ子 学びっ子 接続ブック〜遊び(幼児教育)から学び(小学校教育)への滑らかな接続を目指して(増補版)	

資料3

「ひのっ子カリキュラム」

日野市では、ひのっ子カリキュラム「つなごう のびよう ひのっ子のわ」を活用して、就学前教育と小学校教育の円滑な接続を図っています。

ひのっ子カリキュラムは、保育園であっても幼稚園であっても、同じように質の高い保育内容を設定し、子どもたちが健やかに育つための基本となり、小学校生活へのなめらかな接続が行えるようになることを目指すカリキュラムです。

（※カリキュラムの見方は、 資料2 参照）

[1] ひのっ子カリキュラムの基本的な考え

- 0歳から就学までに育てたい力や経験のカテゴリーを共通にする。
- 0歳から就学までの「育ち」をしっかりと育むことを土台とする。特に3歳からは多様な経験を積み重ね、学びを豊かにしていく。
- 3歳になるまでに経験してきた内容を整理して表すことで、幼稚園から入園した子どもの経験を補完できるようにする。

[2] 経験の積み重ねとカリキュラムの関係

幼児の生活を「生活と仕事」「遊び」「選定された課題による活動」の3層で捉える考え方（大場牧夫、1983年）に立って、生活と仕事を「第1層」、遊びを「第2層」、選定された課題による活動を「第3層」としました。わたしたちが考えるカリキュラムでは、0歳から2歳までは第1層が中心で、徐々に第2層、第3層の割合が増えていき、カリキュラムとしての色が濃くなってくると捉えました。さらに、個々の中では、第1層の経験が土台となって、第2層、第3層と経験が積み重なっていくと捉えました。

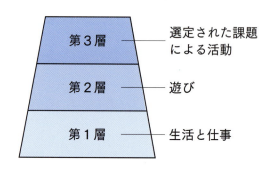
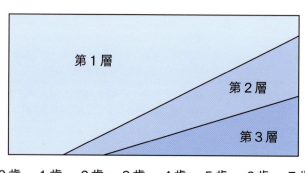